高职高专物流专业新课改规划教材

采购管理实务

刘刚桥　主　编

师建华　林　宓
麦　影　周友良　副主编

清华大学出版社
北　京

内 容 简 介

本书结合最新的职业教育理念及社会对采购人才的需求情况，本着"理论够用、注重实训"的原则，贯彻"任务驱动、项目引领"的教学理念，以培养职业能力为核心，以工作实践为主线，以工作过程为导向，用任务进行驱动，建立以行动体系为框架的现代课程结构。

本书共9个学习项目，18个训练任务。其中，项目一为采购与供应认知，引导学生对采购进行初步认识；项目二至项目九按照采购作业流程设置，依次为采购需求分析与计划制定、供应商开发与选择、采购方式确定、采购价格与成本控制、采购谈判与合同订立、采购过程管理、供应商管理、采购风险管理与绩效评估。

本书内容新颖、突出技能训练，并提供丰富的教学资源，适合作为高职高专物流专业教学用书，也可作为工商管理、电子商务、市场营销专业相关课程的教学用书，还可作为采购从业人员和物流产业相关人员的学习、培训参考用书。

本书封面贴有清华大学出版社防伪标签，无标签者不得销售。

版权所有，侵权必究。举报：010-62782989，beiqinquan@tup.tsinghua.edu.cn。

图书在版编目(CIP)数据

采购管理实务 / 刘刚桥 主编. —北京：清华大学出版社，2018（2021.8重印）
(高职高专物流专业新课改规划教材)
ISBN 978-7-302-50524-2

Ⅰ. ①采… Ⅱ. ①刘… Ⅲ. ①采购管理－高等职业教育－教材 Ⅳ. ①F253

中国版本图书馆 CIP 数据核字(2018)第 139425 号

责任编辑：崔　伟　高晓晴
封面设计：孔祥峰
版式设计：思创景点
责任校对：成凤进
责任印制：沈　露

出版发行：清华大学出版社
网　　址：http://www.tup.com.cn, http://www.wqbook.com
地　　址：北京清华大学学研大厦A座　　邮　　编：100084
社 总 机：010-62770175　　邮　　购：010-62786544
投稿与读者服务：010-62776969，c-service@tup.tsinghua.edu.cn
质 量 反 馈：010-62772015，zhiliang@tup.tsinghua.edu.cn

印 装 者：北京嘉实印刷有限公司
经　　销：全国新华书店
开　　本：185mm×260mm　　印　张：19.5　　字　数：462千字
版　　次：2018年8月第1版　　印　次：2021年8月第5次印刷
定　　价：49.00元

产品编号：078895-02

前　言

进入21世纪以来，随着经济全球化与信息技术的发展，中国经济加快了与世界经济的接轨。2011年，中国成为世界第二大经济体，并已经成为全球重要的采购中心和制造中心。同时，企业也越来越深刻地认识到采购职能对提高企业运作效率和增强竞争力的巨大潜力，采购与供应链管理作为一种先进的管理理念和组织方式，已成为企业参与市场竞争的重要战略。然而，我国企业过去一直采用的传统采购模式明显不适应现代企业发展和国际竞争的要求。因此，我们紧跟国际采购与供应管理的最新发展，结合当前职业教育"以能力为本位、以就业为导向、以学生为主体"的教育理念，以培养知识完备、具有较强适应能力和动手能力的现代采购人才为目标，编写了这本教材。

本书围绕企业采购业务与管理所涉及的各工作环节和流程，以真实的采购活动顺序(作业流程)为主线进行内容设计，合理选择学习项目与任务，重新序化课程内容。本书包含9个学习项目，18个训练任务。其中，项目一为采购与供应认知，引导学生对采购进行初步认识，项目二至项目九按照采购作业流程设置，依次为采购需求分析与计划制定、供应商开发与选择、采购方式确定、采购价格与成本控制、采购谈判与合同订立、采购过程管理、供应商管理、采购风险管理与绩效评估。本书内容在原《采购与供应管理实务》基础上进行了修订，将原来各教学任务相对独立的任务情境修订为以SD公司案例贯穿全书所有教学任务，并根据采购作业流程及技能要求重新梳理了内容体系，体例上新增了教学建议和任务评价，为授课老师提供了教学便利。

本书特色主要体现在以下几个方面：

1. 定位清楚，适用性强

本书结合最新的职业教育理念及社会对采购人才的需求情况，本着"理论够用、注重实训"的原则，贯彻"任务驱动、项目引领"的教学理念，以培养职业能力为核心，以工作实践为主线，以工作过程为导向，用任务进行驱动，建立以行动体系为框架的现代课程结构。因此，本书定位为高职高专教材，针对性与适用性强。

2. 内容新颖，方便实用

在编写体例上，本书每个学习任务以案例导入开篇，中间贯穿知识准备、拓展知识、拓展阅读、拓展训练、案例分析，并以技能训练、任务评价、拓展提升、同步测验结尾。理论知识够用且通俗易懂，知识点明确。

3. 基于流程，突出技能

本书内容遵循企业采购活动的基本过程和规律，以典型采购工作流程为逻辑主线进行设计，以采购真实任务活动为载体，以问题和任务驱动为导向，以解决实际工作问题来设计技能训练项目，突出实践教学环节，充分体现工学结合的特点。

4. 实现"教、学、做"一体化

本书强调以学生为主体，以能力培养为本位，针对每个学习任务设计了课堂内的任务分析与训练环节，引导学生主动学习，适用于各种教学方法；同时，为了强化学习效果，每个学习任务配备了技能训练项目，既可作为实训项目或课外作业，也可根据需要，作进一步的拓展任务训练，培养学生的综合能力，真正实现教、学、做一体化。

5. 课程资源丰富

本书是广东省精品资源共享课"采购与供应管理"的配套教材，可为授课教师提供多媒体课件、习题库、教学案例、部分微课动画等丰富的教学资源。教师扫描右侧二维码，审核通过后即可获取。

本书由顺德职业技术学院刘刚桥任主编，顺德职业技术学院师建华、广东轻工职业技术学院林宓、广州城市职业学院麦影、东莞职业技术学院周友良任副主编，惠州经济职业技术学院陈宝丹、广东轻工职业技术学院张幸、肇庆科技职业技术学院刘锦参编。本书在编写过程中还得到了顺德职业技术学院高新和、广东轻工职业技术学院李超锋、广东工贸职业技术学院杨嘉伟的帮助与支持，北京络捷斯特科技发展股份有限公司参与了本书教学案例与教学任务的开发与设计，在此表示衷心的感谢！

另外，本书在编写过程中参阅、借鉴和引用了大量国内外有关采购与物流的论文和著作，以及许多报刊媒体和专业网站的资料，唯恐遗漏，不论是否在书后列出，在此一并表示最诚挚的谢意！

由于作者编写水平有限，成稿时间仓促，再加上采购理论与实践日新月异，书中观点或表述难免存在不当之处，恳请各位专家和广大读者批评指正！

再次感谢所有在本书编写出版过程中给予支持和帮助的朋友们！

编　者

2018 年 7 月

目　　录

项目一　采购与供应认知 ··· 1
　　任务一　采购与供应 ··· 2
　　任务二　采购职业岗位 ·· 17
项目二　采购需求分析与计划制定 ·· 39
　　任务一　采购需求分析 ·· 40
　　任务二　采购计划与预算制定 ··· 53
项目三　供应商开发与选择 ··· 75
　　任务一　供应商调查与开发 ·· 76
　　任务二　供应商选择与评估 ·· 91
项目四　采购方式确定 ·· 105
　　任务一　招标采购 ·· 106
　　任务二　电子采购 ·· 126
项目五　采购价格与成本控制 ·· 149
　　任务一　采购价格分析 ·· 150
　　任务二　采购成本控制 ·· 165
项目六　采购谈判与合同订立 ·· 185
　　任务一　采购谈判 ·· 186
　　任务二　采购合同签订 ·· 199
项目七　采购过程管理 ·· 215
　　任务一　采购交货管理 ·· 216
　　任务二　采购结算管理 ·· 226
项目八　供应商管理 ··· 240
　　任务一　供应商关系管理 ·· 241
　　任务二　供应商绩效考核 ·· 253
项目九　采购风险管理与绩效评估 ··· 269
　　任务一　采购风险管理 ·· 270
　　任务二　采购绩效评估及改善 ··· 277
附录 ·· 297
参考文献 ··· 304

项目一
采购与供应认知

 **案例导入**

SD公司是国内一家自行车专业制造商之一,公司拥有先进的焊接、检测设备及大型的全自动静电喷涂流水线和装配线,生产五大系列14个品牌的自行车。SD公司广东子公司主要负责生产3种型号的普通自行车,包括3种生产流水线和4种组装流水线。广东子公司采购部负责该子公司日常生产所需要的物资采购。

近期由于个人原因,原采购部经理李立三离职了,总经理调任生产部经理宋杰担任采购部经理。宋杰自信满满,认为自己肯定能胜任采购部经理这个职位。宋杰认为自己在生产部门工作这么多年,对自行车生产过程和采购原材料、零部件都了如指掌,觉得采购工作是小菜一碟。

然而过了短短一个月时间,宋杰就被采购部的工作弄得焦头烂额,原材料到货后存在质量问题,导致生产车间停产;还因为购买前没有搞懂技术参数,买来的商品不符合技术部的要求;领导交代车床设备采购要进行招标,而自己不懂招标程序;采购部门内部员工职责不清、工作散漫、工作效率低等诸多问题都要他亲自处理。宋杰这才意识到采购工作并不简单,不是单纯的买东西,采购里面隐藏着大学问,需要从最基本的采购知识开始学习,才能迎刃而解上面的问题。

1. 什么是采购及采购管理?
2. 采购部门的职能及各岗位职责是什么?
3. 采购的基本作业流程是怎样的?
4. 如何做好采购管理工作?

任务一　采购与供应

教学目标

知识目标	1. 熟悉采购与供应活动的基本概念 2. 了解采购与供应管理的作用 3. 掌握采购与供应的基本流程与基本要素
技能目标	1. 能够梳理不同企业的采购流程 2. 能够树立现代采购管理理念
素养目标	培养学生独立思考、严谨细致的学习能力，初步树立现代采购理念

教学建议

建议课时	2课时
教学重点	采购流程
教学难点	采购的价值、采购部门与其他部门的关系
教学方法	任务驱动教学法；案例教学法；情境教学法
教学手段	小组讨论、实际模拟训练
组织形式	全班每4~5人为一组，每组设一名组长，组员合理分工
教学过程	任务引入→任务训练→任务分析→小组讨论→总结与点评
学生活动	1. 课前查阅采购与供应的相关知识 2. 以小组讨论的形式完成任务训练
教师活动	学生在完成任务训练的过程中教师巡回指导、个别交流，教师检查与评定

任务引入

短短一个月时间，宋杰就被采购部的工作弄得筋疲力尽，自己每天加班就算了，还经常受到领导和其他部门同事的抱怨和指责：生产部经理抱怨采购的商品有质量问题，影响交货周期，为了赶期，员工加班怨声载道；财务部经理抱怨采购成本过高，导致资金积压，现金周转不灵活。宋杰原以为采购是个简单的活，没想到还有这么多问题。

任务训练

1. 日常生活中，我们也会经常购买生活用品，日常购买和采购有什么不同？采购中需要关注哪些基本要素？

2. 不管是大企业还是小企业，都会设有采购部门。采购的作用是什么？采购的基本流程又是怎样的？

3. 案例中宋杰为什么会受到其他部门同事的指责，采购会影响其他部门的工作吗？采购和其他部门之间又是什么关系？

▍任务分析

采购是一个十分普遍的概念，尤其是在市场经济激烈竞争的环境中，大到政府采购，小到个人购买活动，我们几乎每天都在进行各种各样的采购活动，以满足日常的生活和消费需求。本任务以小组为单位，通过上网检索或者去图书馆查阅资料获得采购及采购管理的相关知识，小组内成员相互讨论，完成任务训练的操作。

▍实施步骤

1. 课堂内分组讨论完成任务训练。
2. 各组展示讨论结果并陈述主要观点。
3. 教师总结与点评。

知识准备

一、采购与供应管理的理解

(一) 采购与供应

采购是一种常见的经济活动，从日常生活到企业运作，人们都离不开它。采购的概念有狭义与广义之分。狭义的采购是指买东西，也就是企业根据需求，提出采购计划，审核计划，选择供应商，经过商务谈判确定价格、交货及相关条件，最终签订合同并按要求收货付款的过程。这种以货币换取物品与服务的方式是最普遍的采购途径。

广义的采购是指除了以购买的方式占有物品之外，还可以采用各种途径来取得物品的使用权，如租赁、借贷和交换等，以达到满足需求的目的。对采购的理解主要包含以下基本含义：

(1) 所有采购都是从资源市场获取资源的过程。采购是企业与市场联系的纽带，采购过程实际上就是从市场获取资源的过程。

(2) 采购是商流、物流、信息流相结合的过程。商流是指发生交易活动时进行的对货物所有权的转移，物流是指货物实体发生转移的过程，商流是无形的，但物流是有形的，是可以看得到的。

(3) 采购是一种经济管理活动。既然是一种经济活动，就要遵循经济规律，追求经济效益，要进行收益与成本分析；同时，采购还是一种管理活动，在采购过程中需要进行计划、组织、协调与控制等。

供应是指供应商或卖方向买方提供产品和服务的全过程，供应也意味着采购部门采购企业需要的商品满足企业内部的需求，因此，采购与供应是两个相辅相成的过程。只有存在采购，表明存在需求，供应才显得有意义；而如果没有供应，也采购不到物品。

通常，一个企业可能同时扮演采购者与供应者两种角色，它既要向其供应商采购零部件满足生产的需求，又要向它的客户供应产品，把这种供需关系延伸到企业外部。供应过程就形成了一个围绕核心企业，通过信息流、资金流、物流的控制，从采购原材料开始，制成中间品以及最终产品，最后由销售网络把产品送到消费者手中的一个环环相扣的链状过程，就形成了供应链。

制造企业采购与消费品采购之间的区别，如表1-1所示。

表1-1 制造企业采购与消费品采购之间的区别

对比项目	制造企业采购	消费品采购
采购目的	保证生产	满足个人需要
采购动机	主要出于理性考虑	带有个人喜好或冲动
采购功能	专业职能、企业行为	消费者个人行为
采购决策	多人参与、程序化过程	个人决定
产品与市场知识	系统、宽广	零散、有限
采购量	大	小
采购需求	由生产及发展驱动、波动性强	由生活所需导向、通常较稳定
采购市场价格	弹性有限	弹性相对较大
顾客	数量有限、往往地域性集中	数量很多、地域分散

国务院办公厅印发

《关于积极推进供应链创新与应用的指导意见》

《意见》指出，供应链是以客户需求为导向，以提高质量和效率为目标，以整合资源为手段，实现产品设计、采购、生产、销售、服务等全过程高效协同的组织形态。推进供应链创新与应用，有利于推动集成创新和协同发展，是落实新发展理念的重要举措；有利于促进降本增效和供需匹配，是供给侧结构性改革的重要抓手；有利于打造全球利益共同体和命运共同体，推进"一带一路"建设落地，是引领全球化、提升竞争力的重要载体。

《意见》指出，要深入贯彻习近平总书记系列重要讲话精神和治国理政新理念、新思想、新战略，以提高发展质量和效益为中心，以供应链与互联网、物联网深度融合为路径，以信息化、标准化、信用体系建设和人才培养为支撑，创新发展供应链新理念、新技术、新模式，高效整合各类资源和要素，打造大数据支撑、网络化共享、智能化协作的智慧供应链体系。到2020年，形成一批适合我国国情的供应链发展新技术和新模式，基本形成覆盖我国重点产业的智慧供应链体系，培育100家左右的全球供应链领先企业，使中国成为全球供应链创新与应用的重要中心。

《意见》立足振兴实体经济,提出了六项重点任务:一是构建农业供应链体系,提高农业生产组织化和科学化水平,建立基于供应链的重要产品质量安全追溯机制,推进农村一、二、三产业融合发展;二是推进供应链协同制造,发展服务型制造,促进制造供应链可视化和智能化;三是应用供应链理念与技术,推进流通与生产深度融合,提升供应链服务水平,提高流通现代化水平;四是推动供应链金融服务实体经济,有效防范供应链金融风险,积极稳妥发展供应链金融;五是大力倡导绿色制造,积极推行绿色流通,建立逆向物流体系,打造全过程、全链条、全环节的绿色供应链发展体系;六是积极融入全球供应链网络,提高全球供应链安全水平,参与全球供应链规则制定,努力构建全球供应链。

《意见》针对目前我国供应链发展基础薄弱、人才匮乏、治理机制不完善等问题,提出了六方面保障措施:一是营造良好的供应链创新与应用政策环境;二是积极开展供应链创新与应用试点示范;三是加强供应链信用和监管服务体系建设;四是推进供应链标准体系建设;五是加快培养多层次供应链人才;六是加强供应链行业组织建设。

(二) 采购管理与供应管理

采购管理是指为了达成生产或销售计划,从适当的供应商那里,在确保质量的前提下,在适当的时间,以适当的价格,购入适当数量的商品所采取的一系列管理活动。

采购管理与采购的区别在于:采购管理是对整个企业采购活动的计划、组织、指挥、协调和控制,是管理活动,是面向整个企业的,不但面向企业全体采购人员,而且也面向企业组织中的其他人员(进行有关采购协调、配合工作的人),其使命就是要保证整个企业的物资供应,其权利是可以调动整个企业的资源;而采购是指具体的采购业务活动,是作业活动,一般是由采购人员承担的工作,只涉及采购人员个人,其使命就是完成采购部门的具体采购任务,其权利只能调动采购部门分配的有限资源。可见,采购管理和采购并不完全一样。但是,采购本身也涉及具体的管理工作,它属于采购管理。采购管理又涉及具体采购业务的每一个步骤、每一个环节、每一个采购员。所以,采购管理和采购两者之间既有区别又有联系。

供应管理是为了保质、保量、经济、及时地供应生产经营所需要的各种物品,对采购、储存、供料等一系列供应过程进行计划、组织、协调和控制,以保证企业经营目标的实现。采购管理与供应管理既有联系也有区别,主要体现在:采购管理是以交易为导向的"战术职能",而供应管理是以流程为导向的"战略职能",随着供应管理的发展,企业对其战略职能越来越认同,事实上,许多企业正在用供应管理或采购与供应管理的概念来替代采购管理的叫法,以反映采购职能的变迁。

采购的新发展

基于市场已经由卖方市场向买方市场转换的事实,买方比以前更具支配地位;另外,产品售价和毛利增长方面的压力已经导致物料成本面临越来越大的压力。在这样的背景下，采购出现了新的发展，具体如下。

1. 订单驱动采购

采购由客户需求拉动，而不是仅仅由内部请购单推动。采购人员应该了解并满足自己企业的客户需求。内部和外部的客户通过资源采购来实现其价值。市场部门的客户需求订单驱动制造订单，制造订单驱动采购订单，采购订单驱动供应商。这种准时化的订单驱动模式可以准时满足用户的需求，从而降低库存成本，提高物流速度和库存周转率。

2. 反向拍卖采购

反向拍卖是电子采购的一种模式，它是通过因特网或私营网络实时进行的减价式竞价拍卖。拍卖由企业或代表企业的网络采购公司控制，通过网络采购公司的专用软件接受多个潜在供应商的竞价，决定最终供应商和价格，从而实现采购物料或服务的功能。这些网络采购公司制定了一整套完善的从事在线拍卖的规则；另外，他们也提供诸如市场分析、咨询和投标分析等相关的增值服务。网络采购公司的核心技能是信息技术、商品管理和对买卖双方的了解。

3. 战略采购

战略采购又称为双赢采购，是一种新兴的在合作关系与竞争性关系之间寻求平衡的采购模式。这种模式把供应商看作外部资源，通过"基于信任的伙伴关系"与供应商进行合作，供需双方已建立起一种长期、互利的合作关系。需方及时把质量、服务、交货期的信息传给供方，使供应商按要求提供产品与服务，同时让供应商了解所供商品的使用情况并提出调整意见。采购部门的职责由对采购商品的管理转变为对供应商的管理。

4. 全球化采购

全球化采购是指在全世界范围内去寻找供应商，寻找质量最好、价格合理的产品。由于世界各国经济的多样性和差异性，互相之间具有互补性，随着世界贸易组织职能的发挥，各国间的贸易变得更规范和简便，全世界范围内的资源优化变得更可行了，全球化采购在此背景下逐渐发展壮大。全球化采购是将眼光放大到全球范围，寻找最优秀的供应商提供原料，让企业本身能因为这项采购行为取得相对优势，然后再通过一连串的增值活动，创造出比竞争者更高的附加价值。

请扫描右侧二维码，阅读《从采购到供应管理》资讯并讨论以下问题：

(1) 是采购重要还是供应重要？

(2) 供应和供应链的区别有哪些？

(资料来源：刘宝红. 从采购到供应管理[EB/OL]. [2016-11-14]. http://info.10000link.com/opiniondetail.aspx?doc=2016111490010.)

二、采购与供应管理的基本要素

在采购管理中，我们常提到采购管理 5R 原则，即"适价""适质""适量""适地""适时"。事实上，企业采购与供应管理主要围绕"采购什么""什么时间采购""每次采购多少""从谁那里采购""以什么价格采购"等几个基本问题来开展工作。因此，采购与供应管理的基本要素主要包括质量(quality)、时间(time)、数量(quantity)、价格(price)以及供应源(source)五个要素。

1. 质量

采购物品是企业产品的重要组成部分，也是企业取得生产资源的源头。因此，为了确保最终产品的质量并保证生产顺利进行，必须首先保证所采购物品的质量能满足企业生产的质量标准要求。对于采购物品与服务的"质量"，是否应要求越高越好？当然，谁不喜欢质量好的东西，但是，采购人员必须了解到：过度的品质要求只会增加采购成本，一味地追求最高标准的质量，对产品不见得真能增加其实质上的价值；但如果采购物品与服务质量过低，则不能满足企业生产对原材料品质的要求，影响到最终产品的质量，甚至会危及人民生命财产安全，如水泥、钢材的质量不合格，可能造成楼房、桥梁等建筑物成为"豆腐渣"工程。因此，采购人员应该坚持"适宜、适用"的适质原则，减少不必要的质量要求，以取得与价格间的良好平衡。

2. 时间

采购管理对采购时间有严格的要求，即要选择适当的采购时间，一方面要保证供应不间断，库存合理，如果原材料未能按计划到达，往往会导致企业内部混乱，造成停工待料，增加管理费用，影响销售和信誉；另一方面又不能过早采购囤积物料，造成资金紧张、场地浪费、物料变质。因此，采购人员应掌握采购时效，在最适当的时间采购需要的物品，并按采购计划适时地进料，既能使生产、销售顺畅，又可以节约成本，提高企业市场竞争力。

3. 数量

采购数量决策也是采购管理的一个重要因素，即要科学地确定采购数量。在采购中要防止超量采购和少量采购。如果采购量大，易出现原材料积压现象；如果采购量小，可能出现供应中断，采购次数增加，从而使采购成本提高。因此，采购数量一定要适当。

4. 价格

采购价格的高低是影响采购成本的主要因素。因此，确定合理的采购价格是采购管理的重要目标之一。采购价格应做到"公平合理"。采购价格过高，加大了采购方的生产成本，产品将失去竞争力，供应商也将失去一个稳定的客户，这种供需关系也不能长久；采购价格过低，供应商利润空间小，或无利可图，将会影响供应商供货的积极性，甚至出现以次充好，降低产品质量以维护利益的现象，时间稍长，采购方很可能会失去供应商。

5. 供应源

选择供应商是采购管理的关键要素。对于采购方来讲，选择的供应商是否合适，会直接影响采购方的利益。如数量、质量是否有保证，价格是否足够低，能否按时交货等。在不完全竞争的市场中，更换供应商的成本可能非常大，因此选择供应商时要慎重。从采购实践来看，供应商数量并非越多越好，与少数供应商(一般同一种物料维持3~4个供应商)打交道是最佳的采购模式。

采购管理 5R 原则

所谓"5R"原则,是指适时(right time)、适质(right quality)、适量(right quantity)、适价(right price)、适地(right place)地从供应商手里购买到所需的商品。

1. 适时

"适时"是指在需要的时候,能及时地供应物料,不发生停工待料,也不过早送货,挤占货仓及占用资金。因此,何时订购、何时进料都需要事先进行详细的分析计算,如处理订购单时间要多长、供应商生产能力有多大、供应商运输交货时间要多长、检验收货时间要多长,以及出现各种异常大致需要多长时间处理等,都需要事先详细分析,才能做到适时。

2. 适质

"适质"是指厂商送来的物料和货仓发出用于生产的物料,品质应是适当的,都是符合规定和要求的。若进来的物料品质不符合标准,生产的产品同样难以达到客户的要求,这就会影响公司销售业绩,甚至降低公司的声誉。

3. 适量

"适量"是指采购的数量应是适当的,不会发生缺料,也不发生呆料。采购数量若不足,会引起停工待料,影响交期;采购数量若过量,将导致资金积压,甚至浪费。因此应有一个经济的订购量。

4. 适价

"适价"是指材料的采购价格应适当,即用相对合理的成本获取所需的物料。采购价格要求若过低,可能会降低材料的品质、延误交货期或影响到其他交易条件;采购的价格若过高,成本难以负担,公司产品利润少,竞争力减弱,容易失去市场。

5. 适地

"适地"是指物流供应源的地点应适当,供应物料的厂商与使用的地方距离越近越好。距离若太远,运输成本加大,无疑会影响价格;并且距离太远,沟通协调、处理事情很不方便,所需的时间长,容易延误交期。

三、采购基本流程

根据采购品的来源、采购方式以及采购对象的不同,采购程序可能在细节上略有差异,但采购的基本程序却大致相同。采购的一般流程分为 9 个步骤,具体如图 1-1 所示。

图 1-1 采购的一般流程

1. **确认需求(请购)**

确认需求是采购行为的前提。企业采购需求通常由物资使用部门提出采购申请单,说明需要什么、需要多少、何时需要。企业内部不同职能部门提出的采购申请不同,这里主要指保证生产正常进行的物资采购需要。企业应制定统一规范的请购单,以便明确责任,防止出现物料供不应求或库存积压过多的情况。请购单应包括申请部门、编号、预算额、日期、需要数量、规格、需要日期等内容,如表1-2所示。

表1-2 请购单

申请部门: 　　　　　　　　　　　　　　　　　　　　　　　　　　　　年 月 日

序号	名称	规格型号	单位	请购数量	单价	总价	到货日期	用途

请购人: 　　　　部门主管确认: 　　　　采购经办人: 　　　　财务: 　　　　核准:

【使用说明】

① 采购流程:使用部门请购(填写品名、规格、单位、请购数量、要求到货日期、用途等)——部门主管确认——主管副总核准——采购。

② 采购经办人必须凭核批的请购单及时采购,报账时请购单需附在发票和入库单之后。

2. **需求说明**

如果不了解使用部门到底需要什么,采购部门不可能进行采购。出于这个目的,就必然要对所申请采购的需求品、物品、商品和服务有一个准确的描述,如对数量、质量、包装、售后服务、运输、检验方式等进行准确描述,在描述时应采用统一术语,以防止理解上的错误。为了保证术语的统一,采购部门应制定一份经常采购物品目录表,并将其输入计算机进行统一管理。

3. **供应商选择与评估**

供应商选择是采购流程中的关键环节。企业应选择信誉好,产品质量、交货期等有保证的供应商,并着手和供应商联系,可派人前去采购看样,也可通过电话、电子邮件联系,还可实施电子商务采购。

4. **价格洽谈、签订采购合同**

价格洽谈是采购的重要环节。洽谈是一个反复讨价还价的过程,并就质量、数量、交货期、货款支付方式、违约责任等进行协商,在互利共赢的基础上,签订采购合同,实现成交。

5. **拟定并发出采购订单**

采购订单是采购商向供应商发出的采购书面通知,在价格洽谈达成一致并签订合约的基础上下达,同样具有法律约束。一般公司都有设计好的采购订单,但在洽谈中还需进行关键条款的修改,以最后双方认可的条款为准。采购订单的要素主要包括:序列编号、发单日期、接收订单的供应商的名称和地址、采购商品数量、质量、发货日期、运输要求、价格术语、价款支付方式、违约责任等,如表1-3所示。

表 1-3 采购订单

采购单号：　　　　　　　　　　　　　　　　　　　　　　　　　　　　　　年　月　日

买　方：								
地　址：				卖　方：				
联系人：				地　址：				
电　话：				联系人：				
传　真：				电　话：				
				传　真：				

序　号	项　目	品名/规格	单　位	数　量	单　价	金　额	备　注

金额合计(大写)：人民币	金额合计(小写)：￥

一、名称、数量、价格、金额如上。
二、交货日期：
三、质量要求：
1. 质量标准：卖方提供的产品必须符合经买方确认的产品规格要求。
2. 质量承诺：发现产品质量不良或损坏时，卖方接到买方通知后 3 日内应将退货部分取回，并在 7 日内完成补货，由此产生的相关费用由卖方承担。
四、交(提货)方式：买方指定地点，运费由卖方承担。
五、交货地点：
六、付款方式：
七、卖方应按照买方要求的交货日期来供货，若需提前或延期，需事先和买方协商并征得同意，否则由此给买方造成的损失由卖方承担。
八、本采购订单签订后，买卖双方不能擅自变更内容，如任何一方需要变更，须事先提出要求，在征得对方同意并在双方共同协商的基础上进行，请卖方于当天内签字盖章回签此采购订单，如卖方 2 日内未提出书面异议，买方视本订购单正式生效。
九、卖方送货时应多附 1%的备品(备品需单独包装)，以备替换不良品。
十、违约责任：卖方务必保证准时准量交货，如发生特殊情况无法准时准量交货，卖方务必提前通知买方；否则，因此引起的损失全部由卖方承担。
十一、若本合同发生纠纷，当事人双方及时协商，协商不成时，以《中华人民共和国合同法》为准。
十二、本合同一式二份，经双方签字盖章后生效，双方各执一份(传真件具有同等效力)。

买方代表	卖方代表
批准盖章	批准盖章
日　　期	日　　期

采购订单适用于有长期供货关系的双方，采购方发出的标准采购单一式两份，供应商确认签字盖章后，留存第一联，作为发货依据；第二联返回采购方作为结算依据，同时表明供应商已正式接受采购订单。

6. 订单跟踪与催货

采购订单得到供应商确认(或签订采购合同)后,采购商的主要任务就是对订单的跟踪及催货。跟踪是对订单进行的例行工作,目的是促使供应商能够履行发货承诺。大型采购可派人员实地跟踪,小额采购可通过电话或网络进行跟踪。催货是要求供应商履行发货承诺或加快延误货物的发运。采购订单跟踪表如表1-4所示。

表1-4 采购订单跟踪表

开始: 年 月 日　　　　　结束: 年 月 日　　　　　排序:按采购订单号

序号	完成情况	采购订单号	下单日期	交货日期	厂商名称	产品名称	采购数量	采购日期	结存数量	交货天数	延期天数
1											
2											
3											
4											

审批:　　　　　审核人:　　　　　制表人:　　　　　打印时间:

7. 接收和验收货物

供应商按承诺发货后,采购商负责接收和验货入库的人员应做好接货准备,一般由仓库管理部负责。接收保管员须填写收货单,上面应载明收货日期、供应商名称、物料数量、规格等主要数据。

8. 结算

在收到供应商发来的货物,并验收入库后,以入库单作为货物结算的依据。保管部门将收货单一联反馈给采购部门,二联反馈给财务部门,三联反馈给供应商以备查询,四联存根。采购部门依据验收入库单,通知财务部门按照合同规定向供应商支付货款。通常情况下以支票通过银行账户进行货款支付。

9. 维护采购记录

经过以上流程,企业完成一次系统的采购活动,当这次采购工作结束后,就要更新采购部门的记录,进行采购总结及采购文件、资料的分类归档,并做好长期保管的各项工作。通常采购部门档案管理主要包含如下资料:①采购合同(或采购订单);②验收入库单;③供应商记录等。

采购的基本原则

采购的基本原则,除遵守国家的各项相关法律、法规、方针、市场原则(主要是指公平、公正、公开、效益和诚信原则)以及企业的各项规章制度之外,还要遵守"五不""五权分离""六优选"及"5R"等原则。下面我们具体谈一下这四项原则:

(1)"五不"采购原则,就是指无计划不采购、"三无"产品不采购、名称规格不符不采购、无资金来源不采购、库存已超储积压的物资不采购。所谓"三无"产品,是指一无厂址、二无生产日期、三无批准文号的产品。

(2)"五权分离"原则,"五权"是指计划审批权、采购权、合同审查权、质量检验权、货款支付权。之所以这五种权力要分开,主要是因为分工明确可以使各项工作有序地进行,同时可以有效地防止采购人员徇私舞弊的行为,更好地维护企业的利益。

(3)"六优选"原则,是指在同等条件下,质优价低优选、本单位优选、近处单位优选、老供货商优选、直接生产单位优选、信誉好的单位优选。

(4)"5R"原则,是指适时(right time)、适质(right quality)、适量(right quantity)、适价(right price)、适地(right place)地从供应商手里购买到所需要的商品。

请扫描右侧二维码,阅读《沃尔玛采购流程及采购管理》案例并讨论以下问题:
(1)简单绘制沃尔玛的进货流程?
(2)沃尔玛是如何做到高效采购的?

(资料来源:沃尔玛采购流程及管理[EB/OL]. [2018-07-01]. https://wenku.baidu.com/view/f7a95c84da38376bae1fae17?pcf=2.)

四、采购与供应管理的作用

1. 利润杠杆作用

采购的利润杠杆作用是指当采购成本降低一个百分点时,企业的利润率将会上升更高的比例,也就是说,采购成本减少很小比例可以带来很大比例销售利润的增加。这是因为采购支出占企业总成本的比重较大,一般在50%以上,而这个比例远远高于税前利润率。例如,某公司的销售收入为5 000万元,假设其税前利润率为4%,采购成本为销售收入的50%,那么采购成本减少1%,就将带来25万元的成本节约,也就是利润增加了25万元,利润率提高了12.5%。可见,利润杠杆效应十分显著。

某企业采购对利润的影响

假设某企业现在的目标是将利润提高一倍。现在,该企业的总销售额为1亿元,利润为500万元。其中,销售额的60%用来购买产品和服务,其余成本包括劳务费、工资以及一般管理费用。

请问:销售量、产品价格、劳务费和工资、一般管理费用或采购成本要增加或减少多少,才能使利润从目前的500万元提高到1 000万元?

表1-5列出了为使利润翻番，每个项目应变化的幅度。可以看出，除价格和采购外，其余各项都必须经历大幅度变动才能使利润增加一倍。而即使是价格一项，市场上的激烈竞争也会使价格的上涨很难实现。在成本方面，我们虽然无法控制购入产品成本的主要部分，但是往往可以通过一些简单的手段来大幅度降低成本，比如让两个供应商对同一产品报价、与供应商紧密协作来控制成本、利用供应商的数量折扣或者仔细选择货源、运输路线、运输方式等。这些方面成本下降的百分比不需要很多就可以实现绝对成本的大幅下降与利润的大幅提高。

表1-5 影响利润的因素比较表

单位：百万元

比较项目	现状	销售额(+17%)	价格(+5%)	工资(-50%)	企管费(-20%)	采购成本(-8%)
销售额	100	117	105	100	100	100
采购成本	60	70	60	60	60	55
工资	10	12	10	5	10	10
企业管理费	25	25	25	25	20	25
利润	5	10	10	10	10	10

1. 该企业提高利润的最好途径是什么？
2. 尝试总结采购在企业中的重要性可以体现在哪些方面？

2. 资产收益率作用

资产收益率作用是指采购成本的节减对于企业提高资产收益率所带来的巨大作用。资产收益率指的是企业的净利润和企业总资产的比率，用公式表示就是：

$$资产收益率＝净利润/总资产$$

该公式可以转换为：

$$资产收益率＝(净利润/销售收入)×(销售收入/总资产)$$

公式右边第一个括号里的内容我们称之为利润率，第二个括号里的内容叫作资产周转率(投资周转率)，这样，资产收益率就可以表示为企业的利润率和总资产周转率的乘积。当采购成本下降一定比例时，通过利润杠杆效应可以使利润率提高更大的比例。另一方面，采购费用减少，则库存同样数量的物资占用的资金就少，即资产降低，这就提高了投资周转率，两者的乘积就是一个更大的比例，资产收益率的提高有利于企业在资本市场的融资。图1-2给出了标准的资产收益率模型，并且假定存货约占总资产的30%，如果采购成本下降10%，那么库存资产总额将减少10%，最终的资产收益率会提高到20.6%。

3. 信息源作用

由于直接与市场接触，采购部门可以广泛地搜集到各种信息，如价格、产品的可用性、新供应源、新产品、新材料以及新技术等信息，这些信息对销售、财务、研发和高层管理等部门都有一定的意义，可以提高企业中其他部门的经营绩效，采购与供应管理部门收集到的信息可以间接地为企业作出贡献。

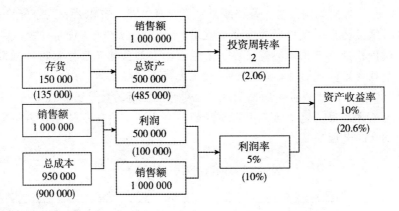

注：1. 存货约占总资产的30%。
2. 其中采购成本占销售额的一半，即为50万元。
3. 括号中的数据是采购成本减少10%后的结果。

图1-2 影响资产收益率的因素

4. 营运效率作用

采购部门运作的有效性将直接反映在其他部门的运作上。当企业的会计体系不够精细时，常常不能发现采购决策的失误造成的营运效率的低下，这时采购的营运效率作用便表现出来。如当采购部门所选择的供应商不能按既定的质量标准送来原材料或零部件时，可能会造成废品率升高或返修成本增加，此外还会产生过多的直接人力成本；如果供应商不能按既定计划送货，那就可能要付出很大代价重新规划生产，这样就会降低生产效率，甚至可能导致生产线停产。

5. 对企业竞争优势作用

采购部门能够保证企业在恰当的时间和地点获得需要的产品和服务，从而保证企业可以及时提供满足客户需要的产品，有利于提高和维系客户满意度。采购部门的行动也会直接影响到公共关系和企业形象，如果采购部门的行为为企业树立了良好的形象，就能和供应商建立良好关系，带来企业持续的成本节减，增强企业的竞争力。

五、采购部门与其他部门的关系

随着采购工作在企业经营中的战略地位的加强，企业所进行的采购工作不再仅仅是采购部门一个部门的工作，也不能由采购部门单独来完成，采购部门和企业中其他部门之间的联系越来越紧密，如图1-3所示。只有理解了采购部门与其他部门间的关系，才能更积极地推动采购团队的组建和各部门之间的信息交互，才能更好地提升采购部门的绩效。

1. 采购部门与销售部门的关系

采购部门与销售部门从供给上讲是相互反映的关系。一方面，采购部门要依靠从销售部门获得的长期市场销售计划来制定具有现实意义的物料供应战略，销售部门也要依靠采购部门及时地获取高质量的物料来保证销售目标的实现；另一方面，销售部门通过营销策略和售后服务的实施能够促进采购的优化，使采购部门更好地满足顾客的需要。

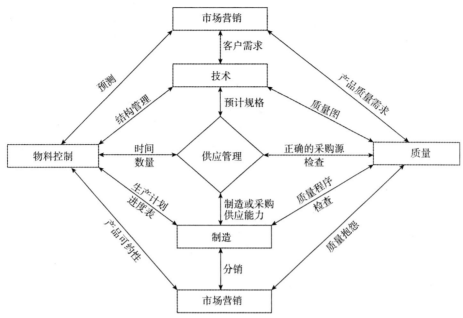

图1-3 采购部门与其他部门之间的关系

2. 采购部门与生产部门的关系

一方面,由于生产部门是所采购物料的使用者,他们在使用过程中的实践和技术经验可以为采购部门提供关于物料质量和生产进度方面的信息,采购部门通过对这些信息的处理,可以获得一个有用的、规划采购和供应业务的工具;另一方面,采购部门提供的有关新的维护、修理和辅助物料方面的信息对生产部门也有帮助。总之,采购部门与生产部门是一种信息互动、互为协作的关系。

3. 采购部门与仓储管理部门的关系

一方面,采购部门可以为仓储管理部门库存决策的形成提供许多信息,如提前期、物料是否能到、价格趋势以及替代材料等方面的信息;另一方面,采购部门需要仓储管理部门提供关于在给定时间内需要采购或订购的商品名称和数量方面的信息,采购部门才能有效实施采购活动。

4. 采购部门与财务部门的关系

采购部门和财务部门在应付账款、计划和预算方面相互作用。采购部门提供给财务部门的信息是其进行公司发展、管理预算以及确定现金需要量的基础。采购部门运作的有效性也可以作为衡量财务工作好坏的依据,会计体系不够精细,就不能发现由于采购决策失误造成的效率低下。

 案例分析

西门子公司采购模式分析

过去很长一段时间里,西门子公司通信、能源、交通、医疗、照明、自动化与控制等各个产业部门根据各自的需求独立采购。随着西门子公司的逐渐扩大和发展,采购部

门发现不少的元部件需求是重叠的：通信产业需要订购液晶显示元件，而自动化和控制分部也需要购买相同的元件。由于购买数额有多有少，选择的供应商、产品质量、产品价格与服务差异非常之大。

精明的西门子人很快就看到了沉淀在这里的"采购成本"。于是，西门子公司设立了一个采购委员会，来协调全球的采购需求，把六大产业部门所有公司的采购需求汇总起来，这样，西门子公司可以用一个声音同供应商进行沟通。大订单在手，就可以吸引全球供应商进行角逐，西门子公司在谈判桌上的声音就可以响得多。对于供应商来说，这也是一个好事情。以前一个供应商，可能要与西门子公司的六个不同产业部门打交道，而现在只需要与一个"全球大老板"谈判，只要产品、价格和服务过硬，就可以拿到全球的订单，当然也省下不少时间和精力。

西门子公司的全球采购委员会直接管理全球材料经理，每位材料经理负责特定材料领域的全球性采购，寻找合适的供应商，达到节约成本的目标，确保材料的充足供应。手机市场的增长很快，材料经理的一项重要职责就是找到合适的、能够与西门子公司一起快速成长的供应商。西门子公司认为，供应商的成长潜力在其他成熟产业可能并不重要，但是在手机产业，100%的可得性是选择供应商的重要指标。

你认为西门子的采购模式有什么特点？

技 能 训 练

企业采购业务调研

一、训练目的

1. 加深学生对采购与供应基础知识的理解。
2. 熟悉不同企业的采购流程，理解采购与其他部门之间的关系。
3. 了解不同企业采购部门的设置以及相关岗位职责等。

二、训练准备

1. 教师推荐若干企业，企业类型包括流通性企业或生产性企业。
2. 拟定调研内容：企业采购组织架构、人员岗位安排、采购物品种类、采购方法、供应商管理、采购作业基本流程等基本情况。

三、训练步骤与要求

1. 分组。调研以小组为单位，4~5人为一组，每组设组长一名。
2. 制定调研计划。确定调研对象、地点、时间，调研提纲以及调研方法等。
3. 收集调研相关资料，联系企业进行实地调研。
4. 撰写调研报告，包括调研的感想与体会。
5. 以小组形式进行课堂汇报，全班交流，教师点评。

四、注意事项

1. 尽可能详尽收集有关企业实际情况的资料，重点记录调研过程中有疑惑的问题。

2. 调研过程中要注意文明礼貌以及安全事项。

五、训练成果

调研报告(包括感想体会)与课题汇报的PPT。

六、拓展任务

在调研的基础上,针对调研对象的实际情况,结合已学相关知识,撰写企业采购管理优化或业务流程优化的方案。

任务评价

班级			姓名		小组	
任务名称	采购与供应认知					
考核内容	评价标准		参考分值 (100分)	学生自评	小组互评	教师评价	考核得分
知识掌握情况	1. 熟悉采购与供应活动的基本概念		15				
	2. 了解采购与供应管理的作用		10				
	3. 掌握采购与供应的基本流程与基本要素		15				
技能提升情况	1. 能够梳理不同企业的采购流程		20				
	2. 能够树立现代采购管理理念		15				
职业素养情况	1. 具有自主学习能力		5				
	2. 具有合作精神和协调能力,善于交流		5				
	3. 具有一定的分析能力		5				
参与活动情况	1. 积极参与小组讨论		5				
	2. 积极回答老师的提问		5				
	小计						
合计=自评×20%+互评×40%+教师评×40%							

任务二 采购职业岗位

教学目标

知识目标	1. 了解采购组织的类型 2. 了解企业采购部门与采购岗位的设置 3. 理解采购部门的工作职责与工作性质
技能目标	1. 能够初步设计企业采购组织架构 2. 能够制定采购组织管理制度与岗位职责
素养目标	培养学生正确认识采购职业,树立正确的人生观、职业观

教学建议

建议课时	2 课时
教学重点	不同类型采购组织结构
教学难点	采购岗位职责及其任职要求
教学方法	任务驱动教学法；案例教学法；情境教学法
教学手段	小组讨论、企业考察交流
组织形式	全班每4~5人为一组，每组设组长一名，组员合理分工
教学过程	任务引入→任务训练→任务分析→小组讨论→总结与点评
学生活动	1. 课前查阅采购组织及采购岗位职责的相关知识 2. 以小组讨论的形式完成任务训练
教师活动	学生在完成任务训练的过程中教师巡回指导、个别交流，教师检查与评定

任务引入

宋杰担任采购部经理的一个月时间内，发现部门内部存在员工职责不清、工作散漫、工作效率低下等诸多问题。内部缺少详细的职务分工和职务分析准则，具体工作落实不彻底，员工相互之间就一件事情应该由谁做，或由谁来负责任时，经常相互推诿、踢皮球，极大地影响工作效率和效果。

另外，生产部门在一个月内已经跟宋杰投诉过两次产品质量存在问题。宋杰很纳闷，因为供应商都是经过精挑细选的，为什么还会出现质量问题？宋杰找来这批产品的采购员张鹏，张鹏解释说，之前供应商的产品质量从来都没出现过问题，因此对他们掉以轻心，没有按规定进行产品检验，才会出现问题。宋杰很生气，责怪张鹏说："采购不严把质量关，出了问题谁负责？"

任务训练

1. 请讨论企业采购部门的职责是什么？具体工作包括哪些？
2. 请分析张鹏的行为对吗？从采购流程的角度分析采购员的岗位职责有哪些？
3. 请讨论要成为一名合格的采购人员，在知识、能力和素质方面有哪些具体要求？

任务分析

采购的基本使命是以尽可能低的成本持续稳定地满足企业需求。为了完成这一使命，企业需要构建一个高效率的采购组织和组建一个高素质的工作团队。采购组织机构的设计是将采购组织内部部门化，即将采购部门应该承担的功能组织起来，内部分工，加以执行。本任务以小组为单位，通过上网或者去图书馆查阅获得采购组织及采购岗位职责的相关知识，小组内成员相互讨论，完成任务训练的操作。

▌**实施步骤**

1. 课堂内分组讨论完成任务训练。
2. 各组展示讨论结果并陈述主要观点。
3. 教师总结与点评。

 知识准备

一、采购组织的类型

采购组织的基本类型包括分散型采购组织、集中型采购组织、集中与分散相结合的混合型采购组织、跨职能型采购组织以及虚拟采购组织。

（一）分散型采购组织

分散型采购组织方式主要是指将采购过程中不同的工作和职责分别授予不同的经营部门来执行。这种组织结构最主要的特点就是每个经营单位都是一个独立核算的利润中心，各经营单位都要对自己的财务后果负责，因此，这个经营单位的管理要对所有的采购活动负完全责任，如图1-4所示。

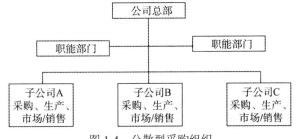

图1-4 分散型采购组织

1. 优点

(1) 紧急采购时可争取时效，能够机动配合生产需要，及时提供最佳服务。

(2) 有利于地区性物资的采购，仓储管理方便，占用库存空间小，占用资金少。

(3) 采购手续简便，过程较短，如有问题能够快速直接反馈。

2. 缺点

(1) 无法获得集中型采购的价格折扣，难以培养专业人才。

(2) 对供应商的政策可能不一致，出现多部门与同一个供应商就同一种产品进行谈判，结果达成不同的采购条件。

(3) 决策层面低，易产生暗箱操作。

(4) 作业分散，手续重复，致使成本增加。

3. 适用条件

(1) 小批量采购。

(2) 采购价值较低。

(3) 市场资源有保证。

(4) 距离总部较远(如异国、异地供应)。

(5) 研发实验物品的采购。

(二) 集中型采购组织

集中型采购组织是将与采购相关的职责或工作集中授予一个部门来执行，也就是企业在核心管理层建立专门的采购机构，统一组织企业所需物品的采购业务。这样，从采购计划的制定、供应商的选择、与供应商的洽谈，到物料接收、绩效衡量都由一个部门完成，可以大大降低采购管理成本，节省人力资源，缩短采购时间，如图1-5所示。

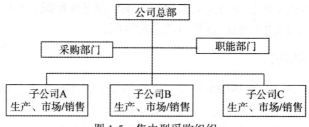

图1-5 集中型采购组织

1. 优点

(1) 减少作业费用，获得价格折扣、运输等方面的多种优惠，形成规模效益，降低采购和物料成本。

(2) 采购功能集中，便于人员分工，提高效率，培养专业人才。

(3) 易于稳定与供应商的关系，实现成效最佳的长期合作。

(4) 公开采购、集体决策，阳光操作，可有效防止腐败。

(5) 便于实行采购程序标准化，减少分散型采购的重复作业。

2. 缺点

(1) 手续较多，过程较长。

(2) 专业性强，责任重大。

3. 适用条件

(1) 大宗和批量物品的采购。

(2) 价格较高的物品。

(3) 关键的零部件。

(4) 保密性强的物品。

(5) 易出现问题的物品。

(三) 混合型采购组织

混合型采购组织是指企业既在核心管理层建有采购机构，又在各经营单位设置采购组织或岗位。中心采购部门进行战略规划，具体活动由部门或经营单位的采购组织实施，如图1-6所示。

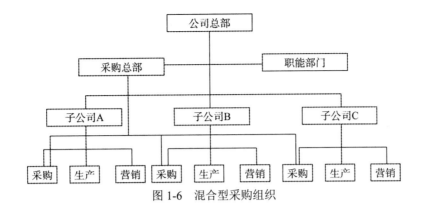

图1-6 混合型采购组织

1. 优点

(1) 有利于企业根据特殊需要和业务重点,选择采用不同的组织结构,灵活性强。

(2) 可以根据外部环境和业务活动的变化及时进行调整。

2. 缺点

(1) 组织结构不规范,容易造成管理上的混乱。

(2) 各部门之间差异很大,不利于协调与合作。

3. 适用条件

(1) 规模大。

(2) 产品种类多。

(3) 原材料需求差异大。

(4) 各子公司的地理位置距离较远。

(四) 跨职能型采购组织

跨职能型采购组织是相对较新的组织形式。跨职能团队,是由组织中同一层级但不同工作领域的员工,为完成共同任务而组成。大多数情况下,成员的层级相同,均来自同一个组织,但是也可能有来自组织相关的高层主管或者其他组织的成员。

跨职能型采购组织就是让员工适当打破原有的部门界限,直接面对供应商和公司采购战略目标,并对公司的总体目标负责,以群体和协作优势赢得竞争主导地位的组织形式。例如,IBM新采购组织采用了一个与供应商的单一联系点(商品小组),由这一商品小组为整个组织提供对全部部件需求的整合。合同的订立是在公司层集中进行的,但所有的采购业务活动都是分散的,如图1-7所示。

1. 优点

(1) 完成任务的速度快、效率高。

(2) 对于比较复杂的采购任务完成得较好。

(3) 由于集合了各种不同专业的人员,其相应的组织具有较强的创造力。

(4) 能够促进成员间的相互学习,通过互补技能和经验的学习,能提高采购组织人员的专业素质。

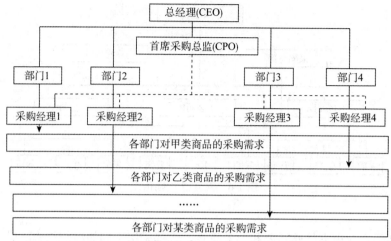

图1-7 跨职能型采购组织

2. 缺点

(1) 不免会由于个人自身因素的影响使得组织存在一定的不稳定性。

(2) 组织中成员要不断沟通，要参加大量会议，不断进行培训，增加了相应的成本。

3. 适用条件

(1) 采购相对复杂困难。

(2) 资本相对雄厚的大型企业。

(五) 虚拟采购组织

虚拟采购是以计算机网络技术进行采购的运作与管理，有效完成采购任务的方式。即多个具有互补资源和技术的企业，为了实现资源共享、风险共担、优势互补等特点的战略目标，在保持自身独立性的条件下，建立的较为稳定的合作伙伴关系。虚拟采购是利用日益完善的通信网络技术及手段，将分布于全球的企业采购资源虚拟整合为一个大型物流支持系统，以完成快速、精确、稳定的采购任务，满足企业的相应生产运作需求。

虚拟采购组织的实质是采购信息集成平台，它是以获取采购领域的规模化效益为目的，以先进的信息技术为基础，以共享此采购信息为纽带而构建的企业间的动态联盟。虚拟采购组织一方面可以利用采购信息集成平台的信息发布功能，实现相互间信息的共享；另一方面可以利用采购信息集成平台的电子采购功能，实现采购相关网上交易，完成采购任务。虚拟采购组织是建立在共同目标上的联盟，它随着市场和采购产品的变化而进行调整，一般情况下在采购项目完成后联盟便可以解散。

IBM公司的采购组织建设

IBM公司自成立以来一直是计算机行业的"领头羊"，然而到了20世纪八九十年代，随着个人电脑的风靡，微软、英特尔等公司的崛起，对IBM提出了正面挑战，从此IBM

的业绩逐步下滑。1992年IBM的亏损额达50亿美元，业内传言IBM不久将会倒闭。然而，一个个充满神奇色彩的人物是怎样使IBM一直走到今天的呢？

2008年，因为巨大财务亏损，IBM开始重视采购职能。IBM新的采购结构采用了一个与供应商的联系点（商品管理小组），由这一商品管理小组为整个组织提供对全部部件需求的整合。合同的订立是在公司层次上集中进行的。然而，在所有的情况下，采购业务活动都是分散的。

采购部件和其他与生产相关的货物都是通过遍布全球的采购经理组织来运作的。这些经理对某些部件组合的采购、物料来源和供应商政策负责，他们向首席采购官及其各自的经营单位经理汇报。经营单位经理在讨论采购和供应商问题以及制定决策的各种公司业务委员会上与首席采购官会晤。首席采购官单独与每一个经营单位经理进行沟通，以使得公司的采购战略与各个部门和经营单位的需要相匹配，这样保证了组织中的采购和供应商政策得到彻底的整合。IBM通过这种方法将其巨大的采购力量和最大的灵活性结合在一起。

对于与生产相关的物料的采购，IBM为了顺应国际贸易高速发展的趋势，以及满足客户对服务水平提出的更高要求，对供应链进行管理并将采购手段进行优化，公司的采购环节开始成为供应链管理的一个重要组成部分。在当前全球一体化的大环境下，采购管理作为企业提高经济效益和市场竞争力的重要手段之一，其战略性地位日益受到关注，现代采购理念值得所有的企业借鉴。

IBM是通过怎样的采购形式而再一次扭转其亏损局面的呢？采购与供应部门究竟应该采取什么样的组织形式呢？IBM的高层管理者将可选择的组织结构列出：

(1) 分散的采购组织结构。分散的采购组织结构其主要特点是每个经营单位的经理对自己的财务后果负责。

(2) 直线职能制的采购组织结构。这种组织结构是在直线制的基础上，再加上相应的职能管理部门，帮助采购经理决策，承担管理的职能。

(3) 集中的采购组织结构。在集中的组织机构中，在公司层次上可以找到中心采购部门。在采购部门，公司的合同专家在战略和策略层次上进行运作。

(4) 集中/分散的采购组织结构。采购部门不仅存在于公司的层级，还独立存在于每一个经营单位。此时，对采购部门负责处理的采购程序和方针的设计等相关问题也会进行审计，但一般是在经营单位的管理层要求时才进行的。

IBM该何去何从，走什么样的采购路线？IBM的命运掌握在高层管理者手里。

(资料来源：胡军. 采购与供应概论[M]. 北京：中国物资出版社，2008.)

你认为IBM应该采用哪种组织结构，说出你的理由，并指出这种组织结构的优缺点。

二、采购组织的设计

不同的企业,其采购部的职位设置也不同。企业为确保采购职能的实现,在设计采购部组织结构时,须充分考虑和分析采购需求、生产经营的规模与发展规划、内外部环境、管理水平、供应市场结构、物资价格弹性、产品技术、客户需求等方面的影响,确保采购组织的高效性及灵活性。

(一) 按企业规模设计的采购部组织结构

1. 中小型企业采购部组织结构

中小型企业采购部组织结构如图1-8所示。

图1-8 中小型企业采购部组织结构示例

2. 大型企业采购部组织结构

大型企业采购部组织结构如图1-9所示。

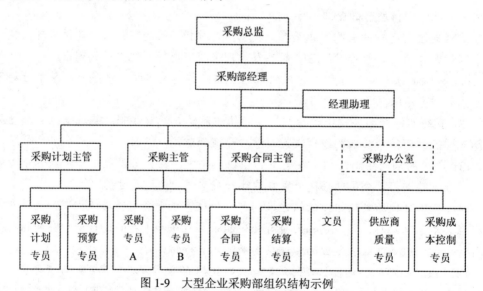

图1-9 大型企业采购部组织结构示例

(二) 按职能设计的采购部组织结构

根据采购过程中的职能不同,采购部的组织结构如图1-10所示。

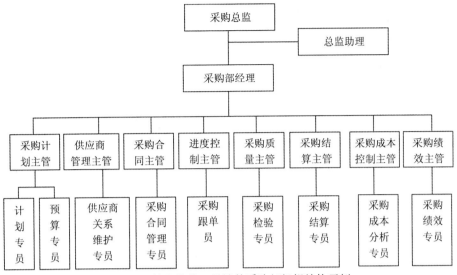

图 1-10 按职能分工设计的采购部组织结构示例

(三) 按专业分工设计的采购部组织结构

若按采购过程中的专业分工来设计，采购部的组织结构如图 1-11 所示。

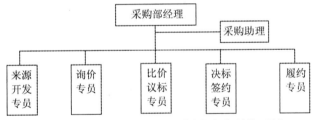

图 1-11 按专业分工设计的采购部组织结构示例

(四) 按采购物资类别设计的采购部组织结构

按所采购的物资类别来设计，采购部的组织结构如图 1-12 所示。

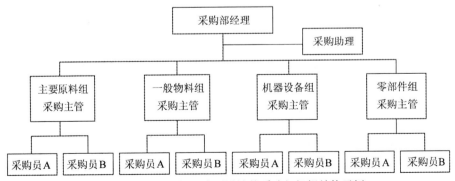

图 1-12 按采购物资类别设计的采购部组织结构示例

(五)按采购地区设计的采购部组织结构

按采购地区的不同来设计,采购部的组织结构如图 1-13 所示。

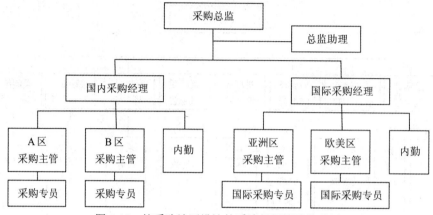

图 1-13 按采购地区设计的采购部组织结构示例

(六)按采购渠道设计的采购部组织结构

按采购渠道的不同来设计,采购部的组织结构如图 1-14 所示。

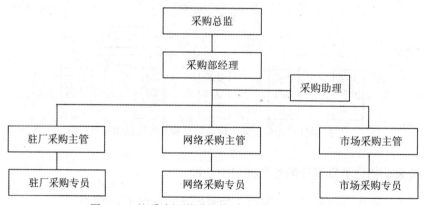

图 1-14 按采购渠道设计的采购部组织结构示例

(七)混合式组织形式

不同的企业有不同的特点,一般企业以系列的物品、地区、价值、业务等为基础,混合式构建组织形式,可以形成不同的混合式组织形式。

总之,不同的企业要根据采购组织机构设计的原则,充分考虑企业内、外部影响因素,建立适合本企业的采购组织机构。同时,值得注意的是,采购组织机构建立后不是一成不变的,随着企业所面临的内、外部环境的变化,要不断调整自身的采购组织机构,以便于更好地适应环境,完成采购任务,最终实现企业的目标,但就短期而言,采购机构是相对稳定的。

三、采购部门职责

采购部门是公司对供应商的唯一窗口，也是能对公司客户产生极大作用的组织。它是联系公司客户和供应商的纽带，从总体来讲，它具有对内和对外两种不同的职责。对外是选择和管理供应商，控制并保证价格优势；对内是控制采购流程，保证采购质量和交货周期，能够满足公司生产和市场的需要。采购部门的具体职责如下。

(1) 了解产品采购的市场状况。采购部门首先要明确所采购产品的需要，掌握采购产品的市场价格起伏状况以及供应市场结构，了解其相应的市场走势，以此分析产品的品质、价格等行情并控制成本。

(2) 选择优秀的供应商。通过对采购产品的市场了解，寻找商品供应来源，对每项商品的供货渠道加以调查和掌握，通过对供应商进行分析评价，选择优秀的供应商。在多数情况下，应该优先选择那些技术创新能力与企业的要求相匹配的供应商，搜寻供应市场中可以给供应链带来额外价值的新供应商。

(3) 进行采购谈判。制定采购策略，建立供应商的资料库，对产品价格、交货期等事项进行谈判，其中产品价格的谈判可通过采购询价、供应商报价、价格比价、价格商议等方式，最后进行价格确定。

(4) 供应商的评估。主要是对采购商品中供应商的价格、品质、交期、交量等作出评估，月底召开评估会议，作出供应商评价报告并提交给供应商，要求其进行相应改善。如连续数月无明显改善，则可讨论取消其供应商资格。

(5) 搞好内外关系，建立有效联盟。采购部门要积极搞好与供应商以及企业内部其他部门之间的关系。采购部门对供应商的选择只是开端，此后需负责供应商和其他内部部门之间的联络，需要在质量提高、成本降低以及新产品开发计划上和供应商紧密配合，帮助供应商发展他们自己的供应商群体等工作。因此，采购部门应代表企业与重要的供应商建立长期密切的采购业务联盟关系。

(6) 负责部门内部的行政管理和人事管理。主要是指提出采购目标，制定部门预算，甄别和选择专业的采购人员。

企业采购相关职位

- 采购总监(Director of Procurement)
- 采购员/高级采购(Buyer/Senior Buyer)
- 采购总监(Purchasing Director)
- 采购主管(Purchasing Supervisor)
- 供应商关系专员(Supplier relations specialist)

- 合同、定价和采购总监(Director of Contracts，Pricing and Procurement)
- 采购分析专员(Purchasing Agent/Analyst/Assistant)
- 物料分析专员(Materials Analyst)
- 物料经理(Materials Manager)
- 采购经理(Procurement Manager)

四、采购各岗位职责

(一) 采购经理的工作职责

采购经理的工作职责如图1-15所示。

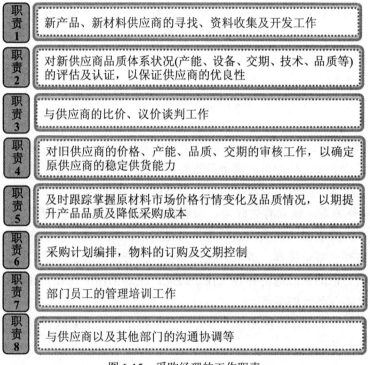

图1-15 采购经理的工作职责

(二) 采购经理助理的工作职责

采购经理助理的工作职责如图1-16所示。

图 1-16 采购经理助理的工作职责

(三) 采购工程师的工作职责

采购工程师的工作职责如图 1-17 所示。

图 1-17 采购工程师的工作职责

(四) 采购员的工作职责

采购员的工作职责如图 1-18 所示。

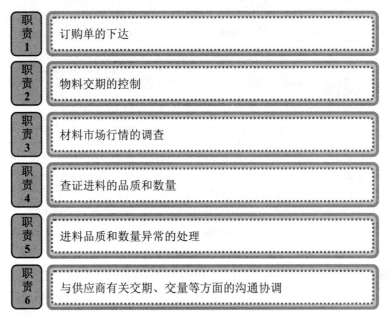

图 1-18　采购员的工作职责

(五) 采购文员的工作职责

采购文员的工作职责如图 1-19 所示。

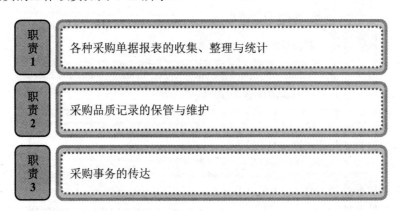

图 1-19　采购文员的工作职责

五、采购人员素质要求

采购人员必须具备与工作复杂性相适应的素质和能力，要通过专业化的工作和能力培训达到甚至超过与企业和市场要求相适应的水平。高素质的采购团队能使供应管理工作具有更高的效率，并能在追求成本降低的同时，科学地判断和预防采购风险。采购人员必须具备一定的基本素质，主要包括职业素质和职业道德。

1. 职业素质

由于采购自身的复杂性和重要性，对采购人员的职业素质要求很高。采购人员需要具备以下职业素质：

(1) 要熟悉采购的相关政策和采购的具体程序。
(2) 熟悉、掌握与采购相关的法律法规。
(3) 熟悉市场环境和企业内部资源环境。
(4) 熟悉、掌握所在企业的规章制度。
(5) 不仅要懂经济知识，还要具备工程技术等方面的专业知识。
(6) 不仅要了解采购技巧，还要善于解决采购过程中出现的各种问题。
(7) 具备较高的英语阅读、写作、口语能力。
(8) 具备较高的管理、沟通、协调能力。
(9) 熟悉采购物品市场行情。
(10) 擅长谈判，有丰富的供应商开发、评估经验。

典型的采购角色与能力要求

采购人员的角色与相应的能力要求如表1-6所示。

表1-6 采购角色与能力要求

采购者的角色与能力 \ 需受的训练	国际贸易及运输训练	基本采购训练	物流能力训练	自制或外购训练	谈判技巧训练	法务及合约签订训练	能力PQA90训练	ISO9000认证标准供应商关系处理	汇率波动影响	销售技巧训练	一般管理训练
谈判者					◎						
正确供应商的选择		◎						◎			
与工程人员共事的能力				◎							◎
绝佳的人际关系处理能力											◎
法务专家	◎					◎					
生意人	◎		◎	◎			◎		◎	◎	◎
具有远见			◎								
清楚地了解公司需求							◎				
清楚地了解顾客需求							◎				
整体成本的考量					◎						
后勤运送专家		◎	◎								

2. 职业道德

采购人员所处理的订单实际上就是金钱，而采购人员本身对供应商而言就是财务的代表。拥有采购权的业务人员经常会受到来自供应商的各种诱惑，因而采购人员具有良好的职业道德是极其重要的。采购人员应具备的职业道德包括：

(1) 遵守国家与采购相关的法律法规。
(2) 遵守所在企业的规章制度。
(3) 保持对企业的忠诚。在不违反国家法规或政府条例的前提下，努力达成所在单位的目标。
(4) 公平、公正，不带个人偏见。在考虑全局的基础上，从提供最佳价值的供应商处采购。
(5) 坚持以诚信作为工作和行为的基础，谴责任何形式的不道德商业行为和做法。
(6) 规避一切可能危害商业交易公平性的利益冲突。
(7) 诚实地对待供应商和潜在的供应商，以及其他与自己有生意来往的对象。
(8) 保持高水准的个人操行。
(9) 拒绝接受供应商或潜在供应商的赠礼。

请扫描右侧二维码，阅读《从〈中国式关系〉看采购的底线！》资讯并讨论以下问题：
(1) 采购员的底线是什么？
(2) 采购人员应具备什么样的职业道德？

(资料来源：施云. 从《中国式关系》看采购的底线[EB/OL]. [2016-10-10].
http://info.10000link.com/newsdetail.aspx?doc=2016101090018.)

该向哪家供应商采购

某公司品管部最近需购买两台新设备，采购部的采购员李四收到设备需求单后，第一时间在媒体发布了求购信息，很快收集了数家供应商的报价。通过几番比价议价后，各供应商也及时提供了相关报告，接下来就是去供应商那里进行现场评估。

这天，李四和品管部王经理带上设备评估表一大早就出发了，上午首先参观的A供应商是一家民营企业，规模不算大，价格还不错，现场评估设备性能也都达标，彼此交谈都感觉比较愉快，李四感觉可以优先考虑。参观结束时老板主动邀请一起共进午餐，但李四拒绝了。

从第一家供应商出来后，李四和王经理随便吃了个快餐就直奔第二家B供应商。这是一家台资企业，实力不错，设备的材质都很好，通过现场评估，设备性能全部达标。

虽然价格贵了点，但是感觉物有所值，售后服务也信得过，可以算是理想的供应商。

从第二家供应商出来后，已经快下午四点了，虽然他们感觉有点累，但采购就是跑腿的，工作还得继续。很快他们就来到了第三家C供应商，这家是王经理介绍的，是某某公司的代理商，价格比A供应商高不少，但比B供应商便宜一点点，老板是一位年轻漂亮的李小姐。因为工厂不在当地，所以只能参观样机，供应商只是在现场演示了一下就说一起去吃饭吧。李四马上回答说："不用了，我们回去吃，而且很晚了，下次吧！"李小姐说："没关系的，吃饭用不了多久，一会儿我叫车送你们回去就好了！"这时王经理也说："没关系的，我跟李小姐很熟，认识几年了，我以前的公司就用他们的产品！"

后来李四和王经理在李小姐的带领下一起去湘菜馆吃了一顿丰富的晚餐，然后还去歌厅唱歌到深夜，回公司当然也是李小姐叫车送的，而且还说成交后会给李四和王经理一定的辛苦费。在回去的车上，王经理还一直替李小姐说好话。

为了公司的利益，李四应该拒绝和C供应商李小姐合作的，但是，吃人嘴软，而且他和品管部王经理关系也不错。如果选择与其他供应商合作，品管部一定会为难李四；如果选择和李小姐合作，李四又觉得愧对公司。

面对这样的问题，从未拿过回扣的李四到底该向谁采购？李四很茫然，请大家帮李四出出主意。

 技能训练

企业采购职位职责与任职资格调研

一、训练目的
1. 加深对企业采购组织架构以及岗位设置的认知。
2. 理解采购相关岗位的职责以及对应的任职资格要求。
3. 为将来计划从事采购工作的学生树立正确的职业素养。

二、训练准备
1. 教师推荐若干企业，企业类型包括流通性企业或生产性企业。
2. 拟定调研内容：企业具体的采购职业岗位、每个岗位的职责以及各岗位的任职要求。
3. 拟定职位说明书范本。

三、训练步骤与要求
1. 分组。调研以小组为单位，4～5人为一组，每组设组长一名。
2. 制定调研计划。确定调研对象、地点、时间、调研提纲以及调研方法等。
3. 收集调研相关资料，联系企业进行实地调研或进行网络调研。
4. 编制并撰写各岗位的职位说明书。
5. 以小组形式进行课堂汇报，组内模拟各采购职位，全班交流，教师点评。

四、注意事项
1. 本次调研可以通过搜索采购职位的招聘信息完成。
2. 调研过程中要注意文明礼貌以及安全事项。

五、训练成果
采购各职位任职说明书。

六、拓展任务
1. 思考各岗位任职资格要求与自身条件的适应性问题。
2. 教师给出某企业背景,要求学生根据企业实际情况设计采购组织架构。

任务评价

班级		姓名		小组			
任务名称	采购职业岗位认知						
考核内容	评价标准	参考分值(100分)	学生自评	小组互评	教师评价	考核得分	
知识掌握情况	1. 了解采购组织的类型	10					
	2. 了解企业采购部门与采购岗位的设置	15					
	3. 理解采购部门的工作职责与工作性质	15					
技能提升情况	1. 能够初步设计企业采购组织架构	15					
	2. 能够制定采购组织管理制度与岗位职责	20					
职业素养情况	1. 具有自主学习能力	5					
	2. 具有合作精神和协调能力,善于交流	5					
	3. 具有一定的分析能力	5					
参与活动情况	1. 积极参与小组讨论	5					
	2. 积极回答老师提问	5					
小计							
合计=自评×20%+互评×40%+教师评×40%							

拓展提升

1. 请根据本项目所学内容,分小组进行主题讨论,每小组进行抽签选择讨论主题,根据主题要求积极展开讨论。
2. 在讨论过程中学生可以自行上网搜集信息或头脑风暴。
3. 各小组展示讨论成果,同时小组之间互相评价、获取建议、完善讨论成果;学生将完善后的讨论成果提交给老师,老师进行评分。

主题1:如何做好采购人员的工作
(1) 从工作态度、能力要求、知识要求、职业素养等方面进行分组讨论。
(2) 将采购人员的工作态度、能力要求、专业知识以及职业素养——列举出来(见表1-7)。

表1-7 采购人员实训报告

实训报告					
小组名称		小组成员		日期	
讨论主题	如何做好一名采购人员				
讨论内容	工作态度(25分)				
	能力要求(25分)				
	专业知识(25分)				
	职业素养(25分)				
小组评价					
教师评价					
综合评分					

主题2：如何做好采购部门工作

从产品组织、供应商选择、谈判、签订合同及货物验收这几方面进行分组讨论如何做好采购部门工作(见表1-8)。

表1-8 采购部门实训报告

实训报告					
小组名称		小组成员		日期	
讨论主题	如何做好采购部门工作				
讨论内容	产品组织(25分)				
	供应商选择(25分)				
	谈判、签订合同(25分)				
	货物验收(25分)				
小组评价					
教师评价					
综合评分					

主题3：采购业务流程

(1) 讨论并分析不同业务的采购基本流程。

(2) 填制采购业务流程测试卡(见表1-9)。

表1-9 业务流程测试卡

测试卡					
小组名称		小组成员		日期	
内容	采购业务的基本流程				

同步测验

一、单选题

1. 关于采购与采购管理，下列说法不正确的是( )。
   A. 采购是一种交易行为
   B. 采购过程是一个选择的过程
   C. 采购是一项具体的业务活动，是作业活动
   D. 采购管理一般由采购员承担具体的任务

2. 对采购和供应管理的目标表述错误的是( )。
   A. 保质保量提供不间断的原物料供应和相应的服务
   B. 使库存率达到100%，提高仓库利用率
   C. 以最低总成本获得所需的物资和服务
   D. 当条件允许时，实现采购标准化

3. 下列选项中，哪项不是采购"5R"管理的内容( )。
   A. 合适的供应商　　　　B. 合适的价格
   C. 合适的方法　　　　　D. 合适的时间

4. 以下不属于采购业务流程的是( )。
   A. 计划和采购计划　　　B. 确定采购价格
   C. 订立框架协议或采购合同　　D. 仓库备货

5. 下列哪项不是采购与供应管理对于企业的作用( )。
   A. 杠杆利润作用　　　　B. 资金收益率效应
   C. 提高顾客满意度　　　D. 牛鞭效应

6. 某一采购部门中设有询价专员、比价专员，这种组织结构划分方式是( )。
   A. 按职能划分　　　　　B. 按专业分工划分
   C. 按行业划分　　　　　D. 按物品类别划分

7. 采购人员所谓的"吃回扣"行为，违背的基本职业素质要求是( )。
   A. 敬业精神　　　　　　B. 廉洁奉公
   C. 虚心与耐心　　　　　D. 遵守纪律

8. 某公司的销售收入为500万元，假设其税前利润率为6%，采购成本为销售收入的50%，假设采购成本减少1%，则利润杠杆效应使利润率增加( )。
   A. 1%　　　B. 10%　　　C. 8.3%　　　D. 6%

二、多选题

1. 广义的采购主要包括( )。
   A. 租赁　　　　　　B. 抵押　　　　　　C. 交换
   D. 借贷　　　　　　E. 融资

2. 下列属于采购部门职责内容的是( )。
   A. 编制物料采购计划　　　　　B. 供应商信息收集
   C. 执行采购活动　　　　　　　D. 采购货物的销售
3. 采购与供应管理发展趋势包括( )。
   A. 交易式采购　　　　B. JIT 采购　　　　C. 电子采购
   D. 多货源策略　　　　E. 全球化采购
4. 在新的竞争环境中，企业面临的越来越大的压力包括( )。
   A. 缩短交货期　　　　　　　　B. 提高产品质量
   C. 降低成本　　　　　　　　　D. 改进服务
5. 下面对集中制采购制度的缺点描述正确的是( )。
   A. 采购流程过长、时效性差
   B. 难以适应零星、地域性及紧急采购状况
   C. 非共同性物料集中采购，企业难以得到数量折扣利益
   D. 采购与使用单位分离，缺乏激励，采购绩效比较差
6. 采购管理应达到的目标有( )。
   A. 选择合适的供应商　　　B. 适当的质量　　　　C. 适当的时间
   D. 适当的数量　　　　　　E. 适当的价格
7. 在采购申请中应该注意的事项有( )。
   A. 应当确定需求的内容　　　　B. 可以口头的形式提出
   C. 由适当的人提出采购申请　　D. 以规格表明需求的水准
   E. 要注意预算的限制，以免采购申请超出预算范围
8. 作为现代企业的采购人员，应该具备的素质主要有( )。
   A. 品德方面　　　　　　　　　B. 知识方面
   C. 能力方面　　　　　　　　　D. 社交方面

三、判断题

1. 在企业采购流程中选择、评估好供应来源之后，就应该进行订单的安排。（ ）
2. 采购申请单通常有数联，并且以颜色区分，由采购部门留存的称为采购申请单(请购单)。（ ）
3. 采购不是企业获取利润的重要来源。（ ）
4. 采购作为企业整体运行的一部分，需要纳入企业的整体战略管理。（ ）
5. 供应商的选择和管理是整个采购体系的核心。（ ）
6. 在采购作业流程中，只需对采购作业中的关键点进行追踪管理。（ ）
7. 采购是采购员或采购部门的事，其他部门和人员与采购无关。（ ）
8. 分散制采购制度有利于采购各环节的协调配合，且手续简单、过程短、直接快速，同时占用资金和占用库存空间较小。（ ）
9. 采购是企业经营的一个核心环节，是企业获取利润的重要来源。（ ）
10. 作为现代企业来讲，好的采购人员只需具备品德方面的素质。（ ）

四、简答题

1. 如何理解采购活动？
2. 采购与供应管理的主要目标是什么？
3. 简述采购的基本要素与采购的基本流程。
4. 集中采购与分散采购组织的优缺点？
5. 采购组织的设计依据有哪些？

五、案例分析题

案例一：

麦德龙自进入中国后，各门店一直处于采购高度集中的背景下，一些本土商品都要被购进麦德龙中国区总部，然后再从上海配送到门店，绕一个很大的圈子，相应的成本自然增加。采购高度集权，而卖场又散落在各地区，导致麦德龙商品配送时常"掉链子"，其雄心勃勃的扩张计划也难以落地。

迫于巨大的业绩增长压力及困扰已久的"物流问题"，2005年7月，麦德龙在中国试行采购新政——采购权利部分"下放"。即区域公司在生鲜、果蔬的当地采购上获得一定的自主权，区域公司有权在当地选择生鲜、果蔬类产品供应商，并洽谈具体的供货事宜，然后再由总部的质量检测等部门依据"德国带来的严格程序"进行综合评估，最后在总部与分公司协商之后"敲定"。

根据上述案例资料，回答下列问题：

1. 你认为导致麦德龙的商品在配送过程中时常"掉链子"的原因是什么？
2. 针对麦德龙公司的采购组织、采购方式，你有什么好的改进建议？

案例二：

一位从事家电配件销售的朋友颇有感触地说，现在的采购人员花样翻新，供应商无所适从。据他介绍，SX公司的采购员小李是一个"高手"，为此，他常常受到公司的表彰。小李的"高招"是：一方面采取多家同时供应的方式，挑起供应商之间对回扣的攀比；另一方面又大肆压低供应商的配件价格，以获取公司的高额奖金和表彰。供应商由于受到回扣不断增高而价格又不断降低的压力，无法对配件生产进行"精耕细作"，导致配件质量不断下降，而企业由于只凭表象来测评采购人员，在一定程度上助长了采购人员的暗箱操作，损害了企业的利益。

根据上述案例资料，回答下列问题：

1. 企业的采购人员应该具备什么样的素质？
2. 企业应该如何评估采购人员，又如何杜绝采购过程中的"回扣"问题？

项目二
采购需求分析与计划制定

 **案例导入**

经调研发现，华南地区对山地自行车有很大的需求，而广东子公司之前只负责生产三种型号的普通自行车，并未生产过山地自行车。子公司总经理贺强多次和上海总公司汇报情况，经总公司多次开会讨论决定，将在广东子公司建立山地车的生产流水线。山地车作为下一季度的主打产品，要尽快采购物料投入生产，满足市场需求。因此，目前最紧要的工作是让各相应部门提出需求，要明确各部门需要什么、需要多少、什么时候需要，才好确定采购什么、采购多少、什么时候采购的问题。采购部经理宋杰将这次工作交给采购主管赵磊来完成，要求他在一周内将下季度山地车的采购需求上报。

在生产普通自行车时，采购部就经常被生产部、财务部等部门投诉，因为之前的采购计划与预算都是采购部独自制定的，其他部门都没有接触过，导致在生产过程中经常会出现原材料或零部件供应不足或库存积压等现象，而急需采购时，又出现资金困难等情况，严重影响了自行车生产的正常进行。

总经理贺强特意跟采购经理宋杰强调，这次制定山地车的年度采购计划与预算，采购部一定不能草草了事，要制定出一份合理的采购计划与采购预算。

1. 如果你是采购主管赵磊，你该如何确定山地车的采购需求呢？
2. 如果你是采购经理宋杰，你该如何编制采购计划呢？
3. 如果你是采购经理宋杰，你该如何制定采购预算呢？

任务一 采购需求分析

🔍 教学目标

知识目标	1. 了解采购需求分析的基本概念 2. 掌握不同采购需求分析的方法
技能目标	1. 能识读请购单 2. 能运用需求分析方法确定企业采购需求
素养目标	培养学生在实践工作中的决策分析能力与计算能力

🔍 教学建议

建议课时	2 课时
教学重点	各种采购需求分析方法
教学难点	MRP 需求分析法、订购点法、物资消耗分析法
教学方法	任务驱动教学法；案例教学法；情境教学法
教学手段	小组讨论、实际模拟训练
组织形式	全班每 4～5 人为一组，每组设组长一名，组员合理分工
教学过程	任务引入→任务训练→任务分析→小组讨论→总结与点评
学生活动	1. 课前查阅采购需求分析的相关知识 2. 以小组讨论的形式完成任务训练
教师活动	学生在完成任务训练的过程中教师巡回指导、个别交流，教师检查与评定

📝 任务引入

赵磊接到采购经理宋杰的任务后，就马不停蹄地开始准备工作，赵磊知道要确定好此次山地车生产的采购需求，必须得到各部门的配合。于是，赵磊将请购单发到各需求部门负责人处，要求需求部门负责请购的业务人员填好请购单后在 4 天内提交。4 天后，各部门负责人将填好的请购单发回给赵磊，赵磊根据各需求部门提交的请购单进行汇总，得出了山地车的采购任务表。

任务训练

1. 假设你是采购主管赵磊，你该如何确定下季度山地车的采购需求物料、采购数量以及采购时间呢？

2. 各需求部门可以通过哪些方法确定山地车的物料采购需求？

任务分析

需求分析和确定是采购作业流程的首要环节。要进行采购,首先要解决采购什么、采购多少以及什么时候采购的问题。而要解决这些问题,就是要解决采购部门所服务的企业内部客户究竟需要什么、需要多少以及什么时候需要的问题。本任务以小组为单位,通过上网或者去图书馆查阅获得采购需求分析的相关知识,小组内成员相互讨论,完成任务训练的操作。

实施步骤

1. 课堂内分组讨论完成任务训练。
2. 各组展示讨论结果并陈述主要观点。
3. 教师总结与点评。

知识准备

一、识别需求

确定采购需求是采购活动中最基础也是最重要的工作之一。采购需求通常包括标的物的配置、性能、数量、服务等,其中配置、性能等技术性内容最为关键。

识别需求是采购过程的起点,如果这一步没有做好,那么后面的所有步骤都将是有缺陷的。所以,正确地走出第一步至关重要。

任何采购都起源于企业中某部门的确切需求。需求部门负责请购的业务人员应该清楚地知道本部门的需求,包括需要什么、需要多少、何时需要,并根据需求编制采购请购清单(以下简称请购单)。采购申请可以来自于生产或使用部门,也可以来自销售或广告部门,还可以来自研发部门等。表2-1和表2-2是典型的请购单样本。

表2-1 企业请购单样本(一)

申请部门_____				编号_____		
预算额_____				日期_____		
编码	名称	规格	单位	请购数量	需要日期	备注
请购人:				审批人:		
说明:一式两份,原件送采购部门,申请者保留文件副本。						

表 2-2　企业请购单样本(二)

请购单位		请购日期	
品　　名			
规　　格			
数　　量		单　　位	
需求日期	年　　　　　月　　　　　日		
用途说明：		核准：	
会计：	采购：	主管：	制表：

二、需求分析

(一) 需求分析的含义

采购需求分析就是分析该买什么、买多少、什么时候买、花多少钱、什么时候得到以及怎样得到的问题。正确的采购需求分析，不仅可保证及时获得合格的生产物资，也是控制成本的一项重要工作。需求分析是采购工作的第一步，是制定采购计划的基础和前提。

在极简单的情况下，需求分析是很容易的。例如，在单次、单一品种需求的情况下，需要什么、需要多少、什么时候需要的问题非常明确，不需要进行复杂的需求分析也就清楚了。

在较复杂的采购情况下，需求分析就变得十分必要了。例如，一辆汽车需要上万个零部件组装而成，每个车间、每个工序生产这些零部件都需要不同品种、不同数量的原材料、工具、设备及其他用品，在各个不同时间段需要各个不同的品种。这么多的零部件，什么时候需要什么材料、需要多少，哪些品种要单独采购，哪些品种要联合采购，哪些品种先采购，哪些品种后采购，每次采购多少……不对这些问题进行认真的分析研究，就不可能进行科学的采购工作。

(二) 需求分析的方法

1. 统计分析法

在采购需求分析中用得最多、最普遍的就是统计分析。统计分析的任务就是根据一些原始材料来分析求出客户的需求规律，再根据需求规律进行需求预测。在采购需求的统计分析中，最基本的原始资料主要有：各个单位的采购申请单、销售日报表、领料单和生产计划任务单等。在实际操作中，统计分析通常有以下两种方法。

(1) 对采购申请单汇总统计。现在很多企业采购都采取这样的模式：要求下属各需求部门每周提交一份采购申请表，提出每个需求部门下周的采购品种和数量，然后采购部就把这些表汇总，得出下周总的采购任务表，再根据此表制订下个月的采购计划。

(2) 对各个单位销售日报表进行统计。对于流通企业来说，每天的销售就是用户对企业物资的需求，需求速率的大小反映了企业物资消耗的快慢。这样，由每天的销售日报表就可以统计得到企业物资的消耗规律。消耗的物资需要补充，因此物资消耗规律就是物资采购需求的规律。

2. ABC 分析法

(1) ABC 分析法的含义。ABC 分析法(activity based classification)的理论基础是帕累托原理，它是根据事物在技术或经济方面的主要特征，进行分类排队，分清重点和一般，从而有区别地确定管理方式的一种分析方法。由于它把被分析的对象分成 A、B、C 三类，所以又称为 ABC 分析法。

在企业的实际采购业务中，通常少数物料的采购量很大，占用资金较多；而大多数物料的种类比较多，但年需求量却不大。其中少数而采购量大的物料属于重点，需要花费大量的人、财、物力来管理，而剩下的多数物料可以分配较少的资源来进行管理。因此，需要确定各类物料的重要性程度以及优先权，先采购哪些，后采购哪些，重点保障哪些物料的供应等，为此，需要进行 ABC 分析。

(2) ABC 分析法的基本分类标准(见表 2-3)。A 类物品(高值)：品种数目少但资金占用大，采购价值占总采购金额的 70%左右；品种数占采购品种总数的 10%左右。B 类物品(中值)：介于 A 与 C 两类物品之间，采购价值占总采购金额的 20%左右；品种数占采购品种总数的 20%左右。C 类物品(低值)：品种数目大但资金占用小，采购价值占总采购金额的 10%左右；品种数占采购品种总数的 70%左右。

表 2-3 ABC 分析法

采购物品分类	总采购物品数量百分比/%	总采购物品金额百分比/%
A	大约 10	大约 70
B	大约 20	大约 20
C	大约 70	大约 10

(3) ABC 分析法的步骤。应用 ABC 分析法可以按照如下步骤进行。

第一步，计算每一种物料的金额(可用销售额或采购额计算)。

第二步，按照金额由大到小排序并列成表格。

第三步，计算每一种物料金额占总金额的比率。

第四步，计算累计比率。

第五步，分类。各类物料的划分标准并无严格规定。习惯上常把主要特征值(这里是销售额或采购额)的累计百分数达 70%的物料称为最重要的 A 类，累计百分数在 70%~90%的物料称为次重要的 B 类，累计百分数在 90%~100%的物料称为不重要的 C 类。

第六步，根据 ABC 分析的结果，对 A、B、C 三类商品采取不同的采购策略。

ABC 分类法在库存管理中的应用

ABC 分类法应用到库存管理中,就是把库存货物按重要程度分为特别重要的库存 A 类,一般重要的库存 B 类和不重要的库存 C 类三个等级,然后针对不同级别分别进行管理和控制,其控制策略如表 2-4 所示。

表2-4 ABC 分类策略

分类项目	A	B	C
价值	高	中	低
管理要点	将库存压缩到最低水平	库存控制有时可严些,有时可松些	集中大量订货,以较高库存来节约订货费用
订货量	少	较多	多
订购量计算方法	按经济批量计算	按过去的记录	按经验估算
定额综合程度	按品种或规格	按大类品种	按总金额
检查频率	经常检查	一般检查	季度或年度检查
进出统计	详细统计	一般统计	按金额统计
保险储备量	低	较大	允许较高
控制程度	严格控制	一般控制	控制总金额
控制系统	连续型库存观测系统	综合控制法或连续、定期法	定期型库存观测系统

3. 物料需求计划

物料需求计划(material requirement planning,MRP)是生产企业最常用的需求分析方法。它的基本原理就是根据企业的主产品生产计划、主产品的结构文件和库存文件,分别求出主产品的所有零部件的需求时间和需求数量,也就是求出物料需求计划。物料需求计划最早是用手工分析推导出来的。到了 20 世纪 60 年代,有了计算机以后,逐渐发展成用计算机进行计算,当时称为 MRP(material requirement planning)软件。随着计算机和软件技术的发展,又进一步发展成 MRPⅡ、企业资源计划(enterprise resources planning,ERP)软件。

MRP 的基本逻辑如图 2-1 所示,用手工计算物料需求计划的过程步骤如下。

(1) 确定主产品需求计划(主产品生产计划)。主产品是指企业提供给社会的主要产成品。例如,汽车制造厂的主产品是汽车,电视机厂的主产品是电视机。主产品的生产计划是企业接受社会订货或者计划提供给社会的主产品数量和进度计划。这个计划主要是根据社会对主产品的订货计划生成的,但是也有一些企业是靠市场预测、靠经营计划而生成的。主产品生产计划是企业生产和采购的主要依据。

项目二 采购需求分析与计划制定

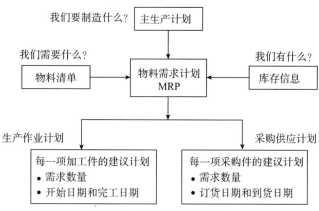

图 2-1 MRP 的基本逻辑

但是企业生产和采购还有另外一个次要依据,就是社会维修企业对社会上处于使用状态的主产品进行维修保养所需要的零部件的需求计划。这些零部件的生产或采购也需要企业承担。

(2) 确定主产品的结构文件(物料清单)。就是要计算出装配主产品需要哪些零件、部件、原材料,各需要多少,哪些要自制,哪些要外购,自制或外购需要多长时间(即生产提前期或采购提前期)。这样逐层分解,一直到最低层的原材料层次。

由主产品结构文件可以统计得出这样一份完整的资料,即为了在某个时间之前生产出既定数量的主产品,分别需要提前多长时间生产哪些零部件、生产多少,需要提前多长时间采购什么零部件和原材料、采购多少。把这些资料形成一个表,就是主产品零部件生产采购一览表。

(3) 确定库存文件。这里所谓的库存文件,就是主产品以及主产品所属各零部件、原材料的现有库存量清单文件,即主产品零部件库存一览表。

(4) 根据主产品的需求文件(包括维修所需零部件文件)、主产品结构文件和库存文件,推导求出物料需求计划。设 P_i 是第 i 个零部件下月需求量,P 是主产品下月的计划出产量;n_i 是一个主产品中包含第 i 个零部件的个数;P_{oi} 是第 i 个零部件下月的外订货数量(即社会维修订货数量),则第 i 个品种下月需求量可以用公式 $P_i=P\times n_i+P_{oi}$ 确定。

(5) 根据物料需求计划求得采购任务清单。

MRP 运算实例

在图 2-2 中,A、B、C、D、E、F 为产品名,括号内的数字表示一个上级产品中所包含的本产品的件数,而 LT 表示提前期,单位为天。双线框表示外购件,单线框表示自制件。

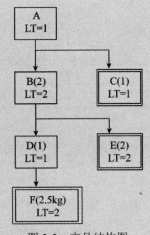

图 2-2 产品结构图

根据主产品结构文件，可以得到主产品零部件数量一览表，如表 2-5 所示。

表 2-5 主产品 A 零部件一览表

零部件名	数量/kg	自制	外购	提前期/天
B	=2A	+		2
C	=1A		+	1
D	=B=2A	+		1
E	=2B=4A		+	2
F	=2.5D=5A		+	2

主产品需求计划和零部件外购计划如表 2-6 和表 2-7 所示。

表 2-6 主产品出产计划和零部件外购一览表

时期/周	第1周	第2周	第3周	第4周	月合计
A 出产/(件/周)	25	15	20	15	75
C 外订/(件/周)	15		15		30
E 外订/(件/周)		20		20	40

表 2-7 采购零部件一览表

零部件名	下月需要数量/kg
C	75×1+30 = 105
E	75×4+40 = 340
F	5×75 = 375

4. 订购点法

对于相关性需求通常采用 MRP 采购的方式，而对于独立性需求通常采用定期采购法和定量采购法。下面主要讨论定期采购和定量采购方式。

(1) 定期采购法(fixed interval order system)。定期采购是指按预先确定的订货间隔期进行采购补充的一种方式,如图 2-3 所示。企业根据过去的经验或经营目标预先确定一个订货间隔周期,每经过一个订货周期就进行订货,每次订货数量都不同。这种方法在使用时必须对物料未来的需求数量作出正确的估计,以避免存货过多,造成资金紧张。这种方法适用于品种数量大、占用资金较少的商品。

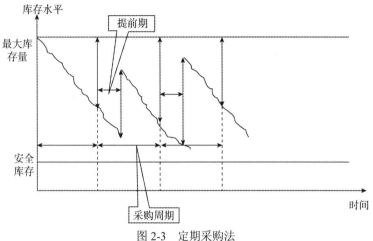

图 2-3 定期采购法

定期采购的优点是:由于订货间隔确定,因而多种货物可同时进行采购,这样不仅可以降低订单处理成本,还可降低运输成本;这种方式不需要经常检查和盘点库存,可节省相应的管理费用。

定期采购的缺点是:由于不经常检查和盘点,对商品的库存动态不能及时掌握,遇到突发性的大量需求,容易造成缺货而带来损失。

(2) 定量采购法(fixed order quantity system)。定量采购是指当库存量下降到预定的最低库存数量(采购点)时,按规定数量,一般以经济订货批量(economic order quantity,EOQ)作为标准进行采购补充的一种方式,如图 2-4 所示。例如,双箱制的采购计划,即此类物资首次入库时将其分为两部分,当其中一部分使用完毕时,必须先开出请购单,才可使用剩余的另一部分物资,如此反复交替运行。此类物料数量的控制,通常由仓储人员负责。这种方法适用于品种数量少但占有资金大的商品。

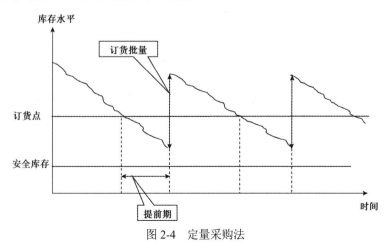

图 2-4 定量采购法

定量采购的优点是：由于每次订货之间都要详细检查和盘点库存(看是否降到订货点)，能及时了解库存的动态；因每次订货数量固定，且是预先确定好的经济批量，所以方法简便。

定量采购的缺点是：经常对物资进行详细检查和盘点，工作量大，花费时间多，从而增加了库存维护成本；该方式要求对每个品种单独进行订货作业，会增加订货成本和运输成本。

(3) 定期采购与定量采购的比较。基于上述分析，这两种采购方式的主要区别如表2-8所示。

表2-8 定期采购与定量采购方法的比较

特征	定期采购法	定量采购法
采购量	变化的(每次采购量不同)	固定的(每次采购量相同)
何时订购	在盘点期到来时	在库存量降低到再订购点时
库存记录	只在盘点时做记录	每次出库做记录
库存大小	较大	较小
作业所需时间	简单记录，所需时间较短	由于记录持续，所需时间较长
物资类型	品种数量大的一般物资	昂贵、关键或重要物资

5. 物资消耗定额法

所谓物资消耗定额，是在一定的生产技术组织的条件下，生产单位产品或完成单位工作量所必须消耗的物资的标准量。通常用绝对数表示，如制造一台机床或一个零件消耗多少钢材、生铁；有的也可用相对数表示，如冶金、化工等企业里，用配料比、成品率、生产率等表示。

在实际操作中，物资消耗定额管理通常有如下三种方法。

(1) 技术分析法。技术分析法具有科学、精确等特点，但在操作过程中，通常需要经过精确计算，工作量比较大。在应用中，通常可参照以下步骤：①根据产品装配图分析出产品的所有零部件。②根据每个零部件的加工工艺流程得出每个零部件的加工工艺。③对于每个零件，考虑从下料切削开始一直到最后形成零件净尺寸 C 为止的所有各道工序切削加工的尺寸留量 c_i。④每个零件的净尺寸 C 加上所有各道切削尺寸留量 c_i 之和，就是这个零件的物料消耗定额 T。其计算公式如下：

$$T=C+\sum c_i(i=1,2,3,4)$$

(2) 统计分析法。统计分析法是根据以往生产中物资消耗的统计资料，经过分析研究并考虑到计划期内生产技术组织条件的变化等因素而制定定额的方法，采用统计分析法以大量详细可靠的统计资料为基础。例如，要制定某种产品的物料消耗定额，可根据过去一段时间仓库的领料记录和同期间内产品的产出记录进行统计分析，就可以求出平均每个产品的材料消耗量。这个平均消耗量可看成是该产品的物料消耗定额。

(3) 经验估计法。经验估计法是根据技术人员、工人的实际生产经验，参考有关的技术文件和考虑到企业在计划期内生产条件的变化等因素制定定额的方法。这种方法简单易行，但缺乏较为严密的科学性，因而通常精确度不高。

物资消耗定额法实例

一把锤子由铁榔头和一个檀木木柄装配而成。檀木木柄净尺寸为φ30×250mm，由435mm的圆木加工而成，平均每个木柄下料切削损耗5mm、长度方向切削损耗5mm、外圆切削损耗2.5mm、夹头损耗30mm、平均残料损耗10mm。铁榔头由φ50的A4钢材切成坯料经锻压加工而成。加工好的铁榔头净重1 000g，锻压加工损耗200g，柄孔成型加工损耗200g，下料损耗200g，夹头损耗为0，残料损耗为0。计算这种锤子的物资消耗定额。如果下个月需要加工1 000把锤子，需要采购多少物料？

计算资料和结果如表2-9所示。求出锤子的物资消耗定额为：φ35檀木0.3m，A4 φ50圆钢1.6kg。月产1 000把锤子，采购需求量为：φ35檀木300m；A4 φ50圆钢1 600kg。

表2-9 物资消耗定额计算

产品名称：锤子					下月生产计划：1 000				
材料名称	规格	计算单位	净重	下料损耗	加工切削损耗	夹头损耗	残料损耗	物资消耗定额	采购需求量
檀木圆木	φ35	m	0.25	0.005	0.005	0.03	0.01	0.3	300
圆钢A4	φ50	kg	1.00	0.200	0.2+0.2	0	0	1.6	1 600

东风汽车公司的采购与供应管理

随着中国加入WTO以及进口关税的调整，为了扩大市场份额，汽车企业整车销售价格下调已成定局，急于降低成本的整车市场必然对汽车产品的价格、服务、质量提出更加苛刻的要求，汽车企业面临的压力越来越大。由于整车面临着不断降价的压力，而能源、原材料价格又不断上涨，因此，汽车制造企业的利润空间日益被压缩。作为我国汽车大型骨干企业的东风公司，也面临着更大的降低成本的压力。整车成本的降低很大程度上依赖于采购成本的降低，东风汽车用来购买原材料、零部件的费用大概要占到销售额的50%。采购的速度、效率、订单的执行情况会直接影响到东风公司是否能够快速灵活地满足下游客户的需求。采购成本的高低会直接影响到东风公司整车的定价情况和整个供应链的最终获利情况。

东风公司对采购与供应管理有三个基本目标：保证质量、适时适量、费用最省。对此，东风汽车公司采用 JIT(just in time)方法来实现上述采购与供应管理的三个目标。JIT 采购的目的就是要消除企业采购环节中的浪费，消除原材料和外购件库存。企业需要什么样的原材料就能供给什么样的原材料，什么时间需要就什么时间供应，需要多少就能供应多少，这样企业的原材料和外购件库存才能降到最低水平。为了保证 JIT 采购的有效实施，东风汽车公司采取以下措施。

(1) 成立专门采购小组具体负责，包括寻找货源、询价，以及改进与供应商的关系等。

(2) 分析企业的生产制造流程，根据流程以及历史数据推算出采购产品的品种、数量、最小库存量等数据，然后根据 ABC 分类法对不同产品进行分类，制定出相应的采购计划。

(3) 选择合适的供应商，并对其进行筛选。

(4) 进行 JIT 采购的试点工作，试点成功就全面展开。

东风汽车公司认识到，一定要采购急需的物料才有意义，否则采购来的就是库存，不仅占用资金、降低资金周转速度，还浪费了空间和人力资源。经过不断探索，东风汽车公司建立了一个有效率的采购与供应管理流程：首先由整车制造部提出需求量，然后交给采购部，再由采购部制定采购订单，最后再交给供应商；对供应商而言，这就是销售订单，供应商备完货，送货到加工厂的仓库，加工厂收到货物以后，就可以进入加工流程；然后，采购部通知财务付款，供应商准备收款。以前的质检程序是供应商送货过来后，检查合格的货物才留下，不合格的退货，这样会影响生产周期和加工、制造的速度；现在东风汽车公司派质检人员到供应商那里检查，合格了才装车，货物到达加工厂基本是免检入库，物流速度提高了很多。库存驱动采购容易造成库存积压，东风汽车公司现在采用的订单驱动采购模式，即没有订单就不采购，库存的是信息。

1. 东风汽车公司在采购与供应管理流程上做了哪些改进？
2. 新的采购与供应管理流程对采购需求有什么影响？

 技能训练

采购需求分析方法的运用

一、训练目的

1. 加深学生对采购需求的认识。
2. 使学生能够运用采购需求分析的方法确定企业采购需求。
3. 提高学生的分析能力。

二、训练准备

1. 已知产品 A 的有关资料如表 2-10～表 2-12 所示，试用 A 的物料清单和所给文件来完成编制物料需求计划的整个过程。

表 2-10　主生产计划单

周期	1	2	3	4	5	6	7	8
项目 A	0	18	0	19	0	22	0	20

表2-11 物料清单

物料项目名称	层	用量
A	0	1
B	1	2
C	1	3

表2-12 主产品及零部件的库存量及提前期

物料项目名称	计划起初库存	提前期/周	计划到货数量	备注
A	5	0		
B	20	2	第4周到货25	固定订货批量为20
C	35	3	第3周到货35	固定订货批量为30

2. A公司为B公司的销售代理商，A公司每年的销售量大约为3 000辆，平均每辆车的价格为4 000元。其详细的成本主要包括：

(1) A公司每次的订货成本主要包括处理一笔采购业务的差旅费、住宿费和通信费等，以往采购人员到B公司出差，乘飞机、住宾馆，采购人员各项支出平均每人为6 700元，每次订货去两名采购人员。

(2) 每辆摩托车的年库存维持费用如下：①所占用资金的机会成本。每辆摩托车平均价格为4 000元，银行贷款利率年息为6%。②房屋成本(仓库房租及折价、库房维修、库房房屋保险费用等平均每辆摩托车分担的成本)。仓库的年租金为52 000元。仓库最高库存量为700辆，最低时不足100辆，平均约为400辆。③仓库设施折价费和操作费。吊车、卡车折价费和操作费平均约为10元/辆·年。④存货的损坏、丢失、保险费用平均为20元/辆·年。

(3) A公司每周营业7天，除春节放假5天外，其他节假日都照常营业。年营业日为360天。A公司订货提前期的组成如下：①采购准备时间为4天(包括了解采购需求、采购人员旅途时间)；②与供应商(B公司)谈判时间为4天；③供应商(B公司)备货发货的时间为15天；④到货验收入库的时间为2天。

(4) B公司的安全库存为40辆。请分析计算A公司从B公司采购摩托车的经济批量以及订购间隔期、订货点、年库存维持成本等。

3. XYZ公司每年的采购总额为254 725元，表2-13是详细支出，请对产品1~10进行ABC分类。

表2-13 XYZ公司采购分类

产品	每年使用量	单位成本/元	采购额/元	占采购总额的比重/%
1	5 000	1.50	7 500	2.9
2	1 500	8.00	12 000	4.7
3	10 000	10.50	105 000	41.2
4	6 000	2.00	12 000	4.7
5	7 500	0.50	3 750	1.5
6	6 000	13.60	81 600	32.0
7	5 000	0.75	3 750	1.5

(续表)

产品	每年使用量	单位成本/元	采购额/元	占采购总额的比重/%
8	4 500	1.25	5 625	2.2
9	7 000	2.50	17 500	6.9
10	3 000	2.00	6 000	2.4

三、训练步骤与要求

1. 全班分组。每组4~5人，每组设组长一名。
2. 讨论确定适用的需求分析方法。
3. 绘制产品结构清单BOM，并编制各物料项目的MRP计算表(见表2-14)。

表2-14 物料计算表

周期	1	2	3	4	5	6	7	8
毛需求								
计划入库								
预计库存								
净需求								
计划订单入库								
计划订单下达								

4. 回顾或自学经济订货批量的计算原理。
5. 总结需求分析计算的心得体会，并随机抽取小组汇报进行交流与点评。

四、注意事项

1. 需求分析方法应恰当。
2. 需求分析的重点在于需求数量与时间，考虑需求数量与时间的影响因素。

五、训练成果

总结或报告(包括分析过程、分析结果、心得体会)。

六、拓展任务

选定当地企业进行需求分析调研，收集企业采购需求的实际资料，制定需求分析调研表，根据企业的特点选择合适的采购需求分析方法，最终进行采购需求分析，确定采购需求量与需求时间。

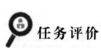

任务评价

班级		姓名		小组			
任务名称	采购需求确定						
考核内容	评价标准		参考分值(100分)	学生自评	小组互评	教师评价	考核得分
知识掌握情况	1. 了解采购需求分析的基本概念		15				
	2. 掌握不同采购需求分析的方法		25				

(续表)

考核内容	评价标准	参考分值(100分)	学生自评	小组互评	教师评价	考核得分
技能提升情况	1. 能识读请购单	15				
	2. 能运用需求分析方法确定企业采购需求	20				
职业素养情况	1. 具有自主学习能力	5				
	2. 具有合作精神和协调能力，善于交流	5				
	3. 具有一定的分析能力	5				
参与活动情况	1. 积极参与小组讨论	5				
	2. 积极回答老师提问	5				
小计						
合计=自评×20%+互评×40%+教师评×40%						

任务二　采购计划与预算制定

教学目标

知识目标	1. 了解采购计划的编制与审核流程 2. 掌握采购预算的编制方法 3. 了解采购预算编制与审核流程
技能目标	1. 能够分析企业采购计划的合理性 2. 能够编制简单的采购计划表 3. 能够分析企业采购预算的合理性 4. 能够编制简单的采购预算表
素养目标	培养学生在实践工作中的决策分析能力与计算能力

教学建议

建议课时	4课时
教学重点	采购计划的编制流程、采购预算的编制方法
教学难点	采购计划及预算的编制实施
教学方法	任务驱动教学法；案例教学法；情境教学法
教学手段	小组讨论、实际模拟训练
组织形式	全班每4～5人为一组，每组设组长一名，组员合理分工
教学过程	任务引入→任务训练→任务分析→小组讨论→总结与点评
学生活动	1. 课前查阅采购计划与采购预算的相关知识 2. 以小组讨论的形式完成任务训练
教师活动	学生在完成任务训练的过程中教师巡回指导、个别交流，教师检查与评定

任务引入

宋杰听了总经理贺强的忠告后,知道编制采购计划和制定采购预算不是采购部门自己说了算,要想做好此次工作,一定要其他部门的积极配合。于是,宋杰找到生产部、销售部、财务部、技术部等主要部门的负责人,开会研究讨论采购计划的制定工作,并向各部门收集了物资采购需求和物资请购单。宋杰让部门同事对公司物资的库存情况与各部门的采购需求进行分析之后,并结合预计的销售状况及年度经营目标,确定了采购需求和采购预算,再经过公司财务部、总经理等审批之后,最终采购部对各项信息进行分析汇总,制定了年度采购计划。

任务训练

1. 为什么要编制采购计划?采购计划包括哪些内容?
2. 如何制定采购预算?采购预算编制的方法有哪些?

任务分析

采购计划和采购预算是采购作业操作的首要环节,也是极其关键的环节。好的采购计划能对已经发生或将要发生的变化因素进行深入的分析和预测。合理的采购预算可以保证资源的合理分配,降低企业的采购风险。本任务以小组为单位,通过上网或者去图书馆查阅获得采购计划与采购预算的相关知识,小组内成员相互讨论,完成任务训练的操作。

实施步骤

1. 课堂内分组讨论完成任务训练。
2. 各组展示讨论结果并陈述主要观点。
3. 教师总结与点评。

 知识准备

一、采购计划

(一)采购计划的含义及目的

采购计划是企业采购管理人员在分析市场供求状况、企业生产过程及物资消耗规律的基础上,对计划期内各种物资采购业务活动所做的统筹安排。

采购计划是企业整个采购运作的第一步,采购计划的制定可以保证物料及时供应、降低库存及成本、减少紧急订单数量、降低采购风险等。因此,制定一个合理的采购计划,对整个采购运作的成败有非常重要的作用。采购计划应达到以下目的:

(1) 预估物料或商品需用时间和数量,保证连续供应。在企业生产活动中,生产所需的物料必须能够在需要的时候可以获得,而且能够满足需要,否则就会因物料供应不上或供应不足,导致生产中断。因此,采购计划必须根据企业的生产计划、采购环境等估算物料需用的时间和数量,在恰当的时候进行采购,保证生产的连续进行。

(2) 配合企业生产计划与资金调度。制造企业的采购活动与生产活动是紧密关联的，是直接服务于生产活动的。因此，采购计划一般要依据生产计划来制定，确保采购适当的物料满足生产的需要。

(3) 避免物料储存过多，控制原材料库存。在实际的生产经营过程中，库存是不可避免的，有时还是十分必要的。库存实质上是一种闲置资源，不仅不会在生产经营中创造价值，反而还会因占用资金而增加企业的成本。物料储存过多会造成大量资金的沉淀，影响到资金的正常周转，同时还会增加市场风险，给企业经营带来负面影响。

(4) 使采购部门事先准备，选择有利时机购入物料。在瞬息万变的市场上，要抓住有利的采购时机并不容易。只有事先制定完善、可行的采购计划，才能使采购人员做好充分的采购准备，在适当的时候购入物料，而不至于"临时抱佛脚"。

(5) 确立物料耗用标准，以便管制物料采购数量及成本。通过以往经验及对市场的预测，采购计划能够较准确地确立所需物料的规格、数量、价格等标准，这样可对采购成本、采购数量和质量进行控制。

(6) 增强和保持企业在市场上的竞争力度。持续、稳定、成本较低并且具有创新力的原材料供应是保证企业能否拥有足够创新型产品的重要因素，也是企业能否占据稳定市场份额的重要因素。

采购计划的分类

(1) 按计划期的长短分类。采购计划按计划期的长短可分为年度物资采购计划、季度物资采购计划、月度物资采购计划等。

(2) 按物资的自然属性分类。采购计划按物资的自然属性可分为金属材料采购计划、机电产品采购计划、非金属材料采购计划等。

(3) 按物资的使用方向分类。采购计划按物资的使用方向可分为生产物资采购计划、维修物资采购计划、基建物资采购计划、科研物资采购计划等。

(4) 按采购层次分类。采购计划按采购层次可分为战略采购计划、业务采购计划、部门采购计划等。

（二）采购计划的编制

编制采购计划是一项既复杂又要求细致的工作。实际的计划工作过程开始于每年的销售预测、生产预测、经济预测中获得的信息。采购计划的制定需要由具有丰富的采购经验、开发经验、生产经验等相关知识的复合人才来完成，并且要与其他相关单位协调好。企业在具体操作过程中，一般先编制年度采购计划，在此基础上，再编制月度采购计划。编制好的月度采购计划在经过采购部经理和总经理的审核后，再进行下一步的具体采购环节。

在如图2-5所示的采购计划编制流程中，共设置4个控制点，分别是：①提出采购需求；②编制采购预算；③编制采购计划；④执行采购计划。以上四个控制点能够保证采购计划编制过程的可行性和科学性。

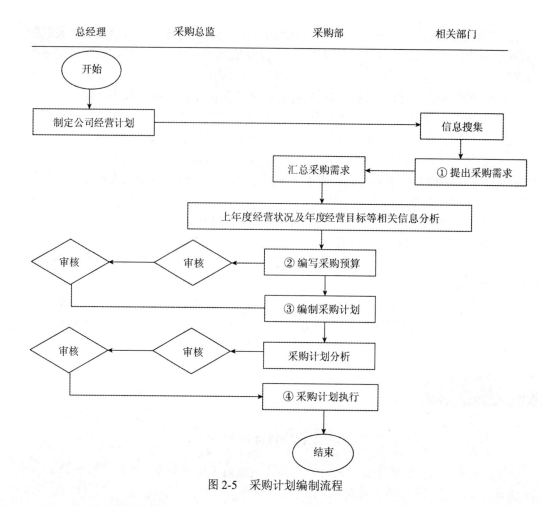

图 2-5 采购计划编制流程

下面对 4 个控制点做简要说明。

1. 提出采购需求

公司各部门根据企业经营计划和本部门情况提出物资采购需求，拟定部门物资需求清单，并填写请购单。

2. 编制采购预算

编制采购预算主要包括如下内容。①采购部对各部门的采购需求申请进行汇总。采购需求主要包括：采购物资类别、采购数量、采购金额、采购方式等。②采购部对物资的库存情况与各部门的采购需求进行分析，并结合企业上年度生产状况、销售状况等信息及本年度经营目标，确定年度采购需求。③采购部根据实际采购需求，编制采购预算并报采购经理、财务部、采购总监审核。④财务部根据年度采购预算和采购管理制度对采购部预算进行审核。

3. 编制采购计划

采购部对上述情况进行分析汇总，制定年度采购计划，并将年度采购计划上报采购经理、总经理审批，表 2-15 为采购计划表的样本。

表 2-15 物料采购计划表

填表日期：　　年　　月　　日

物料采购计划表									
物料名称	规格型号	使用部门	单价	金额	全年采购总量	每月采购计划(数量、金额)			
						1月	2月	3月	…
相关说明										
编制人员				审核人员			批准人员		
编制日期				审核日期			批准日期		

采购计划编制技巧

采购计划除了按一定的表式用数字反映计划指标的安排外，还要附以文字说明。文字说明的主要内容包括：

(1) 前期采购计划的完成情况和本计划中的突出问题。
(2) 计划期货源形势的估计和计划的依据。
(3) 根据满足需要、加速商品周转和提高企业经济效益的要求，安排商品采购计划，特别是组织短缺商品采购方面的主要措施和建议。
(4) 可能采用的采购方式和资金来源。
(5) 向领导和企业有关部门提出的要求和建议等。

4. 采购计划执行

根据年度采购计划分解出月度采购计划。在如图 2-6 所示的月度采购计划编制流程中，共设置 3 个控制点，分别是：①提出采购需求；②编制采购预算；③拟订月度采购计划。以上 3 个控制点能够保证采购计划编制过程的可行性和科学性。对 3 个控制点做简要说明，如表 2-16 所示。

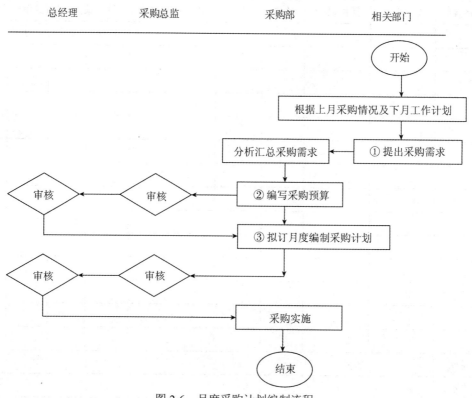

图 2-6 月度采购计划编制流程

表 2-16 月度采购计划编制说明表

节点控制	相关说明
(1)	① 公司各部门提出部门的物资采购需求，向采购部提交请购单和采购计划调整申请单 ② 仓储部填写月度库存量、安全库存和请购单
(2)	① 采购部收集各部门采购单和采购调整单 ② 采购部汇总相关部门采购需求，结合年度采购计划分解信息、月度生产、销售等情况确定采购需求，并编制月度采购预算 ③ 采购部根据年度采购预算和相关制度，审核月度采购预算
(3)	采购部依据上述信息及采购计划编制要求，拟订月度采购计划，并将月度采购计划上报采购经理、总经理审批后执行

图 2-7 采购计划专员的岗位职责

二、采购预算

（一）采购预算的含义及作用

采购预算是一种用数量来表示的计划，是将企业未来一定期间采购管理目标通过有关数据系统地反映出来，是采购活动的具体化、数量化。

采购预算的作用主要体现在以下几个方面：

(1) 采购预算是在细化企业战略规划和年度经营计划的基础上，对企业采购活动一系列量化的计划安排，有利于企业采购业务的监控执行。

(2) 采购预算是企业实施绩效管理的基础，是对采购部门进行绩效考核的主要依据，通过采购预算与绩效管理相结合，使企业对采购部门和员工的考核真正做到"有章可循，有法可依"。

(3) 采购部门根据企业经营销售目标、生产计划、物资实际库存等资料制定的采购计划，由上级部门审查并核定业务费用，可以合理配置人员、资金、设备等各种资源，提高资源利用效率。

(4) 采购预算是采购部门进行事前、事中、事后监控的有效工具，通过寻找实际结果与预算的差距，可以迅速地发现问题并及时采取相应的解决措施。通过强化内部控制，降低了企业日常的采购风险。

(二) 采购预算的编制方法

1. 弹性预算

弹性预算亦称为变动预算，它是根据计划期间可能发生的多种业务量，分别确定与各种业务量水平相适应的费用预算数额，从而形成适用于不同生产经营活动水平的一种费用预算。

编制弹性预算，首先要确定在计划期内业务量的可能变化范围。在具体编制工作中，对一般企业，其变化范围可以确定在企业正常生产能力的 70%～110%，其预算变动间隔一般取业务量的 5%或 10%，也可取计划期内预计的最低业务量和最高业务量为其下限和上限。

其次，要根据成本性质，将计划期内的费用划分为变动费用部分和固定费用部分。在编制弹性预算时，对变动部分费用要按不同的业务量水平分别进行计算，而固定部分费用在相关范围内不随业务量的变动而变动，因而不需要按业务量的变动来进行调整。

成本的弹性预算＝固定成本预算数＋$\sum$(单位变动成本预算数×预计业务量)

弹性预算一般用于编制弹性成本预算和弹性利润预算。弹性利润预算是对计划期内各种可能的销售收入所能实现的利润所作的预算，它以弹性成本预算为基础。在这里，采购管理者只需要了解一下即可，无须深入。

表 2-17 是弹性预算的一个简单例子，反映当产品销售量分别为 30 000 件、40 000 件、50 000 件和 60 000 件时的成本弹性预算和利润弹性预算的编制。

表 2-17 某公司 2010 年弹性预算表

销售量/件	30 000	40 000	50 000	60 000
销售收入/万元	1 500	2 000	2 500	3 000
减：变动成本				
直接材料/万元	420	560	700	840
直接人工/万元	180	240	300	360
变动性制造费用/万元	90	120	150	180
变动性销售与管理费用/万元	30	40	50	60
变动成本合计/万元	720	960	1 200	1 440
贡献毛益	780	1 040	1 300	1 560
减：固定成本				
固定性制造费用/万元	600	600	600	600
固定性销售与管理费用/万元	300	300	300	300
固定成本合计/万元	900	900	900	900
税前经营利润/万元	−120	140	400	660

建立趋势模型，减少预算失真

预算向我们讲述的是未来，所有代表期望行为的数字都是评估值，我们所提供的应是代表收入和支出的最有可能情况的数字预报。为了确保这些数字的最大价值，我们应当建立一个趋势模型。模型的建立可以使我们对企业期望的产出有完善的规划。模型以直接的数据资料为基础，具有时间敏感性，能够反映服务和产品需求的变化。数学工具的应用将会使我们的报告更加准确，使用这一方法，要求企业内部拥有完备的统计资料，掌握历史数据。

2. 概率预算

在编制预算过程中，涉及的变量较多，如业务量、价格、成本等。企业管理者不可能在编制预算时就十分精确地预见到这些因素在将来会发生何种变化，以及变化到何种程度。有些时候只能大体上估计出它们发生变化的可能性，从而近似地判断出各种因素的变化趋势、范围和结果，然后对各种变量进行调整，计算其可能值的大小。这种利用概率(即可能性的大小)来编制的预算，即为概率预算。

概率预算必须根据不同的情况来编制，大体上可分为以下两种情况：

(1) 销售量的变动与成本的变动没有直接联系。这时，只要利用各自的概率分别计算销售收入、变动成本、固定成本的期望值，即可直接计算利润的期望值。

(2) 销售量的变动与成本的变动有直接联系。这时，需要用计算联合概率的方法来计算利润的期望值。

某公司计划2018年投产一种新产品，单位售价为9元，经市场调研，预计该产品在2019年的销售量有三种可能，分别是50 000件、55 000件和60 000件，概率分别为0.2、0.5、0.3。单位产品变动性制造成本可能是5元、6元和7元，各成本水平出现的概率分别为0.2、0.6、0.2。单位变动性销售费用为0.5元，约束性固定成本为10 000元。当销售量分别为50 000件、55 000件和60 000件时，酌量性固定成本在不同产量水平下分别为30 000元、35 000元和40 000元。根据上述资料，编制该公司2019年的利润概率预算表(见表2-18)。

表2-18 某公司新产品概率预算表

组合	销售量	销售量概率	单位变动制造成本	单位变动销售费用	酌量性固定成本	约束性固定成本	利润	联合概率	利润期望值
1	50 000	0.2	5(p=0.2)	0.5	30 000	10 000	135 000	0.04	5 400
2	50 000	0.2	6(p=0.6)	0.5	30 000	10 000	85 000	0.12	10 200

(续表)

组合	销售量	销售量概率	单位变动制造成本	单位变动销售费用	酌量性固定成本	约束性固定成本	利润	联合概率	利润期望值
3	50 000	0.2	7(p=0.2)	0.5	30 000	10 000	35 000	0.04	1 400
4	55 000	0.5	5(p=0.2)	0.5	35 000	10 000	147 500	0.10	14 750
5	55 000	0.5	6(p=0.6)	0.5	35 000	10 000	92 500	0.30	27 750
6	55 000	0.5	7(p=0.2)	0.5	35 000	10 000	37 500	0.10	3 750
7	60 000	0.3	5(p=0.2)	0.5	40 000	10 000	160 000	0.06	9 600
8	60 000	0.3	6(p=0.6)	0.5	40 000	10 000	100 000	0.18	18 000
9	60 000	0.3	7(p=0.2)	0.5	40 000	10 000	40 000	0.06	2 400
Σ								1.00	93 250

3. 零基预算

零基预算是指在编制预算时，对于所有的预算项目均以零为起点，不考虑以往的实际情况，而完全根据未来一定期间生产经营活动的需要和每项业务的轻重缓急，从根本上来研究、分析每项预算是否有支出的必要和支出数额大小的一种预算编制方法。它是由美国得克萨斯仪器公司彼得·A. 派尔于 20 世纪 60 年代提出的，目前已被西方国家广泛采用。

传统的预算编制方法，是在上期预算执行结果的基础上，考虑到计划期的实际情况，加以适当调整，从而确定出它们在计划期内应增加或减少的数额。这种预算，往往使原来不合理的费用开支继续存在下去，造成预算的浪费或是预算不足。零基预算的编制方法与传统的预算编制方法截然不同。在这种方法下，确定任何一项预算，完全不考虑前期的实际水平，只考虑该项目本身在计划期内的重要程度，其具体数字的确定始终以零为起点。

零基预算的编制方法，大致上可以分为以下三步：

(1) 提出预算项目。企业内部各有关部门根据本企业计划期内的总体目标和本部门应完成的具体任务，提出必须安排的预算项目及以零为基础而确定的具体经费数据。

(2) 开展成本—收益分析。组成由企业的主要负责人、总会计师等人员能参加的预算委员会，负责对各部门提出的方案进行成本收益分析。这里所说的成本—收益分析，主要是指对所提出的每一个预算项目所需要的经费和所能获得的收益进行计算、对比，以其计算对比的结果来衡量和评价各预算项目的经济效益，然后列出所有项目的先后次序和轻重缓急。

(3) 分配资金、落实预算。按照上一步骤所确定的预算项目的先后次序和轻重缓急，结合计划期内可动用的资金来源，分配资金，落实预算。

零基预算不受现行预算框架的限制，其优点和缺点如表 2-19 所示。

表 2-19 零基预算的优缺点

优点	缺点
① 合理、有效地进行资源分配 ② 有助于企业内部的沟通、协调，激励各基层单位参与预算编制的积极性和主动性 ③ 目标明确，可区别方案的轻重缓急 ④ 有助于提高管理人员的投入产出意识	① 由于一切开支均以零为起点进行分析研究，编制预算的工作量较大，费用较高 ② 评级和资源分配具有不同程度的主观性，易引起部门间的矛盾

针对零基预算的缺陷与不足，合理的解决办法是，每3～5年编制一次零基预算，以后几年内再作适当调整，以减少浪费和低效。

4. 滚动预算

滚动预算又称连续预算或永续预算，其主要特点是预算期随着时间的推移而自行延伸，始终保持一定的期限(通常为一年)。当年度预算中某一季度(或月份)预算执行完毕后，就根据新的情况进行调整和修改后几个季度(或月份)的预算，以此往复，不断滚动，使年度预算一直含有4个季度(或12个月份)的预算，其基本特征如图2-8和图2-9所示。

图2-8 按季度滚动预算示意图

图2-9 按月度滚动预算示意图

滚动预算的优点体现在以下三个方面：

(1) 可以保持预算的连续性与完整性，使有关人员能从动态的预算中把握企业的未来，了解企业的总体规划和近期目标；

(2) 可以根据前期预算的执行结果，结合各种新的变化信息，不断调整或修订预算，从而使预算与实际情况相适应，有利于充分发挥预算的指导和控制作用；

(3) 可以使各级管理人员始终保持对未来12个月甚至更长远的生产经营活动作周密的考虑和全盘规划，确保企业各项工作有条不紊地进行。

滚动预算的不足之处是编制的工作量较大。为克服滚动预算的不足，可以适当地简化预算的编制工作，即采用按季度滚动来编制预算，而在执行预算的那个季度里，再按月份具体地编制各月份的预算。

编制滚动预算，减少预算失真

企业经营是一个连续不断的过程，只是为了使用方便才在时间上对他们进行了硬性分割。为了能够使预算与实际过程更紧密地联合在一起，采用滚动预算的方法，在制定这一期预算的时候根据实际情况同时对下几期的业务进行预算，能够保证企业活动在预算上的连续性。预算活动的滚动性和对细节的强调，要求各部门的管理人员投入大量精力，紧密高效地开展工作。工作过程可以采取分两步走的方式：第一步是整体思考，要求管理者从总体战略出发，勾画出预算的框架，制定出必要的行动方案，如果预算结果出现偏差要及时修改；第二步进入细化阶段，管理者为每一部门制定最终预算的细节，并确保其被每一部门所接受。

耐奇苹果公司的采购预算编制

1. 公司背景

耐奇苹果公司位于纽约北部，是一家主要生产苹果酱和苹果饼馅心的公司。该公司向当地的果农采购麦克考斯和格兰尼斯两个品种的苹果。公司的主要客户是机构性的购买者，如医院、学校等。公司设有两个部门：生产部门和市场营销部门。每个部门都由一名副总裁进行管理，并直接向公司总裁汇报。公司的财务副总裁主要负责公司所有财务领域的工作，包括归集数据和编制数据。公司的总裁和三名副总裁构成了公司的行政主管委员会，对预算的编制过程实施监督。

公司与当地的许多果农签订了长期的采购合同，如果当地苹果的生产量低于预期值，公司则将在现货市场上进一步采购；如果收货的苹果多于公司所能处理的数量时，多余的苹果也可以在现货市场上出售。公司总裁和财务副总裁负责与当地果农签订长期采购合同以及在现货市场上进行苹果的购销活动。

苹果收货以后，将被储存在耐奇苹果公司的冷库中，或存放在其他公司的库房中，直到耐奇公司将其用于生产。公司的生产工作从每年10月份开始到次年6月份，7、8、9月份工厂关闭，因而公司的财务年度为每一年的10月1日到第二年的9月30日。

2. 公司预算过程

在耐奇苹果公司，每年的预算从8月份开始进行下一年的预算，而下一个财务年度是从14个月后开始的。在8月份，公司的总裁和副总裁将对公司签订长期契约的下一年的苹果收货情况进行预算，在随后的14个月中，每两个月公司就要根据最新的消息，对市场营销、生产以及苹果采购的情况预算进行调整。在每年的6月份，下一个财务年度的财务预算的终稿在通过行政主管委员会的讨论之后，将提交董事会进行审批。行政主管委员会还需要集中一次，对当年的经营状况进行回顾并将实际的经营情况与预算情况进行比较。

耐奇苹果公司的预算过程中包括三个关键的构成部分，即苹果的采购、销售和生产。这三项要素必须在内部与采购的各品种苹果的数量及生产销售的各种产品的数量相一致。一旦关于这三项要素的预算得以确定，即可确定最终存货的预算数，在已知生产预算的前提下，可以编制直接人工及制造费用的预算。而直接人工预算、制造费用预算和直接材料预算可决定销售产品成本的预算。

3. 采购预算的确定

在表2-20中，反映了公司的生产预算，表中后两栏是生产预算中相应数量的产品所耗用的麦克考斯苹果和格兰尼斯苹果的数量。

表2-20 耐奇苹果公司财务年度的生产预算

名称	预算数/箱	麦克考斯苹果/磅	格兰尼斯苹果/磅
苹果酱	130 000	7 800 000	5 200 000
苹果饼馅心	63 000	3 150 000	1 890 000
总计		10 950 000	7 090 000

在已知苹果收获的推算数及生产计划的前提下，公司的行政主管委员会计划再购入50 000磅(1磅=0.4536千克)麦克考斯苹果，同时再售出910 000磅格兰尼斯苹果。预计苹果的总成本为6 344 200美元，麦克考斯苹果的平均成本为每千磅380.32美元，格兰尼斯苹果的平均成本为每千磅311.28美元，如表2-21所示。

表2-21 耐奇苹果公司财务年度的苹果采购预算

项目	数量/千磅		售价/美元		成本/万美元		总计/万美元
	麦克考斯苹果	格兰尼斯苹果	麦克考斯苹果	格兰尼斯苹果	麦克考斯苹果	格兰尼斯苹果	
长期采购合约	10 900	8 000	380	310	414.20	248.00	662.20
市场采购	50	(910)	450	300	2.25	(27.30)	(25.05)
总计	10 950	7 090			416.45	220.70	637.15
耗费/磅					10 950.00	7 090.00	
成本/万美元/千磅					380.32	311.28	

注：带括号的部分为售出的苹果数量。(910)表示对公司而言多余的苹果，需要投入市场卖出。

(资料来源：陈利民. 耐奇苹果公司的采购预算编制[EB/OL]. [2016-08-17]. http://www.docin.com/p-574143694.html.)

1. 对比表2-20和表2-21可以得出什么结论？
2. 谈谈你对采购计划与预算编制的见解及体会。

(三) 采购预算的编制流程

采购预算的编制有一定的流程与步骤,如图 2-10 所示。

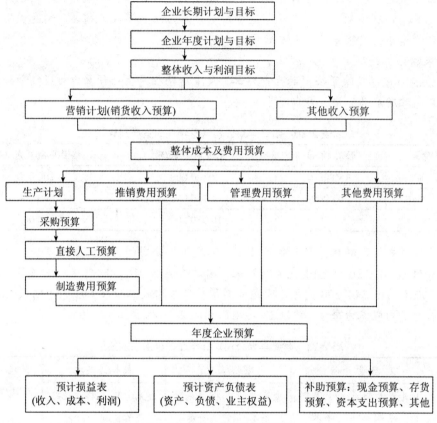

图 2-10 采购预算制定流程图

就制造业而言,通常业务部门的营销计划为年度经营计划的起点,然后生产计划才随之制定。而生产计划包括采购预算、直接人工预算及制造费用预算。

由此可见,采购预算是采购部门为配合年度的销售预测或生产数量,对需求的原料、物料、零件等的数量及成本做翔实的估计,以利于整个企业目标的达成。换句话说,采购预算如果单独编定,不但缺乏实际的应用价值,也失去了其他部门的配合,所以,采购预算的编制必须以企业整体预算制度为依据。

采购预算专员岗位职责

采购预算专员的岗位职责如图 2-11 所示。

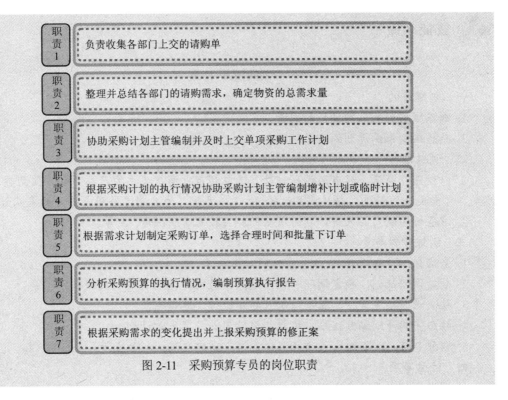

图 2-11 采购预算专员的岗位职责

 案例分析

用预算控制企业

陈某是一家有一定规模的中小企业的经营者,这几年在艰难的创业过程中渡过了一个又一个难关、克服了一个又一个困难,及时抓住了市场机遇,使企业在很短的时间内得以迅速成长壮大。但是,随着企业规模的不断扩大,管理上常显得捉襟见肘。比如,明明账上有利润,但在承接一项重要订单时,突然发现资金周转不过来;又如,在进行某一业务时,总认为会有一定的利润,但结果又往往与预想不符。

杨某经营着一家化工厂,生意做得红红火火,有了一定的资金积累。这几年看到房地产赚钱,于是投资办了一家房地产公司,但楼盖到一半,突然发现钱不够用。原因是每一项工程费用都超出计划费用,原已筹集的资金已不敷使用,而银行看到该公司停工,也不再贷款,原来的贷款又到了期,这些使得杨某焦头烂额。

 以上两个例子发生的原因是什么?产生这些问题的症结到底在哪儿?

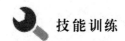 技能训练

编制采购计划

一、训练目的
1. 加深理解影响采购计划的因素。
2. 熟悉编制采购计划的主要环节。

二、训练准备
1. 以校内外商店、超市为调研对象,选取超市或商店某主力产品,如方便面类、洗发水类、牙膏类或饮料类,每类商品选择2~3个品牌,为其制定每周或每月的采购计划。
2. 准备好编制商品采购计划时所需的相关技术资料(如表格)等。

三、训练步骤与要求
1. 全班分组。每组4~5人,每组设组长一名。
2. 制定调研计划。确定调研对象、地点、时间,调研表格以及调研方法等。
3. 收集调研相关资料,联系商店或超市进行实地调研。
4. 按照采购计划编制程序,编制相应的周或月度采购计划。
5. 制作PPT,以小组形式进行课堂汇报,全班交流,教师点评。

四、注意事项
1. 调研过程中要注意文明礼貌以及安全事项。
2. 应注意资料收集的全面性、真实性。

五、训练成果
周、月度采购计划。

六、拓展任务
以当地某制造企业为实例,通过调研获取该企业详细的物料需求信息,为其制定月度与年度采购计划。

 任务评价

班级		姓名		小组			
任务名称	采购计划与预算制定						
考核内容	评价标准	参考分值(100分)	学生自评	小组互评	教师评价	考核得分	
知识掌握情况	1. 了解采购计划的编制与审核流程	10					
	2. 掌握采购预算的编制方法	15					
	3. 了解采购预算编制与审核流程	10					
技能提升情况	1. 能够分析企业采购计划的合理性	10					
	2. 能够编制简单的采购计划表	10					
	3. 能够分析企业采购预算的合理性	10					
	4. 能够编制简单的采购预算表	10					

(续表)

考核内容	评价标准	参考分值(100分)	学生自评	小组互评	教师评价	考核得分
职业素养情况	1. 具有自主学习能力	5				
	2. 具有合作精神和协调能力，善于交流	5				
	3. 具有一定的分析能力	5				
参与活动情况	1. 积极参与小组讨论	5				
	2. 积极回答老师的提问	5				
小计						
合计=自评×20%+互评×40%+教师评×40%						

拓展提升

1. 请根据本项目所学内容，分小组完成任务。每小组抽签选择任务，根据任务要求完成相关计算，并积极展开讨论，完成相应报告。

2. 各小组完成计算并完成分析报告，同时小组之间互相评价、获取建议、完善相应报告；学生将计算过程及完善后的报告提交给老师，老师进行评分。

任务 1：采购需求分析

SK 公司每年以每单位 50 元的价格采购 14 000 个单位的某产品，处理订单和组织送货要 120 元的费用，每个单位储存成本为 5 元，请利用需求分析方法计算该产品的订货量。

要求：分小组完成任务，提交分析结果报告。具体评分标准见表 2-22 所示的需求分析评分表。

表 2-22 需求分析评分表

小组名称		小组成员		日期		
序号	项目内容	评分要点				得分
1	明确需求计算公式	基本概念 □5 □4 □3 □2 □1	技能掌握 □5 □4 □3 □2 □1	语言描述 □5 □4 □3 □2 □1		
2	利用公式进行计算	基本概念 □5 □4 □3 □2 □1	技能掌握 □5 □4 □3 □2 □1	语言描述 □5 □4 □3 □2 □1		
小组评价						
教师评价						
综合评分						

任务 2: 编制采购计划和预算

2018 年 10 月 25 日,SK 公司需采购一些自用的办公用品,采购申请分别来自市场部和人事行政部。

市场部人员不断增多,手机已不够使用,需要采购 35 部华为荣耀系列手机,预计单价在 1 900 元左右,要求手机在 2018 年 11 月 15 日之前到货。

人事行政部的 2 台打印机已经报废,需要采购 2 台爱普生 R330 打印机,预计单价在 1 500 元左右,要求打印机在 2018 年 11 月 15 日前到货。

请根据以上采购需求信息编制采购计划和采购预算。

要求:

(1) 分小组完成任务,提交请购单(见表 2-23)并编制年度采购计划表(见表 2-24),具体评分标准见表 2-25 所示的评分表(a)。

(2) 提交编制采购预算的具体内容分析报告,具体评分标准见表 2-26 所示的评分表(b)。

表 2-23 请购单

编号:　　　　　　　　　　　　　　　　　　　　　　　　日期:

商品名称		商品编号	
商品规格		采购数量	
商品重量		申请时间	
预计价格		预计总价	
用途描述		要求到货时间	
申请原因			

制表人:　　　　　　　采购主管(签字):　　　　　　　采购部经理(签字):

注: 1. 如对产品有特殊需求(如品牌、供应商、定制等),请在备注栏中进行说明。
    2. 采购经办人必须凭核批的请购单及时采购,报账时请购单后需附发票和入库单。

表 2-24 年度采购计划表

品名		规格		单位	
单价		年度用量		现有库存量	
每批最佳订货批量		订货批数		计划采购日期	
年度采购量		年用金额		计划到货日期	

表 2-25 评分表(a)

请购单			
序号	项目名称	分值	评分
1	未填写请购商品名称	3	
2	未填写请购商品编号	3	
3	未填写请购商品数量	3	
4	未填写请购时间	3	
5	未填写预计价格	3	

(续表)

序号	项目名称	分值	评分
6	未填写请购金额	3	
7	未写明用途描述	3	
8	未写明申请原因	3	
9	未写明到货时间	3	
10	未写明请购部门	3	
采购计划表			
序号	项目名称	分值	评分
1	未填写采购商品名称	3	
2	未填写采购商品数量	3	
3	未填写采购商品单价	3	
4	未填写现有库存量	3	
5	未填写年度用量	3	
6	未填写年度计划采购量	3	
7	未写明采购金额	3	
8	未写明计划采购日期	3	
9	未写明订货批量数	3	
10	未写明年订货批数	3	
		总分：60	得分：

表2-26 评分表(b)

序号	项目名称	分值	评分
1	能够调查目标产品销售情况	0～10	
2	能够确定采购预算的方法	0～10	
3	有具体计算过程	0～10	
4	能够计算出具体采购预算值	0～10	
		总分：40	得分：

 同步测验

一、单选题

1. (　　)是采购作业的起点。
　　A. 采购订单　　　B. 采购申请单　　　C. 采购计划　　　D. 采购合同
2. ABC分析法是建立在(　　)原理之上的。
　　A. 帕累托　　　B. 冰山说　　　C. 乘数效应　　　D. 看板管理

3. MRP 的中文表述为( )。
   A. 主生产计划　　B. 制造资源计划　　C. 物料需求计划　　D. 企业资源计划
4. 采购计划的目的不包括( )。
   A. 预估物料或商品需用时间和数量,保证连续供应
   B. 配合企业生产计划与资金调度
   C. 使得采购权掌握在领导手中
   D. 使采购部门事先准备,选择有利时机购入物料
5. ( )分析的任务就是根据一些原始材料来分析求出客户的需求规律,再根据需求规律进行需求预测。
   A. 物料需求计划　　　　　　　　　B. 订购点法
   C. 统计分析法　　　　　　　　　　D. 物资消耗定额法
6. 某制造企业 1 月份对某种原材料的生产需求量为 50 万个,该月的月初计划有 10 万个产品入库,该产品的安全库存量为 10 万个,现有库存量为 20 万个,请问该公司订购这种原材料时的下单数量应该为( )万个。
   A. 10　　　　　　B. 20　　　　　　C. 30　　　　　　D. 40
7. 对于价格低廉、临时性需求及非直接生产用途的物料,比较适合采用( ),亦即按照订购点来决定采购时点。
   A. 定期订购法　　B. 定量订购法　　C. 固定数量法　　D. 固定期间法
8. 适用于不同生产经营活动水平的费用预算被称为( )。
   A. 弹性预算　　　B. 概率预算　　　C. 零基预算　　　D. 滚动预算
9. ( )是指在编制预算时,对于所有的预算项目均以零为起点,不考虑以往的实际情况,而完全根据未来一定期间生产经营活动的需要和每项业务的轻重缓急的一种预算编制方法。
   A. 概率预算　　　B. 弹性预算　　　C. 零基预算　　　D. 滚动预算

二、多选题

1. 采购需要量的确定应达到的目的有( )。
   A. 预计材料需用数量与时间,防止供应中断,影响产销活动
   B. 避免材料储存过多,积压资金,占用堆积的空间
   C. 配合公司生产计划与资金调度
   D. 使采购部门事先准备,选择有利时机购入材料
   E. 确立材料耗用标准,以便管制用料成本
2. 在实际操作中,物资消耗定额管理常用( )。
   A. 技术分析法　　B. 统计分析法　　C. 经验估计法　　D. 预测法
3. MRP 的输入包括( )。
   A. 主生产计划　　B. 物料清单　　　C. 库存信息　　　D. MRP 源代码
4. 编制采购计划,大体上可以分为( )。
   A. 准备阶段　　　B. 参考阶段　　　C. 平衡阶段　　　D. 编制采购计划阶段

5. 采购预算的编制方法包括( )。
   A. 弹性预算　　B. 概率预算　　　　C. 零基预算
   D. 滚动预算　　E. 全面预算
6. 下列属于滚动预算优点的是( )。
   A. 保持预算的完整性与连续性，使有关人员从动态预算中把握企业的未来，了解企业的总体规划和近期目标
   B. 使各级管理人员始终保持对未来12个月时间的考虑和规划、确保各项工作有条不紊地进行
   C. 根据前期预算的执行结果，结合各种新的变化，不断调整和修订预算
   D. 编制预算的工作量较小，预算年度与会计年度在时间上保持一致
7. 生产计划预算包括( )。
   A. 采购预算　　B. 直接人工预算　　C. 制造费用预算　　D. 劳动力预算
8. 采购预算编制流程包括( )。
   A. 制定公司长期计划与目标　　　　B. 制定公司年度计划与目标
   C. 制定整体收入与利润目标　　　　D. 制定年度企业预算

三、判断题

1. 广义的采购计划是指年度计划。　　　　　　　　　　　　　　　　( )
2. 识别需求是采购过程的起点。　　　　　　　　　　　　　　　　　( )
3. 制定采购计划的目的就是要根据市场的需求、企业的生产能力和采购环境容量等制定采购清单和采购日程表。　　　　　　　　　　　　　　　　　　　　　( )
4. 预算是企业采购管理人员在分析市场供求状况、企业生产过程及物资消耗规律的基础上，对计划期内各种物资采购业务活动所做的统筹安排。　　　　　　　　( )
5. 物资平衡内容主要是指资源与需求在数量、品种、规格上的平衡，以及各类物资之间的平衡衔接。　　　　　　　　　　　　　　　　　　　　　　　　　　( )
6. 采购预算是在细化企业战略规划和年度经营计划的基础上，对企业采购活动一系列量化的计划安排，因此不利于企业采购业务的监控执行。　　　　　　　　( )
7. 成本的弹性预算＝固定成本预算数＋∑(单位变动成本预算数×预计业务量)。( )
8. 定期订货法需要预先确定一个订货周期和一个最高库存量。　　　　( )

四、简答题

1. 请简述需求分析的含义以及需求分析的方法。
2. 什么是采购计划？制定采购计划的目的是什么？
3. 简述编制采购计划的基本程序。
4. 什么是采购预算？采购预算的功能是什么？
5. 简述弹性预算、概率预算、滚动预算的基本概念。
6. 简述编制采购预算的基本流程。

五、计算题

1. C公司主要从事工程建筑业务，采购部负责施工物资的采购，公司打算对采购部2017年上半年的工作做一次绩效考核。公司上半年完成产值3 700万元，采购部门获取的

施工物资采购预算额度为产值的65%。预算包括所需物资成本和物资保管费，所需物资成本即合同金额，物资保管费按合同金额的1.5%计算。根据2017上半年报表显示，采购部共收到需求计划73份，所需物资品类共1 026种。采购部根据需求计划和供应商签订了57份合同，包括物资品类1 015种，合同总金额为2 323万元。上半年，实际到货107批次，物资品类964种。公司共对所有物资抽检362种，其中355种合格，7种不合格。不合格的物资品类已经从供应商处及时补货，没有影响生产。请根据上述信息对C公司采购部绩效进行评价(注：计算结果四舍五入取整数)。

  (1) 该公司采购部是否完成公司施工物资采购预算额度？

  (2) 根据采购物资抽检数据，采购物资合格率为多少？

  (3) 按采购物资品类计算，采购部门的采购计划完成率为多少？

2. 某自行车生产商预计2019年度各季度自行车生产量分别为3 000辆、3 500辆、3 700辆、2 800辆，物料清单如表2-27所示。各种材料及产品皆无零部件。请编制该年度采购预算表。

表2-27 物料清单表

层次	产品物料	单位	数量	单价
0	自行车	辆	1	
1	车架	件	1	30
1	车轮	个	2	
2	轮圈	套	1	40
2	轮胎	套	1	30
2	辐条	根	10	2
1	车把	套	1	20

六、情景分析题

  一位刚到采购部门的新员工向他的师傅请教有关采购的问题，师傅说："作为采购人员，做好市场分析、制定合理的采购策略以及选择适合的供应商等工作是必要的，但是仅仅把这些工作做好还远远不够，在实际工作中很多难题往往来自内部。如果内部用户或者设计部门在明确需求时出现问题，就会给后续的采购工作造成很多障碍，结果是增加采购成本。"请简要列出可能遇到的障碍，并阐述如何才能较好地避免这些问题的发生。

项目三

供应商开发与选择

案例导入

　　由于山地车和普通自行车的生产存在较大差异，特别是在车辆轮胎方面，山地车对轮胎的要求更高，要有较强的耐磨性，然而目前的轮胎供应商的生产技术都无法满足山地车轮胎的要求。采购经理宋杰知道供应商的问题不解决，后续工作都无法开展。供应商的开发与选择是一项十分重要且不能疏忽的任务，所以需要安排一个认真负责且有能力做好这件事情的人来完成，经过一番思考，他决定让采购主管赵磊来完成这项工作。

　　第二天早上一上班，宋杰就把赵磊叫到办公室，把轮胎供应商开发和选择的事情告诉了赵磊。虽然山地自行车在华南地区的市场需求很大，但是市场竞争也同样激烈，广东子公司之前没有过生产山地车的经验，如果只是单单依靠公司自身的力量是很难在山地车行业站稳脚的，所以供应商的选择就变得异常重要，不能马虎……

　　宋杰将任务安排给了赵磊，并嘱咐他尽快将相关资料收集整理好，以便近期在采购部召开关于山地车轮胎采购事项的专题会议。

1. 你赞同宋杰对轮胎供应商开发与选择工作的重视吗？
2. 如果你是赵磊，你将如何开展这项工作？
3. 供应商的开发和选择包括哪些步骤？
4. 是否要建立供应商评估标准？

任务一　供应商调查与开发

🔍 **教学目标**

知识目标	1. 了解供应商识别的方法 2. 理解供应商筛选的标准 3. 掌握供应商调查的方法与主要途径 4. 掌握供应商调查的基本内容
技能目标	1. 能发现和识别供应商 2. 能根据筛选标准对供应商进行筛选 3. 能对供应商进行初步及深入调查，建立供应商卡片 4. 能编制供应商调查问卷并实施调查
素养目标	培养学生在实践工作中的调研分析能力与资料收集能力

🔍 **教学建议**

建议课时	2课时
教学重点	供应商调查的主要内容
教学难点	供应商调查的实施与报告的撰写
教学方法	任务驱动教学法；案例教学法；情境教学法
教学手段	小组讨论、实际模拟训练
组织形式	全班每4~5人为一组，每组设组长一名，组员合理分工
教学过程	任务引入→任务训练→任务分析→小组讨论→总结与点评
学生活动	1. 课前查阅供应商调查与开发的相关知识 2. 以小组讨论的形式完成任务训练
教师活动	学生在完成任务训练的过程中教师巡回指导、个别交流，教师检查与评定

📝 **任务引入**

　　由于之前生产的是普通自行车，山地车的生产工艺和普通自行车有所不同，特别是对轮胎的要求方面，咨询已合作的轮胎供应商，供应商都说目前的生产技术达不到公司的要求，目前最紧急的工作是要找到能生产山地车轮胎的供应商。

　　在接到宋杰布置的任务之后，赵磊就马不停蹄地开展工作。首先要分析山地车轮胎供应市场，对供应市场进行调研分析，了解市场环境，以降低后期的采购风险。接着赵磊把有可能和公司合作的山地车轮胎供应商名单和资料一并整理出来，根据供应商筛选标准，赵磊先对轮胎供应商进行了一次大筛选，把不符合要求的供应商先行剔除。接着，赵磊对筛选出来的供应商进行前期调查，首先进行供应商的初步调查，在把所有供应商资料整出来后,通过电话咨询、网络调查以及部分实地考察等方式,了解供应商的基本信息,建立起供应商卡片。对于基本符合条件且有合作意向的供应商,让他们填写《供应商调查表》,作为之后公司选择与评估供应商的参考依据。其次进行供应商的深入调查,深入到供应商的生产线、各个生产工艺、质量检验环节,对供应商的工艺设备、生产技术、管理技术等进行考察,从而看其能否满足公司的采购要求。

▌任务训练

1. 供应商筛选的标准包括哪些内容?
2. 对供应商的调查可以分为几个阶段?各个阶段需要调查的内容是什么?
3. 如果你是赵磊,你如何确定山地车的供应商?

▌任务分析

供应商调查是供应商选择与管理的首要环节。供应商的调查主要是通过商品目录、行业期刊、供应商与代理商介绍、企业销售代表、互联网等信息来源来了解企业有哪些可能的供应商及其基本情况,为企业了解资源市场以及选择正式供应商做准备。在实际的供应商调查过程中,采购人员应分阶段就不同的目的按要求进行。本任务以小组为单位,通过上网或者去图书馆查阅获得供应商筛选、供应商调查的相关知识,小组内成员相互讨论,完成任务训练的操作。

▌实施步骤

1. 课堂内分组讨论完成任务训练。
2. 各组展示讨论结果并陈述主要观点。
3. 教师总结与点评。

 知识准备

一、供应商识别

(一) 等待法

等待法是比较保守被动的寻找供应商的方法。等待供应商出现在公司的门前、邮箱或者电子邮箱中,这是一个简单且常用的方法。供应商及其销售代表总是在四处活动,寻求更多可以增加市场份额的机会。因此,公司在选择供应商时不要急于采取行动,可耐心等待。但公司不能把这些作为供应商的唯一来源。

(二) 吸引法

如果公司具有一定的知名度,就很容易吸引潜在供应商,但必须进行仔细鉴别。通常公司可以通过专业杂志或其他各种商业信息交换体系等,以广告形式让供应商了解公司的采购需要。对于重要的采购物料,利用报纸广告邀请供应商报价是比较普遍的方法。随着

互联网的发展,一种新的、更有效的进行商业衔接的媒体出现了——公司可以通过自己的网站向供应商传达需求信息。

下面是某公司在其网站公告栏中发布的一条采购信息。

> 供应商朋友们:
> 　　若您的产品有价格、质量、包装、品种或服务上的优势,长风连锁超市采购部竭诚欢迎您前来洽谈。
> 　　您可以经由采购部的网址www……com.cn了解与本公司交易的程序,也可以向本接待柜台价购"新供应商进场程序"及"供应商手册"。
> 　　请您按"新供应商进场程序"要求提供供应商基本资料表、供应商简介、供应商报价单、新供应商问卷调查表、新供应商产品调查表及产品目录或照片等资料,交给本接待柜台的一周之内,采购部将正式函复是否需要进一步约定时间洽谈。
> 　　谢谢您的合作,欢迎光临!

(三) 主动寻找法

虽然通过前两种方法寻求供应商合作很便捷,但是公司不能把成功的希望全部都寄托在主动送上门的供应商身上。公司必须从自身角度出发,通过各种途径去寻找并直接接触潜在的、有价值的供应商。应当注意的是,公司应把寻找供应商的努力重点放在具有最高优先级别的采购商品上。在这里需要注意的问题是,公司主动寻找的供应商,在数量方面要认真考虑,既不能太多也不能太少,在质量上要严格把控。潜在供应商识别的途径主要有:

1. 利用现有的资料

在管理比较规范的公司,多会建立合格供应商的档案或名册,因此采购人员不必舍近求远,应该就现有的供应商去甄选,分析或了解它们是否符合要求——适当的品质、准时交货、合理的价格及必需的服务等。

2. 参加产品展示会

参加相关行业的产品展示会、发布会、展览会等(见图3-1),收集适合的供应商资料,或当面洽谈。全国著名的展示会如广交会、上海华交会、义博会(义乌国际商品博览会)、广西东盟博览会等都是目前国内比较大型的博览会,虽然它们以出口类型为主,但采购员往往也会从中获得大量意想不到的信息。

图3-1　产品展销会

3. 通过同业介绍

通过同行业采购人员或本公司销售代表的介绍，都能够接触大量的供应商，可为采购部提供供应源、产品型号、市场趋势等方面的信息。

4. 阅读专业刊物或商品目录

采购人员可从各种行业期刊上获悉许多产品的供应商信息，也可以从各类采购指南(见图 3-2)、工商名录、电话黄页等资料上获得供应厂商的基本信息。

图 3-2 采购指南

5. 协会或采购专业顾问公司

采购人员可以与拟购产品的同业协会洽谈，让其提供会员厂商名录。此外，也可联系专业的采购顾问公司，特别是对于来源稀少或取得不易的物品，例如精密零件或管制性器械。

6. 利用互联网中的供应商搜索引擎

随着互联网的广泛应用，利用专业搜索引擎搜索供应商已被采购从业人员广泛使用，例如国内的阿里巴巴交易平台(见图 3-3)、奇搜网络以及国际上的 Kellysearch 引擎等。但需要注意的是，通过网络搜索供应商时，要求采购人员具有较强的信息真假识别和过滤的能力，资深高级采购人员通常会通过其他渠道来证实网络信息的准确性。

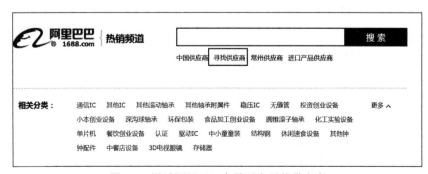

图 3-3 通过阿里巴巴交易平台寻找供应商

供应商开发管理

约翰·迪尔公司是专业生产农业设备的世界级领导企业，它生产的建筑、林业、草场以及跑马场的维护设备在同行业中都处于领导地位。约翰·迪尔（天津）有限公司是迪尔公司继2000年合资拥有约翰·迪尔天拖有限公司和2004年独资拥有约翰·迪尔佳联收获机械有限公司之后，首次在中国兴建的全新制造企业。约翰·迪尔（天津）有限公司位于投资环境优越、交通条件便利、基础设施完备和人力资源丰富的天津泰达经济开发区。约翰·迪尔（天津）有限公司泰达工厂将成为迪尔公司全球制造系统中的重要组成部分，今后向迪尔公司旗下的美国、德国、巴西、中国等生产制造企业提供与拖拉机相配套的变速箱动力传输产品。约翰·迪尔（天津）有限公司的供应商品质管理工程师，在供应商开发过程中谈到以下几个要点：

1. 相信每个供应商都是可以被改造的，不轻易放弃

约翰·迪尔视每一个供应商为合作伙伴，并不遗余力地帮助他们不断改善生产、配送以及服务过程中的不足。即使出现另外一家非常有竞争力的供应商要求与其合作，约翰·迪尔也不会轻易地抛弃原有供应商。他们相信，只要他们有足够的耐心和不断的努力，任何一个供应商都是可以被改造的，轻易放弃或者改换供应商是不道德的。这种做法大大增强了供应商的合作意愿，他们与约翰·迪尔共同进步、共渡难关、共享成果的信心就会更加坚定。

2. 确信供应商愿意接受约翰·迪尔公司的改造

对于约翰·迪尔的供应商开发人员来说，供应商有很多问题并不是最可怕的，最可怕的是供应商对于约翰·迪尔提供的改造计划不感兴趣，对发现和解决问题不积极配合。约翰·迪尔（天津）有限公司采购总监谢博士说："态度才是最重要的。"

3. 对供应商开发工程师和供应商品质工程师的培训

在和一个新供应商合作的初始阶段，约翰·迪尔会把供应商开发团队派驻到供应商的生产现场，该团队由供应商品质工程师和供应商开发工程师组成。在把供应商开发团队送到供应商的公司之前，团队成员都要完成一个严格的六西格玛培训项目。在供应商开发的过程中，有时供应商会和约翰·迪尔的供应商开发团队一起参加培训，但是大多数的供应商培训还是在供应商开发项目中进行的。这些针对供应商的培训成本大都由约翰·迪尔公司承担。

4. 派遣工程师帮助供应企业发现问题，实施改造

一旦供应商与约翰·迪尔签署供货协议，约翰·迪尔就会派驻训练有素的供应商品质工程师和供应商开发工程师到供应商厂房现场。供应商的生产工艺和质量水平的最高境界能达到约翰·迪尔的要求还远远不够，约翰·迪尔的工程师们会帮助供应商发现工艺、技术、流程、管理方法中的不足，使供应商能以持续稳定的高质量水平生产约翰·迪尔所定制的零部件。有生产高质量部件的能力不是目标，将生产高质量部件的工艺和流程固定下来以持续提高品质统一的部件才是约翰·迪尔对供应商的要求。

若约翰·迪尔同时向两个或两个以上的供应商采购相同的零部件,那么品质最好的供应商就会成为其他企业的标杆。即使只有一个供应商,行业生产工艺的最高水平或明星企业质量水平也会成为约翰·迪尔改造供应商的目标。

5. 提高供应商的学习能力,实现长期自我改善

约翰·迪尔派驻工程师到供应商企业的生产现场去,但是这种手把手地帮扶并不是长期的。工程师们帮助供应商发现生产过程中存在的不足并帮助其寻找改善方法的同时,也教会供应商发现问题以及寻找改善途径的方法。在这一过程中,供应商的业务水平和学习能力同时得到提高,为今后约翰·迪尔工程师撤离生产现场后供应商自我改善奠定了基础。此外,供应商掌握了这些工艺管理和供应商管理的方法后,可以将其应用到自己上游供应商的管理过程中,这种效应一级级向上传递,供应链整体的运作能力和竞争力水平都会不断得到提高。

(资料来源:佚名. 供应商管理:供应商开发的典型案例[EB/OL]. [2016-04-28]. http://www.docin.com/p-1551558890.html.)

二、供应商筛选

(一) 供应商筛选的目的

(1) 节省时间。进行供应商筛选是为了快速确定供应商是否值得被全面评估,以免在资质不够、不可能被选中的供应商身上浪费时间。

(2) 便于管理。在适当的情况下,将被评估的供应商数量降低到便于管理的数量。

(二) 供应商筛选的标准

企业可以使用统一标准的供应商情况登记表来管理供应商提供的信息。这些信息应包括:供应商的注册地、注册资金、主要股东结构、生产场地、设备、人员、主要产品、主要客户、生产能力等。通过分析这些信息,可以评估其工艺能力、供应的稳定性、资源的可靠性,以及其综合竞争能力。在这些供应商中,剔除明显不适合进一步合作的供应商后,就能得出一份供应商考察名录。表3-1中是一些常见的可供选择的供应商筛选标准。

表3-1 供应商初步筛选参考标准

序号	筛选标准
1	供应商的产品或服务范围是否能够满足公司的需求?
2	供应商的产品或服务是否能够满足公司的最低质量要求?
3	供应商是否能够以公司所需的最小/最大数量提供产品或服务?
4	供应商是否能够按照公司要求交货?
5	供应商的营业年限是否满足公司的要求?
6	公司所接触的有关供应商的信息中,是否反映出供应商存在某些问题?
7	供应商是否与公司的竞争者之间存在任何合伙关系?
8	对公司来讲,供应商的规模是否过大或过小?
9	供应商是否拥有以互联网为基础的电子商务设施?

(续表)

序号	筛选标准
10	供应商是否属于公司愿意与之进行业务往来的类型？
11	供应商产品报价是否在公司可接受的价格范围内？
…	……

在完成了一个或几个阶段的筛选工作后，公司就可以获得一个有限数量的供应商名单，这些供应商将是公司进一步全面评估的对象。供应商筛选表如表 3-2 所示。

表 3-2 供应商筛选表

编号：																筛选日期：	
采购项目			筛选供应商数量						筛选人员								
供应商名称	生产技术			设备情况			产品质量			服务水平			……			管理水平		
	优	良	差	优	良	差	优	良	差	优	良	差	优	良	差	优	良	差
筛选结果																		
筛选总结																		

总经理审批意见：

日期： 年 月 日

供应商常见筛选内容与标准

常见的供应商筛选内容与标准如表3-3所示。

表3-3 供应商筛选内容与标准

标准	具体说明
技术水平	供应商技术水平的高低,决定供应商能否不断改进产品,满足企业长远发展的需要
质量水平	要求选择质量平稳,且符合企业生产要求、价格合理的供应商,以保证企业经营的稳定性
生产能力	要求供应商具有一定的规模和发展潜力,能向企业持续、稳定地提供所需的产品及数量
价格情况	价格是构成采购成本的重要部分。采购部应在保证产品质量的情况下,选择采购价格较低的供应商
服务水平	企业采购的对象不仅是产品,还包括服务。如选择能提供配套服务的供应商,有助于提高企业的经济效益和竞争力
信誉度	企业应选择有较高声誉的、经营稳定、财务状况较好的供应商
结算情况	供应商若能给予价格折扣或延期付款的优惠条件,可优先考虑,以充分利用资金的时间价值
管理标准	供应商的管理标准直接影响其产品的质量、价格和交期等。企业应选择具有较高管理标准的供应商

三、供应商调查

供应商调查主要分为三个阶段:市场分析阶段、初步调查阶段、深入调查阶段。

(一)资源市场分析

1. 资源市场调查的内容

(1)资源市场的规模、容量、性质。通过调查可以了解资源市场究竟有多大范围,有多少资源,有多大需求量,是卖方市场还是买方市场,是完全竞争市场还是垄断市场。

(2)资源市场的环境。通过调查可以理解市场的管理制度、市场的法制建设、市场的规范化程度、市场的经济环境、市场的政治环境等外部条件如何,以及市场的发展前景如何。

(3)资源市场中各个供应商的情况。通过调查,了解各个供应商的基本情况,就可以把众多供应商的调查资料进行综合分析,得出资源市场自身的基本情况,如资源市场的生产能力、技术水平、管理水平、质量水平、价格水平、需求情况及竞争性质等。

2. 资源市场分析的内容

资源市场调查的目的,就是要进行资源市场分析。资源市场分析对于企业制定采购策略以及产品策略、生产策略等都有很重要的指导意义。

采购人员应从宏观经济、行业、供应市场结构三个层面对资源市场进行分析。

(1) 宏观经济分析。宏观经济分析指的是分析一般经济环境及影响未来供需平衡的因素，它决定了供应市场的走向。分析的内容可包括产业范围、经济增长率、产业政策及发展方向、行业设施利用率、货币汇率及利率、税收政策与税率、政府体制结构与政治环境、关税政策与进出口限制、人工成本、通货膨胀、消费价格指数、订购状况等因素。

(2) 行业分析。采购人员必须对自己企业所处的行业有明确的定位，了解在本行业中影响企业成功或失败的因素，因此，要对所处行业进行分析。这个层次分析主要包括供求分析、行业效率、行业增长状态、行业生产与库存量、市场供应结构、供应商的数量与分布等。

(3) 供应市场结构分析。市场结构是指一个行业中竞争者的数量、产品的相似程度以及行业的进出壁垒等情况。根据市场中企业的数量、规模及竞争程度，可以把市场分为完全垄断市场、寡头垄断市场、垄断竞争市场和完全竞争市场四种典型的结构。

4种典型市场的采购特征

典型市场的采购特征如表3-4所示。

表3-4　4种典型市场的采购特征

市场类型	完全垄断	寡头垄断	垄断竞争	完全竞争
特点	只有一个供应商，供应商完全控制价格	供应商数量有限，卖方控制价格	供应商数量不多，采购方可能控制价格	大量的供应商，由市场控制价格
卖方定价策略	制定使利润最大化，并不诱使产生替代品的价格	卖方跟从市场领导者	卖方试图使产品的价格差异化	按市场价格销售
产品类型	专利所有者(药品)、版权所有者(软件)	钢材、铜、胶合板、汽车、计算机设备	部分印刷品	农产品(初级产品交易)、标准件(轴承、纽扣)
具有价值的采购活动	发现可能的替代品，重新设计产品等	分析成本，必要时可与较弱的竞争者签订合同，以获得折让	分析成本，了解供应商的流程	期货或其他套期交易

(二) 供应商初步调查

1. 供应商初步调查

供应商初步调查是对供应商基本情况的调查，主要是了解供应商的名称、地址、生产能力、能提供什么产品、能提供多少、价格如何、质量如何、市场份额有多大、运输进货条件如何等。供应商初步调查的方法一般有电话咨询、问卷调查、网络调查、实地考察等。通过访问建立起供应商卡片，如表3-5所示。对于基本符合条件且有合作意向的供应商，均应填写供应商调查表，作为公司选择和评估供应商的参考依据。供应商卡片是采购管理的基础工作，是供应商管理的基本档案资料，供应商卡片也要根据情况的变化，经常进行维护、修改和更新。

表3-5 供应商资料卡片

公司基本情况	名称					
	地址					
	企业性质					
	联系人			部门职务		
	电话			传真		
	E-mail			信用度		
产品情况	产品名	规格	质量	价格	生产规模	可供量
运输方式		自提		售后服务		
备注						

2. 供应商初步调查的主要内容

(1) 供应商的基本信息。用于了解供应商的基本资料，如名称、创立时间、注册资本、主要股东结构、规模、性质、经营范围、地址、联系方式、联系人等内容，以初步判定是否有合作基础。

(2) 公司组织架构。用于初步了解该供应商的管理体系是否严谨健全，同时也可看出职能分工是否清晰，主要包括高层领导及其管理团队、员工数量与知识结构、员工培训。

(3) 生产设备与检测设备。用来初步判断供应商的生产制造能力与产品质量水平，主要包括现有厂房面积、生产线、现有产能、转承包商、检测设备等。

(4) 主要产品。可了解该供应商产品或服务的范围是否与企业需求相当，其产品或服务规格标准是否满足企业最低要求。

(5) 主要客户及其反馈信息。主要用于了解供应商的业绩表现。

(6) 财务信息。主要用于了解供应商的财务稳定与信用状况，包括过去3年来主导产品销售量、销售收入与利润、银行信誉等。

(7) 体系认证。了解供应商是否通过相关认证，用以确认供应商是否取得相应资格，如ISO 9000认证、ISO 14000认证、3C认证、UL认证、CE认证等。

(8) 物流水平。了解供应商后勤支持能力，如仓储、运输、计划配货、JIT等。

3. 供应商初步调查分析

企业应在供应商初步调查的基础上进行供应商分析。供应商初步调查分析的主要目的是比较各个供应商的优势和劣势，选择适合企业需求的供应商。供应商初步调查分析的主要内容包括：

(1) 产品的品种、规格和质量水平是否符合企业需要，价格水平如何。只有产品的品种、规格、质量适合于本企业，才可能成为企业的供应商，才有必要进行下面的分析。

(2) 企业的实力、规模如何，产品的生产能力如何，技术水平如何，管理水平如何，企业的信用度如何。

(3) 产品是竞争性商品还是垄断性商品，如果是竞争性商品，则供应商的竞争态势如何，产品的销售情况如何，市场份额如何，产品的价格水平是否合适。

(4) 供应商相对于本企业的地理交通情况如何，要进行运输方式、运输时间、运输费用分析，看运输成本是否合适。

（三）供应商深入/现场调查

通过供应商的初步调查，可基本评估供应商的工艺能力、供应的稳定性、资源的可靠性，以及其综合竞争能力。对于不必深入/现场调查评估的供应商，如一次性采购、非重要产品、服务性供应商等，通过供应商的初步调查基本可做出正确的选择。而对于准备发展成紧密关系的供应商、战略或关键零部件产品的供应商、有特殊质量要求的供应商，则需要进一步深入调查或现场考察评估。只有通过深入的供应商调查，才能发现可靠的供应商，建立起比较稳定的物资采购供需关系。

拓展知识

> 进行深入的供应商调查，需要花费较多的时间和精力，调查的成本非常高，因此并不是所有供应商都要进行深入调查。进行深入调查的供应商必须符合以下两种情况：
> (1) 准备发展成为紧密关系的供应商。如在进行准时化采购时，供应商的产品需准时、免检、直接送上生产线进行装配。这时，供应商与企业的利益已经息息相关。因此，准备发展成紧密关系的供应商需要进行深入供应商调查。
> (2) 寻找关键零部件的供应商。如果采购方采购的是一种关键零部件，特别是精密度高、加工难度大、质量要求高、在产品中起核心功能作用的零部件产品，选择供应商时，就需要特别小心，要反复进行认真的深入考察审核，只有通过深入调查证明其确实能够达到要求时，才能确定发展它为供应商。

供应商深入调查，是深入到供应商的生产线、各个生产工艺、质量检验环节甚至管理部门，对现有的工艺设备、生产技术、管理技术等进行考察，看看能不能满足本企业采购产品应当具备的生产工艺条件、质量保证体系和管理规范要求。供应商深入调查的主要内容包括：

(1) 管理人员水平。管理人员素质的高低；管理人员工作经验是否丰富；管理人员工作能力的高低；关键人员流动水平。

(2) 专业技术能力。技术人员素质的高低；技术人员的研发能力；各种专业技术能力的高低；专利项目；获奖资质。

(3) 机器设备情况。机器设备的名称、规格、厂牌、使用年限及生产能力；机器设备的新旧、性能及维护状况；设备的投入情况等。

(4) 供应物流状况。产品所用原材料的供应来源；材料的供应渠道是否畅通；原材料的品质是否稳定；供应商原料来源发生困难时，其应变能力的高低；物资需求计划系统、灾后恢复计划等。

(5) 品质控制能力。品管组织是否健全；品管人员素质的高低；品管制度是否完善；检验仪器是否精密及维护是否良好；原材料的选择及进料检验的严格程度；质量管理操作方法及制程管制标准是否规范；成品规格及成品检验标准是否规范；品质异常的追溯是否程序化；统计技术是否科学以及统计资料是否翔实等。

(6) 计划控制能力。生产流程、物流流程、新品开发流程；生产计划与物料控制能力；是否有 MRP/ERP 系统；成本分配与成本结构。

(7) 财务及信用状况。每月的产值、销售额；财务报表；来往的客户；来往的银行；经营的业绩及发展前景等。

(8) 管理规范制度。管理制度是否系统化、科学化；工作指导规范是否完备；执行的状况是否严格。

(9) 环保安全。废物、废液、废气的处理；产品安全措施；工作时间/倒班状况；劳动保护；卫生情况。

(10) 合作意愿。明确表示愿意长期合作；是否安排高层会晤；信息透明度；承诺给我方优惠条件而不给其他客户。

调查后应编制供应商调查表，如表 3-6 所示。

表 3-6 供应商调查表

填表日期：　　年　　月　　日

供应商基本信息				
供应商基本信息	公司全称		公司地址	
	企业性质		成立日期	
	法人代表		联系人	
	电话		传真	
	公司网址		E-mail	
调查基本内容				
序号	项目	说明	调查时间	调查次数	调查人

序号	项目		说明	调查时间	调查次数	调查人
1	生产能力	交期控制能力	强　一般　弱			
		一般排查能力	强　一般　弱			
		生产规划能力	强　一般　弱			
		进度控制能力	强　一般　弱			
2	质量控制	质量规范标准	符合　不符合			
		质量管理组织体系	好　一般　不好			
		检验方法控制	符合　不符合			
		纠正预防措施	强　一般　弱			
3	技术管理	技术水准	强　一般　弱			
		设备情况	强　一般　弱			
		工艺流程及标准	符合　不符合			
		操作标准	符合　不符合			
4	价格调查	加工费用	适合　　　高			
		原料价格	适合　　　高			
		付款形式	符合　不符合			
		估价方法	符合　不符合			

(续表)

序号	项目		说明	调查时间	调查次数	调查人
5	研发能力	自行研发设计	强　一般　弱			
		来料加工	强　一般　弱			
		专业研发工程师	是　　　否			
		跟进生产操作人员	是　　　否			
6	质量体系	ISO 9001	是　　　否			
		QS 9000	是　　　否			
		TQM	是　　　否			
7	产品标准	企业标准	是　　　否			
		行业标准	是　　　否			
		国家标准	是　　　否			
		国际标准	是　　　否			
相关说明						
编制人员			审核人员		批准人员	
编制日期			审核日期		批准日期	

案例分析

三洋供应商的调查与开发

1. 首先对该类物料进行市场分析，了解发展趋势和评估该材料的供需状况，主要供应商的市场定位及特点等。某种材料在第一次采购前，将参考科龙集团和三洋公司的合格供应商清单并组织调查评审后决定。采购员可以给设计部门提建议，推荐使用市场主流的元器件来降低成本。

2. 供应商的初步筛选。评价的指标主要有：供应商的注册资金、生产场地、设备、人员、主要产品、主要客户、生产能力和信誉、服务等。在这些评价的基础上，采购部建立起预备供应商数据库。这个阶段的工作可通过互联网查询、供应商的主动问询和介绍、专业期刊报纸、商品目录、工商局查询等方式进行。

3. 联系供应商，请有意向的供应商提供营业执照、税务登记证、企业代码证；银行信用证明；法定代表人证书、身份证；特许经营许可证、行业资质证、授权代理证；拥有生产、经营或办公场所的证明；生产或经营范围以及主要产品、商品目录；上一年度和近期的财务报告；公司简况、业绩、售后服务材料；有关的其他材料，如生产设备、技术和管理人员的状况报告等资料。评审小组将根据购买材料的具体状况设定具体要求指标来进行审核。

4. 对供应商实地考察。考察必须有生产和技术以及财务经营部门的人员组成小组共同参与。他们不仅会带来专业的知识与经验，共同审核的经历也会有助于公司内部的沟通和协调。

在实地考察中对供应商管理体系、合约执行能力、财务状况、设计开发、生产运作、测量控制和员工素质等方面进行现场评审和综合分析评分。比较重要的项目有：质量体系——审核作业指导书、记录等文档和具体执行记录；计量管理——计量仪器要有完整的传递体系；设备管理——设备的维护制度和执行记录；供应商管理——供应商对其零部件供应商是否能进行有效控制；培训管理——关键岗位人员是否有完善的培训考核制度和记录。

考察过程中强调小组成员之间、小组与供应商的相互沟通。每次考察后都以与供应商一起开总结会作为结尾。总结会要说明供应商的优缺点，并留出时间请供应商发言，如果供应商有改进意向，可要求供应商提供改进措施报告，做进一步评估。最后形成的考察报告必须双方签字认可。

5. 审核完成后，对合格的供应商发出询价文件，一般包括图纸和规格、样品、数量、大致采购周期、要求交付日期等细节，并要求供应商在指定的日期内完成报价。如果可能的话，要求供应商提供成本清单，列出材料成本、人工及管理费用等，并将利润率明示。收到报价后，要对其条款仔细分析，如有疑问要彻底澄清，澄清要求用书面方式作为记录。分析比较不同供应商的报价，会对其合理性有一定的了解。

6. 价格谈判之前，应充分准备并设定合理的目标价格，保证供应商有合理的利润空间。对小批量产品，其谈判核心是交货期，要求快速的反应能力；对流水线连续生产的产品，核心是价格。这里指的并非单纯的交易价格，而是商品的总购置成本，是购买商品和服务所支付的实际总价，包括通信费、税费、存货运输成本、检验费、不合格品的维修和更换费用等。较低的交易价格可能导致较高的总购置成本，虽然是个很明显的事实，但却常常被忽视。

谈判成功的供应商将由采购部负责在 SOPIS 系统中进行合格供应商的登录和设置，包括设置分配的采购额度比率、采购提前期等。SOPIS 系统将根据计划和设置自动运算分配采购订单，跟踪采购订单执行状况并向采购员发出提示指令。

（资料来源：佚名. 如何同供应商建立和发展伙伴关系及降低采购总成本[EB/OL]. [2011-11-19]. https://wenku.baidu.com/view/a63c478a680203d8ce2f24da.html.）

1. 三洋供应商的开发步骤是怎样的？
2. 为什么三洋要对供应商进行实地考察？

 技能训练

供应商调查及调查表的编制

一、训练目的

1. 熟练掌握供应商调查的方法与内容。
2. 掌握供应商调查表格的编制。
3. 能对供应商调查结果进行对比分析。

二、训练准备

1. 案例背景一：由于 A 公司在网络商城的销售量增长迅速，需要找一家合适的快递企业长期合作，请你为 A 公司设计并制作一份快递公司调查表，要求明确供应商名称、总部地址、联系电话、联系人、网点覆盖范围、收费标准、服务标准、保险费率、网店拓展方式等信息，并至少调查三家快递公司。

2. 案例背景二：某职业院校新建了一栋教学楼，现计划购买 60 台空调，请你为该校设

· 89 ·

计空调供应商调查表，要求明确供应商名称、地址、联系电话、联系人、产品品种、性能、规格、认证、售后服务等信息，并至少调查三家企业。

三、训练步骤与要求

1. 全班分组。每组4~5人，每组设组长一名。
2. 制定调研计划。确定调研对象、地点、时间，调研提纲以及调研方法等。
3. 编制供应商调查表，并联系企业进行实地或网络调研。
4. 填写供应商调查表，建立供应商卡片。
5. 对供应商信息进行对比分析，给出供应商选取建议。
6. 制作PPT，以小组形式进行课堂汇报，全班交流，教师点评。

四、注意事项

1. 调查内容应尽可能真实可靠。
2. 调研过程中要注意文明礼貌以及安全事项。

五、训练成果

完成供应商调查表以及分析报告。

六、拓展任务

在本次初步调研的基础上，结合已学知识，完成供应商调查表的编制以及调研分析。

任务评价

班级		姓名		小组			
任务名称	供应商调查与开发						
考核内容	评价标准	参考分值(100分)	学生自评	小组互评	教师评价	考核得分	
知识掌握情况	1. 了解供应商识别的方法	5					
	2. 理解供应商筛选的标准	5					
	3. 掌握供应商调查的方法与主要途径	10					
	4. 掌握供应商调查的基本内容	10					
技能提升情况	1. 能发现和识别供应商	10					
	2. 能根据筛选标准对供应商进行筛选	10					
	3. 能对供应商进行初步及深入调查，建立供应商卡片	15					
	4. 能编制供应商调查问卷并实施调查	10					
职业素养情况	1. 具有自主学习能力	5					
	2. 具有合作精神和协调能力，善于交流	5					
	3. 具有一定的分析能力	5					
参与活动情况	1. 积极参与小组讨论	5					
	2. 积极回答老师提问	5					
小计							
合计=自评×20%+互评×40%+教师评×40%							

任务二　供应商选择与评估

🔍 教学目标

知识目标	1. 了解供应商选择的步骤 2. 掌握供应商选择与评估的方法 3. 了解供应定位模型及供应商偏好模型
技能目标	1. 能根据实际情况确定供应商的选择方法 2. 能制定供应商的选择评估方案并实施选择 3. 能运用供应定位模型和供应商偏好模型对采购品项做出战略选择
素养目标	培养学生在实践工作中的沟通表达能力与分析决策能力

🔍 教学建议

建议课时	2 课时
教学重点	供应商选择方法
教学难点	供应商评估指标的确定、供应商定位模型
教学方法	任务驱动教学法；案例教学法；情境教学法
教学手段	小组讨论、实际模拟训练
组织形式	全班每 4～5 人为一组，每组设组长一名，组员合理分工
教学过程	任务引入→任务训练→任务分析→小组讨论→总结与点评
学生活动	1. 课前查阅供应商选择与评估的相关知识 2. 以小组讨论的形式完成任务训练
教师活动	学生在完成任务训练的过程中教师巡回指导、个别交流，教师检查与评定

📝 任务引入

通过前期对各个供应商的调查，赵磊最后锁定五家最适合公司山地车轮胎采购的供应商，他把五家公司的资料整理好之后提交给了采购经理宋杰，宋杰认真过目后通知采购部召开关于山地车轮胎采购事项的专题会议，并邀请了生产部、财务部、技术部等主要部门的负责人一同参会。

会议开始前，赵磊先将五家供应商的资料分发给参会的负责人和同事，以便大家更好地参考和比较。在会议上宋杰率先强调对供应商进行评价和选择的整体目标是降低采购风险，使采购价值最大化。他提出，供应商的选择不是某一个人的事情，这是一个集体的决策，需要企业各部门的人员共同参与决定，这不仅仅包括采购部的人员，还包括其他部门的负责人，所以，我们需要成立供应商评选小组来共同完成这项工作。话音刚落，生产部、财务部、技术部等主要部门的负责人纷纷表示会无条件地配合采购部完成这次山地车轮胎供应商的评选工作。

任务训练

1. 赵磊要如何选择出最合适的供应商？供应商选择的步骤是怎么样的？
2. 供应商评选小组将采取哪些方法来选择适合公司的山地车轮胎供应商？

任务分析

供应商选择与评估就是构建一个全面的供应商综合评价指标体系，综合考虑供应商的业绩、设备管理、人力资源开发、质量控制、成本控制、技术开发、用户满意度、交货协议等方面，以对供应商作出全面、具体、客观的评价。本任务以小组为单位，通过上网或者去图书馆查阅获得供应商选择与评估的相关知识，小组内成员相互讨论，完成任务训练的操作。

实施步骤

1. 课堂内分组讨论完成任务训练。
2. 各组展示讨论结果并陈述主要观点。
3. 教师总结与点评。

知识准备

一、供应商选择的步骤

供应商选择是指在众多候选供应商中，选择几家可以长期打交道的供应商，并与之建立长期的合作伙伴关系。实际上，在供应商开发与调查过程中，就包括了供应商选择。供应商选择需考虑多方面的因素，一般应遵循以下步骤，如图3-4所示。

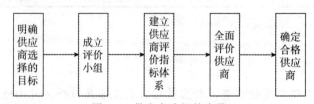

图3-4　供应商选择的步骤

1. 明确供应商选择的目标

不同的企业，供应商管理的目标是不同的，只有明确选择目的，才能更有针对性地选择合适的供应商。企业选择供应商的目标主要包括：①降低采购成本；②建立稳定的合作关系；③实施有效的供应链管理；④获得某种特殊的原材料和零部件。

2. 成立评价小组

供应商选择不是某个采购人员能够独立完成的，企业必须成立一个跨部门小组以控制和实施供应商评价。小组成员从研究与开发部、技术部、市场部、计划部、财务部和采购部等部门抽调，成员必须有团队合作精神。

3. 建立供应商评价指标体系

供应商评价指标体系是指企业对供应商进行综合评价的依据和标准，它是反映企业本身和环境所构成的复杂系统的不同属性的指标。企业应根据行业情况，确定代表供应商产品质量和服务水平的有关因素，从而建立供应商评价标准。

4. 全面评价供应商

为了保证评价的可靠性，应全面调查、搜集有关供应商的生产运作、财务状况和发展前景等全方位的信息，在信息搜集的基础上，利用一定的工具和技术方法对供应商进行评价。

5. 确定合格供应商

在综合考虑多方面的重要因素后就可以给每个供应商开展评分，选择出合格的供应商。在实施供应合作伙伴关系的过程中，企业应根据市场需求的变化及时修改供应商评价标准，或重新开始对供应商的评选。

供应商选择的十个原则

(1) 系统全面性原则：全面系统评价体系的建立和使用。

(2) 简明科学性原则：供应商评价和选择步骤、选择过程的透明化、制度化和科学化。

(3) 稳定可比性原则：评估体系应该稳定运作，标准统一，减少主观因素。

(4) 灵活可操作性原则：不同的行业、企业、产品需求，不同环境下的供应商评价应是不一样的，要保持一定的灵活性和可操作性。

(5) 门当户对原则：供应商的规模和层次与采购商相当。

(6) 半数比例原则：购买数量不超过供应商产能的50%，反对全额供货的供应商。

(7) 供应源数量控制原则：同类物料的供应商数量为2～3家，须有主次供应商之分。

(8) 供应链战略原则：与重要供应商发展供应链战略合作关系。

(9) 学习更新原则：评估的指标、标杆对比的对象以及评估的工具与技术都需要不断更新。

(10) 全面了解原则：供应商的生产状况、商业信誉、交货能力，对这些了解的程度，直接决定与供应商合作的深度与广度。

二、供应商选择标准

对供应商进行系统、全面的评价，首选需要一套完整、科学的综合评价指标体系。在许多公司的实际运营中，供应商选择及绩效评估标准都被视为核心竞争力的重要组成部分。供应商评选标准的核心要素为质量、成本和交期，这三项构成了供应商选择标准的三大支柱。供应商选择标准一般包括以下几个方面：

1. 产品质量

产品质量是选择供应商首要考虑的因素。选择的标准是产品质量要合乎企业正常生产经营要求。采购的产品质量低，往往会影响生产的连续性和产成品的质量，最终都将会反映到企业总成本中。因此，采购产品的质量要求要因需而定，过高或过低的质量都是错误的。

2. 采购成本

在满足产品质量的基础上，要考虑供应商的报价，即对采购成本进行分析。成本不仅包括采购产品的价格，而且包括原材料或零部件使用过程中或生命周期结束后所发生的一切支出。采购价格最低的供应商不一定是最合适的，因为如果在产品质量、交货时间上达不到要求，或者由于地理位置过远而使运输费用增加，都会使总成本增加，所以总成本最低才是选择供应商的主要标准之一。

3. 交货期

供应商能否按照约定的交货期限和交货条件组织供货，直接影响到企业生产和经营活动的连续性，因而交货期也是供应商选择的标准之一。企业在考虑交货期时，一方面要降低原材料的库存数量，另一方面要降低断料停工的风险，因此供应商的供货都应有一个合理的提前期。

4. 服务水平

供应商的整体服务水平是指供应商内部各作业环节能够配合采购方的能力和态度。整体服务水平是衡量和选择供应商的又一重要标准。企业在购买供应商产品后，供应商是否能够帮助企业安装，并对使用人员进行培训和辅导，或者企业在使用供应商产品时出现了问题，供应商能否及时地帮助解决，这些也是企业选择供应商时应该考虑的问题。

5. 柔性

柔性是指供应商是否提供满足企业个性化需要的产品。随着顾客对企业产品的需求呈现出多样化的趋势，企业向供应商采购的产品也呈现出了多样化的趋势。因此，柔性成为企业选择供应商时应考虑的因素。供应商具有很好的柔性，便可提供符合企业个性需求的产品，满足企业的需要。

6. 供应商的信誉

供应商信誉也是企业评价供应商时应考虑的问题，信誉反映供应商在合作过程中违约的可能性。供应商在与企业合作的过程中，不能履行预先的约定，则会给企业造成损失。信誉好的供应商对于采购过程中做出的承诺表现出好的兑现，信誉不好的供应商则会使采购企业蒙受巨大的不必要的损失。

以上这些因素，是从短期的角度，企业评价供应商时所要考虑的问题。从长期合作的角度看，供应商市场地位的高低、财务状况的稳定与否、技术与同行业中的竞争对手相比先进与否、能否建立良好的合作关系以及管理水平的高低，决定供应商的长期发展状况以及与企业合作的容易程度。因此，企业在与供应商建立长期合作关系时也要对供应商的市场地位、财务状况、技术水平、合作关系、管理水平几个方面进行考察。企业在确定供应商评价标准时，应综合短期和长期两方面的因素，确定符合自身情况的供应商评价标准。

三、供应商选择方法

供应商选择的方法是指企业在供应商调查、评价的基础上,为确定最终供应商而采用的技术工具。到目前为止,选择供应商的方法有很多,主要有以下方法:

1. 直观判断法

直观判断法是指通过调查、征询意见、综合分析和判断来选择供应商的一种方法,是一种主观性较强的判断方法,主要是倾听和采纳有经验的采购人员的意见,或者直接由采购人员凭经验作出判断。这种方法的质量取决于供应商资料是否正确、齐全和决策者的分析判断能力与经验。这种方法运作方式简单、快速、方便,但是缺乏科学性,受掌握信息详尽程度的限制,常用于选择企业非主要原材料的供应商。

2. 招标选择法

当采购物资数量大、供应市场竞争激烈时,可以采用招标方法来选择供应商。招标选择法就是采购企业采用招标的方法,吸引多个有实力的供应商来投标竞争,然后经过评标小组分析评比而选择最优供应商的方法。招标方法竞争性强,采购单位可以在更广阔的范围选择供应商,以获得有利的、便宜而耐用的物资。但招标方法手续繁杂、耗费时间长,不能适应紧急订购的需要;订购机动性差,有时订购者与投标者沟通不够,就会造成货不对路或不能按时到货等问题。

3. 协商选择法

在可供货单位较多、采购单位难以抉择时,也可以采用协商选择方法,即由采购单位选出供应条件较为有利的几个供应商,分别进行协商,再确定合适的供应商。与招标选择法相比较,协商选择法因双方能充分进行沟通协商,在商品质量、交货期和售后服务等方面比较有保证,但由于选择范围有限,不一定能得到最便宜、供应条件最有利的供应商。当采购时间紧迫,投标单位少,供应商竞争不激烈,订购物资规格和技术条件复杂时,协商选择法比招标选择法更为合适。

4. 采购成本比较法

对于采购商品质量和交付时间均能满足要求的供应商,采购企业通常要进行采购成本比较,即分析不同价格和采购中各项费用的支出,以选择采购成本较低的供应商。采购成本一般为售价、采购费用、交易费用、运输费用等各项支出的总和。采购成本比较法是通过计算分析针对各个不同合作伙伴的采购成本,选择采购成本较低的合作伙伴的一种方法。

5. 加权综合评估法

加权综合评分法是对供应商选择的标准(如商品质量、价格、交付及时等)分配一个权重,权重越大表明其越重要,并根据各供应商实际情况,分别计算出各供应商的得分,得分最高的为最佳供应商。可以用下式计算:

$$S = \Sigma W_i P_i / \Sigma W_i \times 100\%$$

其中，W_i 为各指标的权重，P_i 为各指标的得分。

具体的步骤如下：

(1) 选择评价供应商的主要因素；

(2) 确定每个因素的权数，即确定每个因素在选择供应商时的重要程度；

(3) 对每一个因素划分等级，以此来说明供应商满足各因素方面的程度。一般划分为十个等级，即从 1 级到 10 级；

(4) 对几个具体供应商的各个因素进行打分；

(5) 得出各个供应商的加权总分数，即把每一个供应商的各个因素分数与每个因素的权数相乘，汇总得出供应商的加权总分；

(6) 最后根据供应商的加权总分对供应商进行排序，选择最高分者。

表 3-7 是一个用加权综合评估法来选择供应商的例子，从表中可以看出应该选择 A 供应商，因为其实际得分率为 78%，在 4 个供应商中为最高。

表 3-7 加权综合评估法

评价指标	权重	供应商得分				供应商加权得分			
		A	B	C	D	A	B	C	D
质量	10	9	8	10	9	90	80	100	90
成本	8	7	6	7	4	56	48	56	32
服务	6	9	10	6	5	54	60	36	30
技术支持	4	6	4	5	3	24	16	20	12
信用条件	2	5	3	7	6	10	6	14	12
加权实际得分						234	210	226	176
实际得分率=加权实际得分/理想满分						78%	70%	75.3%	58.7%

四、选择供应商时应注意的问题

(一) 自制与"外包"采购

一般情况下，外包的比率越高，则选择供应商的机会越大，并以能够分工合作的专业厂商为主要对象。通过外包，企业可以将精力集中于核心产品的生产上，避免了精力的分散。

(二) 单一供应商与多家供应商

单一供应商是指某种物品集中向一家供应商订购。这种购买方式的优点是使供需双方的关系密切，购进物品的质量稳定、采购费用低；缺点是无法与其他供应商相比较，容易失去质量、价格更为有利的供应商，采购的机动性小，如果供应商出现问题则会影响本企业的生产经营活动。多家供应商是指向多家订购所需的物品，其优缺点正好与单一供应商的情况相反。

供应商管理的多轨制

现在一些企业为了制造供应商之间的竞争机制,创造了一些方法,就是故意选 2 个或 3 个供应商,称作 A 角、B 角或 A 角、B 角、C 角。A 角作为主供应商,分配较大的供应量。B 角(或再加上 C 角)作为副供应商,分配较小的供应量。综合成绩为优的供应商担任 A 角,候补供应商担任 B 角。在运行一段时间以后,如果 A 角的表现有所退步而 B 角的表现有所进步的话,则可以把 B 角提升为 A 角,而把原来的 A 角降为 B 角。这样无形中就造成了 A 角和 B 角之间的竞争,促使他们竞相改进产品和服务,使得采购企业获得更大的好处(这种现象在生活中比较常见,比如两个处于试用期的员工相互竞争一个岗位,一方面可以提高员工的水平,另一方面使企业获得了更大的利益)。

(三) 国内采购与国际采购

选择国内的供应商,价格可能比较低,由于地理位置近,可以实现准时生产或者零库存策略;选择国际供应商,则可能采购到国内企业技术无法达到的物品,提升自身的技术含量,扩大供应来源。

(四) 直接采购与间接采购

若是大量采购或者所需物品对企业生产经营影响重大,则宜采用直接采购,从而避免中间商加价,以降低成本;如果采购数量小或者采购物品对生产经营活动影响不大,则可通过间接采购,节省企业的采购精力与费用。

恒丰纸业集团供应商选择与评价

牡丹江恒丰纸业集团前身为牡丹江造纸厂,始建于 1952 年,具有 60 多年的生产历史。恒丰纸业集团的物流跟其他生产企业一样包含着采购物流、销售物流、生产物流、废弃及回收物流。其前身牡丹江造纸厂的采购物流由于供应商的管理、选择、评价不合理,存在弊端。

1. 原采购物流的弊端

(1) 忽视供应商选择的原则。选择供应商时忽视了一个好供应商应具备的条件,如未考虑供应商的质量水平、价格水平。没有进行供应商的调查,未形成供应商管理的档案,急需物资找不到相应的供应商,停工待料,不急需的物资却堆满了仓库。没有充分了解供应商的生产能力、技术水平、管理水平,在本公司设备更新,生产能力扩大的同时,供应商的原材料不是供不上就是技术能力不够,不能随公司的发展同步发展。不了解供应商的管理水平及财务状况,在先交货后付款的情况下,有些供应商因资金不足,往往造成本公司原材料的断档。未与供应商达成战略上的共识,供应商只追求短期效应,不能形成战略伙伴。未考虑供应商的服务水平及信誉程度,常常造成售后无服务,延期交货的现象。

(2) 忽视供应商的评价标准。未形成供应商评价体系，没有对供应商的工厂进行评审，出现质量问题后就考虑换供应商，没有建立"共赢"意识；没有形成稳定可靠的关系；没有对供应商进行绩效评价，不能统计供应商质量、交货准时率等指标；没有对潜在的供应源进行评价，掌握不了供应源；未形成对供应商的制裁和管理。

2. 恒丰纸业集团供应商选择与评价

鉴于牡丹江造纸厂在物流管理中存在诸多弊端，尤其是采购物流。在公司改制后更名为牡丹江恒丰纸业集团后，采取了相应的措施，规范了供应商的管理，强化采购物流，有效地进行了供应商的选择与评价，从而降低了采购成本，提高了公司的整体效益。

(1) 科学地选择供应商。对资源市场进行充分调查，对供应商采取了初步调查和深入调查的方式，为供应商的选择做好准备；确定了供应商的评价标准，对供应商的生产能力、技术水平、管理水平、企业服务水平进行了综合考察；采取了招标选择的方式，优选了一批供应商，为企业的原材料供应提供了有力保障。

(2) 有效地对供应商进行评价。建立健全供应商档案及质量记录，包括供方能力调查表、供方样品评价报告、供方产品批量试用报告、供方评定记录表、合格供方业绩评定表、合同执行、业绩、信誉情况等相应的质量记录；确定了供应商的评价标准，对供应商的工厂进行定期评审；每年举办圆桌讨论会，对供应商进行评价；对潜在的供应商进行了评价；将供应商选择、评价的程序纳入 ISO9000 质量保证体系。

(资料来源：王永辉. 恒丰纸业集团供应商选择与评价成功案例分析[J]. 黑龙江造纸，2010(4).)

1. 恒丰纸业集团在供应商选择与评价方面做了哪些改进？
2. 谈谈供应商选择与评价的重要性。

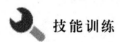 **技能训练**

供应商选择与评估的实施

一、训练目的

1. 熟练掌握供应商选择与评估的流程。
2. 加深理解供应商选择与评估的指标因素。
3. 熟练运用供应商选择的方法。

二、训练准备

以任务一技能训练"供应商调查及调查表的编制"中两个案例背景及调查结果为基础，对供应商进行评估，选取最优供应商。

三、训练步骤与要求

1. 全班分组。每组 4~6 人，每组设组长一名。
2. 制定评估方案，讨论确定需要评估的项目、指标及权重、评估标准等。
3. 根据需要整理任务一技能训练的资料，并进一步进行网络或实地调研。
4. 设计供应商评估所需表格，对供应商实施评估。

5. 对评估结果进行分析总结,选出最优的供应商。
6. 制作 PPT,以小组形式进行课堂汇报,全班交流,教师点评。

四、注意事项
1. 评估指标应具有全面性、系统性,且能实现量化。
2. 注意团队的合作意识和沟通交流技巧。
3. 建议组内进行角色分工,如分别代表采购部、生产部、研发部、财务部、质检部等。

五、训练成果
完成供应商选择与评估报告(包括评估方案、评估结果以及相关表格)。

六、拓展任务
根据企业实际情况,尝试采用多种供应商选择与评估的方法实施评估,然后对各种方法的评估效果进行对比分析。

任务评价

班级		姓名		小组		
任务名称	供应商选择与评估					
考核内容	评价标准	参考分值(100分)	学生自评	小组互评	教师评价	考核得分
知识掌握情况	1. 了解供应商选择的步骤	20				
	2. 掌握供应商选择与评估的方法	15				
技能提升情况	1. 能根据实际情况确定供应商的选择方法	20				
	2. 能制定供应商的选择评估方案并实施选择	20				
职业素养情况	1. 具有自主学习能力	5				
	2. 具有合作精神和协调能力,善于交流	5				
	3. 具有一定的分析能力	5				
参与活动情况	1. 积极参与小组讨论	5				
	2. 积极回答老师提问	5				
小计						
合计=自评×20%+互评×40%+教师评×40%						

拓展提升

1. 请根据本项目所学内容,分小组进行主题讨论,每小组进行抽签选择讨论主题,根据主题要求积极展开讨论。
2. 在讨论过程中学生可以自行上网搜集信息或头脑风暴。
3. 各小组展示讨论成果,同时小组之间互相评价、获取建议、完善讨论成果;学生将完善后的讨论成果提交给老师,老师进行评分。

主题1:如何寻找供应商
要求:利用网络搜集信息或头脑风暴,将寻找供应商的方法及具体操作一一列出来,并填写实训报告书(见表3-8)。

表3-8 实训报告

实训报告					
小组名称		小组成员		日期	
讨论主题	如何寻找供应商				
方法	具体操作			分值	评分
方法1				20	
方法2				20	
方法3				20	
方法4				20	
方法5				20	
……					
教师评价					
综合评分					

主题2：如何调查供应商

(1) 以牙膏供应商为例。利用网络搜集信息，收集供应商调查的方法，利用案例分析或者头脑风暴，讨论如何进行牙膏供应商调查。

(2) 上网搜集牙膏供应商，提交如表3-9所示的供应商资料卡片、表3-10所示的供应商深入调查表，具体评分要求见表3-11所示的调查供应商评分表(至少收集3家牙膏供应商)。

表3-9 供应商资料卡片

公司基本情况	名称					
	地址					
	企业性质					
	联系人			部门职务		
	电话			传真		
	E-mail			信用度		
产品情况	产品名	规格	质量	价格	生产规模	可供量
运输方式		自提		售后服务		
备注						

表3-10 供应商深入调查表

序号	供应商名称	供应商地址	联系人	联系电话
1				
2				
3				

表 3-11　调查供应商评分表

序号	项目名称	分值	评分
1	未提交供应商卡片(填写不全每空扣 2 分)	0～70	
2	未提交供应商调查表(填写不全每空扣 2 分)	0～30	

同步测验

一、单选题

1. 在确定评价供应商能力的标准的权重时，企业要考虑的是：在与采购相关的所有评价标准中，应该按照(　　)来排列这些标准，以及如何量化。
   A. 数量大小　　　B. 前后顺序　　　C. 计算方法　　　D. 重要性顺序
2. 当供应商较多，采购商难以抉择时，可采取的供应商选择方法是(　　)。
   A. 直观判断法　　B. 招标法　　　C. 协商选择法　　D. 加权综合评分法
3. 当企业定购的产品数量大、竞争激烈时，合作伙伴选择可采用(　　)。
   A. 直观判断法　　B. 招标法　　　C. 协商选择法　　D. 层次分析法
4. 在选择供应商的方法中，直接判断法是一种(　　)的方法。
   A. 客观性较强　　B. 主观性较强　　C. 定量分析　　　D. 相关分析
5. 设计供应商调查表的步骤是(　　)。
   ①确定调查表形式　　　　　　②拟定调查表提纲
   ③设计调查表格　　　　　　　④实验性调查，修改调查表
   A. ②①③④　　　B. ①③②④　　　C. ③②①④　　　D. ①②③④
6. 供应商的库存水平是评价供应商(　　)能力时要考虑的要素。
   A. 成本　　　　　B. 服务与响应　　C. 可获得性　　　D. 质量
7. 对于长期合作需求而言，合作伙伴应选择(　　)。
   A. 有影响力的合作伙伴　　　　B. 战略性合作伙伴
   C. 普通合作伙伴　　　　　　　D. 竞争性/技术性合作伙伴
8. 对现有供应商考评的加权综合评价法是对每个考评指标(　　)。
   A. 平均对待　　　　　　　　　B. 设定不同百分比
   C. 确定不同影响比重　　　　　D. 加权平均

二、多选题

1. 供应商评价的目的在于(　　)。
   A. 考察供应商的供应及库存管理水平
   B. 建立起企业认可的供应商的名单及其等级体系
   C. 确定供应商是否能按照企业的意愿完成供应任务
   D. 考察供应商的规模和利润水平
   E. 重审企业对于采购项目的供应风险的评判水准并给予修正

2. 供应商选择的方法主要有( )。
   A. 直观判断　　　B. 考核选择　　　C. 招标选择　　　D. 协商选择
3. 需要长期采购的关键型采购项目,应选择( )的供应商。
   A. 必须长期具备提供低成本和技术领先产品的能力
   B. 与企业的业务战略一致
   C. 必须有稳定的财务状况和持久的市场地位,但又不利用其支配地位
   D. 没有与企业的竞争者建立任何优待关系
   E. 必须在可能给采购企业带来最高风险的领域具备特殊能力
4. 对供应商进行直接调查,调查表的主要内容包括( )。
   A. 财务　　　　　B. 质量控制　　　C. 人员　　　　　D. 成果
5. 对企业的老供应商,要扩展新供货品种,企业对其评定的内容应包括( )等。
   A. 产品的供应能力　　　　　　B. 供货的及时性
   C. 相对于竞争对手的优势　　　D. 赢利情况
   E. 零部件的质量
6. 开发新供应商程序包括( )。
   A. 明确需求、编制供应商开发进度表
   B. 寻找新供应商的资料、初步联系
   C. 初步访厂、报价、正式工厂审核
   D. 产品质量认证和最后确定合格供应商
7. 从短期角度,企业评价供应商时所要考虑的因素包括( )。
   A. 产品质量　　　B. 价格　　　　　C. 交货期
   D. 服务　　　　　E. 供应商的信誉
8. 采购信息的搜集,常用的渠道有( )。
   A. 杂志、报纸等媒体　　　B. 信息网络或产业调查服务业
   C. 供货商、顾客及同业　　D. 参观展览会或参加研讨会
   E. 加入协会或公会

三、判断题

1. 在选择供应商时,直观判断法常用于老客户的原材料或零部件的供应商。　( )
2. 邀请供应商的数量越多,意味着更激烈的竞争,采购方会获得较低的报价,因此一般来说邀请供应商的数量越多越好。　( )
3. 不同类型采购项目的供应商评价需要采用的评价标准也不同。　( )
4. 当几乎无法找到完全有能力完成供应任务的供应商时,提高供应商的供应能力是非常重要的。　( )
5. 当采购成本或风险相当大并且公司只有有限的技术知识和供应市场条件及选择时,选择供应商的数量应该是一个。　( )
6. 评价供应商时所要关注的两个要素是:质量和积极性。　( )
7. 供应商调查只需要对供应商进行简单了解即可,不需要深入调查。　( )
8. 选择供应商时不仅仅需要考虑价格、质量、交货期、服务、柔性等因素,还需要考

虑供应商的信誉。( )

9. 对供应商进行深入调查的情况有两种：第一种是准备发展成为紧密关系的供应商；第二种是寻找关键产品的供应商。( )

四、简答题

1. 供应商调查主要分为哪几个阶段，其主要内容是什么？
2. 供应商初步分析的主要内容包括什么？
3. 供应商调查的途径主要有哪几种？
4. 供应商选择的步骤有哪些？
5. 选择供应商的方法主要有什么？

五、计算题

某企业四家供应商的供货统计资料如表3-12所示，用线性权重法对这几家供应商进行评估。评估项目和分数分配为：商品质量45分，价格25分，合同完成率30分。则下面比较合适的供应商是哪一家？

表3-12 供应商供货统计资料

供应商	收到的数量/件	验收合格的数量	单价/(元/件)	合同完成率/%
甲	5 000	4 750	22.50	100
乙	5000	4 800	24.00	98
丙	5 000	4 700	20.00	96
丁	5 000	4 650	18.00	94

六、案例分析题

案例一：

华星工程机械配件制造厂是一家工程机械零部件制造企业。作为江苏力强工程机械制造厂的配套零部件供应商，2005年4月，华星工程机械配件制造厂收到了来自江苏力强工程机械制造厂的通知函。该函件称，根据内部《供应商评价管理办法》，江苏力强工程机械制造厂组织质量、售后等部门对现有供应商，就2005年1—3月有关供货质量、价格、交货期保障、服务等情况，采用分数制对供应商进行了季度评价。

测评满分为100分，其中95分(含)以上者为A级供应商，85分(含)~95分者为B级供应商，依此类推70分(含)~85分为C级，D级则为小于70分者。根据这个标准，华星厂得分为：供货质量29分，价格18分，交货期保障5分，服务18分，总分数为70分，勉强属于C级供货商。由于被评为C级供货商，在接下来的时间里，华星厂可能将受到如下的待遇：警告、减少供货和延期付款1~2个月。拿着这样的函件，华星厂老板李先生相当无奈。这位已经为市场头疼不已的老板此刻将直面更加严峻的形势。"但是我也没有办法，我们现在的资金周转不济，交货期没有办法保证，拿了单子也不能及时采购生产。"李先生说。

类似华星厂一样遭遇困境的配套件企业并不是个案。据介绍，湖北兴旺股份有限公司2004年由于钢材涨价损失2 000万元，由于主机压价损失1 500万元，而这对一个企业是否获益，已经产生了相当大的影响。

根据上述案例资料，回答下列问题：
1. 分析为什么工程机械国产配套件供应商会出现这样的现象？
2. 作为华星工程机械配件制造厂，应当采取什么方法成为合格的供应商？
3. 如果采购商要扶持该供应商，应当如何做？

案例二：

C集团公司的采购员老王正在选择复印机租赁供应商。公司招标后，共收到了19份复印机租赁合同的投标，老王把范围缩小到5家，再次筛选后确定为A和B两家公司。淘汰其他投标者的理由是：第一，缺乏供应的历史记录，不能满足C集团的业务要求；第二，没有计算机化的服务系统，也没有安装计划。

4年前，C集团与A复印机公司供应商签订了一份为期4年的租赁复印机合同。但在合同的执行过程中，A公司表现很一般，提供的复印机没有放大功能，还不能保证及时维修。在合作期间的4年内，A复印机公司不断向C集团介绍A公司的其他系列产品。C集团采购员老王对此很反感，主要有两方面原因：第一，老王从事采购工作的6年间，A公司曾先后更换了13位销售代表；第二，C集团明确规定所有采购都要由采购总部来完成，而A公司的代表有时仍与最终使用者进行联系而不询问C集团的采购总部。

4年后，合同期满。C公司重新进行招标，当地一家小公司B获得了竞标资格。激烈的竞争和生产复印机成本的降低，使B公司提供了复印每次0.05元的价格。另外，B公司还提供了多种规格和适应性很强的机型，有放大、缩小等多种功能。老王对B公司比较满意，并准备与其签订4年的合同，B公司总经理承诺将提供每一台复印机的服务记录，允许老王随时更换出故障的复印机。

这次A公司的投标包括重新装备的复印机，以及与B公司相似的服务，且价格比B公司低20%。显然A公司在价格方面有很大的吸引力，但不能确定其他方面的情况，又难以根据过去的表现确定A公司投标的合理性。同时，B公司是家小又新的供应商，没有足够的事实能确定其的确能提供所承诺的服务。如果签订的采购合同不公平，日后很可能会出现一些消极影响。老王必须权衡多方面，慎重考虑选择哪一家供应商。

根据上述案例资料，回答下列问题：
1. 在A公司和C集团合作期间，为什么A复印机公司向采购员老王介绍公司其他产品时，遭到老王的反感？
2. 采购员老王在选择供应商时需要权衡哪些因素？

项目四

采购方式确定

 **案例导入**

正当山地自行车轮胎采购项目如火如荼地开展之时，采购经理宋杰却被广东子公司总经理贺强一脸严肃地叫到办公室里"开小会"，这又是怎么回事呢？原来最近采购部一直忙着山地车轮胎供应商的事情，从而忽视了山地车座垫的招标采购，以至招标在后期发生了低价抢标事件。这一次座垫招标是为响应总公司号召，降低制造成本，追求企业利润最大化而推行的，而且招投标方案也得到了贺强的赞同，贺强本人也十分看好这个项目。现在项目出现了问题，宋杰作为采购部经理责任重大。

贺强表示，低价抢标这种事情必须充分重视，如果这次供应商用不正常的低价获取了山地车座垫的合同，那他极有可能为了节约成本而想方设法地偷工减料、粗制滥造，这样不仅会使得生产出来的山地车座垫质量低下，也会给公司的信誉带来不可估量的损失。所以，他希望宋杰回去后在采购部好好彻查这一次招投标是在哪个环节出现了问题，并且做到及时发现问题、解决问题、杜绝问题，好好地完成此次座垫采购项目。

本以为一个小小的座垫招投标项目不会出现什么纰漏，却没有想到中途杀出个低价抢标，宋杰的心情很是郁闷，自己采购经理的位置都还没有坐热，采购部的问题却层出不穷。但是，郁闷归郁闷，回想起总经理贺强最后叮嘱的话，宋杰一刻也不敢耽误，回到采购部就开始调查这一次招投标出现的问题。

1. 案例中为什么座垫要进行招投标采购？这样做有什么优势呢？
2. 在招投标的过程中出现了什么问题？
3. 如果你是宋杰，会如何解决这一次出现的问题？
4. 常见的招标采购方式有哪些？请简要说明。

任务一　招标采购

🔍 教学目标

知识目标	1. 了解招标采购的特点及适应条件 2. 掌握招标采购的基本流程 3. 掌握招标采购的方式 4. 了解招标采购常见问题
技能目标	1. 能够根据实际情况编制招投标书 2. 能够根据实际情况设计招标流程
素养目标	培养学生的沟通表达能力、解决问题的能力与决策分析能力

🔍 教学建议

建议课时	2课时
教学重点	招标采购的方式与流程
教学难点	招标采购的实施
教学方法	任务驱动教学法；案例教学法；情境教学法
教学手段	小组讨论、实际模拟训练
组织形式	全班每4~5人为一组，每组设组长一名，组员合理分工
教学过程	任务引入→任务训练→任务分析→小组讨论→总结与点评
学生活动	1. 课前查阅招标采购的相关知识 2. 以小组讨论的形式完成任务训练
教师活动	学生在完成任务训练的过程中教师巡回指导、个别交流，教师检查与评定

📝 任务引入

经过调查分析，宋杰发现这一次座垫采购项目的招投标只是在形式上进行，实际上却存在着很多违规操作，这让宋杰很是生气。他心想，自己辛辛苦苦地盯着轮胎采购项目，这些人倒好，安排好的工作还做得一塌糊涂，他想把采购部那些"酒囊饭袋"一个个都叫到办公室来臭骂一顿，才能够出气。后来冷静下来，仔细想一想这一次出现抢标事件和自己也是脱不了干系的。

最近自己和采购主管赵磊工作重心都放在了山地车轮胎采购上面，对座垫招投标没有重视起来，以为只要把事情交代下去，下面的人就能够完成好，却不想正是因为自己的监督工作做得不到位，才使得采购部人员实施招投标工作失职，招标采购流程混乱。

任务训练

1. 在招标采购的实施过程中要注意哪些问题？
2. 招标采购流程可以分为几个阶段，分别是哪些阶段？

任务分析

招标采购除了要严格遵守相关的法律法规外，还必须规范招投标流程，强化招投标过程中的注意事项以及做好相应的风险控制。本任务以小组为单位，通过上网或者去图书馆查阅获得招标采购的相关知识，小组内成员相互讨论，完成任务训练的操作。

实施步骤

1. 课堂内分组讨论完成任务训练。
2. 各组展示讨论结果并陈述主要观点。
3. 教师总结与点评。

知识准备

一、招标采购概述

1. 招标采购的概念

招标采购是指由招标人发出招标公告或通知，邀请潜在的投标商进行投标，最后由招标人通过对各投标人所提出的价格、质量、交货期限和该投标人的技术水平、财务状况等因素进行综合比较，确定其中最佳的投标人为中标人，并与之最终签订合同的过程。招标与投标是一个过程的两个方面，分别代表了采购方和供应方的交易行为。

通过招标采购，采购方可以在更大范围内选择理想的最佳潜在供应商，以更合理的价格、稳定的质量进行采购；而供应商也可以在公开、公平、公正的条件下参与竞争，降低成本、提高经营管理的综合质量。

2. 招标采购的特点

(1) 公开性。即整个采购过程是公开进行的，公开发布投标邀请，公开开标，公示招标、投标结果，公开宣布投标供应商资格审查标准，公开宣布最佳投标供应商评选标准等。

(2) 竞争性。通过招标程序，可以最大限度地吸引和扩大投标供应商的竞争，使采购方企业有可能以更低的价格采购到所需的商品和服务。

(3) 公平性。所有参与投标的供应商地位一律平等，不允许对任何一个投标供应商有照顾或歧视的行为。

3. 招标采购的适用条件

(1) 采购商品的数量是大宗的。招标采购方式用在采购大宗商品、器材、机器设备、专利技术等方面。

(2) 有足够公开的环境和媒体传播。使采购商品的有关信息能传播到所有的供应商。

(3) 有完善的法律法规保障。招、投标要按法律法规规定的程序进行,切实做到公开、公平、公正,不允许发生任何违法现象。

(4) 有良好的招投标、评标机构和评标专家。

4. 招标采购的法律依据

(1)《中华人民共和国招标投标法》。

(2)《中华人民共和国政府采购法》。

江苏洋河集团公司动态招标采购

"洋河大曲"是全国八大名酒之一,洋河集团拥有5家全资子公司和7家控股子公司。集团使用2 000多种原辅料,年采购价值3亿元人民币。

公司采用动态的招标采购模式:

(1) 严格的资格审查、现场多轮竞价、最高报价限定。

(2) 常用原料周汇总、一次性招标、统一评分标准。

(3) 灵活的中标单位确定方法和会后深入调研调整。

(4) 招标评审人员随机确定和坚持"三公"原则。

(5) 事前、事中、事后的公示制度和全员参与、群众监督。

(6) 对供应商进行动态的科学分类,级别清晰,可升可降。

(7) 质检三道关、职代听证组的随时检查、监督、牵制。

(资料来源:胡松评.企业采购与供应商管理七大实战技能[M].北京:北京大学出版社,2003.)

二、招标采购的方式

1. 公开招标

公开招标,又称竞争性招标,即由招标人在报刊、网络或其他媒体上发布招标公告,吸引众多企业单位参加投标竞争,招标人从中择优确定中标单位的招标方式。按照竞争程度,公开招标方式又可分为国际竞争性招标和国内竞争性招标。国际竞争性招标是在国际范围内进行招标,国内外合格的投标商均可以投标。它要求制作完整的英文标书,在国际上通过各种宣传媒介刊登招标公告。国内竞争性招标是在国内进行招标,可用本国语言编写标书,只在国内的媒体上登出广告,公开出售标书,公开开标。目前,国际竞争性招标是采用最多、占采购金额最大的一种方式。

世界银行对国际竞争性招标的要求

世界银行根据不同国家和地区的情况,规定了凡采购金额在一定限额以上的货物和工程合同,都必须采用国际竞争性招标。对一般借款国来说,25万美元以上的货物采购合同、大中型工程采购合同,都应采用国际竞争性招标。我国的贷款项目金额一般都比较大,世界银行对中国的国际竞争性招标采购限额也放宽一些,工业项目采购凡在100万美元以上,均应采用国际竞争性招标来进行。

2. 邀请招标

邀请招标,又称有限竞争性招标或选择性招标,即由招标单位选择一定数目的企业,向其发出投标邀请书,邀请他们参加招标竞争。一般选择3~10个企业参加较为适宜,当然也要视具体招标项目的规模大小而定。由于被邀请参加的投标竞争者有限,不仅可以节约招标费用,而且提高了每个投标者中标的机会。然而,由于邀请招标限制了充分的竞争,因此招标投标法规一般都规定招标人应尽量采用公开招标。

按照国内外通常的做法,采用邀请招标方式的前提条件是对市场供给情况比较了解,对供应商或承包商的情况比较了解。在此基础上,还要考虑招标项目的具体情况:一是招标项目的技术新而且复杂或专业性很强,只能从有限范围的供应商或承包商中选择;二是招标项目本身的价值低,招标人只能通过限制投标人数来达到节约费用和提高效率的目的。因此,邀请招标是允许采用的招标方法,而且在实际中有其较大的适用性。

3. 议标

议标,又称谈判招标或限制性招标,即通过谈判来确定中标者。它的主要方式有以下几种:

(1) 直接邀请议标方式。在这种方式下,选择中标单位是由招标人或其代理人直接邀请某一企业进行单独协商,达成协议后签订采购合同。如果与一家协商不成,可以邀请另一家,直到协议达成为止。

(2) 比价议标方式。"比价"是兼有邀请招标和协商特点的一种招标方式,一般应用于规模不大、内容简单的工程承包和货物采购。通常的做法是由招标人将采购的有关要求送交选定的几家企业,要求他们在约定的时间提出报价,招标单位经过分析比较,选择报价合理的企业,就工期、造价、质量付款条件等细节进行协商,从而达成协议,签订合同。

(3) 方案竞赛议标方式。它是选择工程规划设计任务的常用方式,一般做法是由招标人提出规划设计的基本要求和投资控制数额,并提供可行性研究报告或设计任务书、场地平面图、有关场地条件和环境情况的说明,以及规划、设计管理部门的有关规定等基础资料;参加竞争的单位据此提出自己的规划或设计的初步方案,阐述方案的优点和长处,并提出该项规划或设计任务的主要人员配置、完成任务的时间和进度安排、总投资估算和设计等，一并报送招标人；然后由招标人邀请有关专家组成评选委员会选出优胜单位，招标人与优胜者签订合同，而对没有中选的参审单位给予一定补偿。

 拓展知识

两阶段招标方式

两阶段招标，顾名思义分为两个阶段：第一阶段，采购方就拟采购货物或项目工程的技术、质量或其他特点以及就合同条款和供货条件等广泛征求建议(合同价款除外)，并同投标商进行谈判以确定拟采购货物或项目的技术范围。在第一阶段结束后，采购方就可以最后确定技术范围。第二阶段，采购机构依据第一阶段所确定的技术范围进行正常的公开招标程序，邀请合格的投标商就包括合同价款在内的所有条件进行投标。

与公开招标相比，两阶段招标采购有下列特点：

(1) 采购过程分为两个阶段。前阶段采购方广泛征求建议，目的是确定技术规格；后阶段采购方按照正常招标方式进行招标。

(2) 投标商要进行两次投标。初步投标只包含技术建议而不包含价格，采购方可同投标人进行磋商。招标方在对招标文件进行必要修改后，要求投标人按新的招标文件要求进行包含投标价格在内的最后投标。而公开招标程序中投标只能是一次性的。

(3) 可进行谈判。在前阶段，采购方可就技术建议书的任何方面同投标方进行谈判，使采购方能就拟购事项达成确定的规范和规格。但在公开招标程序中，对招标文件和投标书只能进行澄清而不能修改，并且采购过程不允许投标人进行谈判。

(4) 采购方可修改原招标文件中的技术规格，可删除或修改原招标文件中关于评审、比较和确定中标人的任何标准。但修改内容必须在新的招标文件中告知投标人。

(5) 退出最后投标的投标方可以退出投标程序而不丧失原投标中的投标担保。

正是基于这些特点，采用两阶段招标采购有两方面优势：第一阶段，采购方具有相当大的灵活性；第二阶段，采用了公开招标的高度民主、客观和竞争性的优势。

两阶段招标采购适用于以下情况：

(1) 采购单位不可能拟订有关货物或工程的详细规格或不可能确定服务的特点；

(2) 采购单位为了谋求签订一项进行研究、实验、调查或开发工作的合同，并且不带有盈利的性质。

(3) 采购单位的采购涉及国防或国家安全，并且采购机构认为采用这种方法是最合适的。

(4) 已采用公开招标程序，但未有投标人或采购单位拒绝了全部投标，而且采购单位认为再进行新的招标程序也不太可能产生采购合同。

三、招标采购的流程

招标采购是一项复杂的系统工程,它涉及各个方面、各个环节,一个完整的招标采购过程基本上可以分为如下 7 个阶段,如图 4-1 所示。

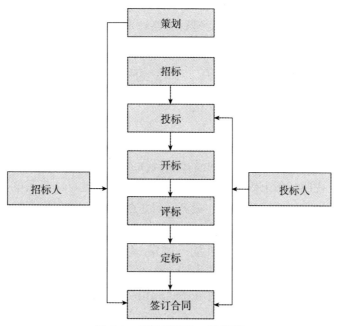

图 4-1 招标采购的一般流程

(一) 策划

招标活动,是一项涉及范围很大的大型活动。因此,开展一次招标活动,需要进行很认真的周密策划。这个阶段的主要工作是通过讨论研究形成招标方案文件,并且将文件交由企业领导进行讨论决定。

(二) 招标

招标程序包括资格预审、准备招标文件、发布招标通告、发售招标文件等。招标是竞争性招标采购的第一阶段。

1. 发布资格预审通告

对于大型或复杂的土建工程或成套设备,在正式组织招标以前,需要对供应商的资格和能力进行预先审查,即资格预审。通过资格预审,可以缩小供应商的范围,避免不合格的供应商做无效劳动,减少他们不必要的支出,也减轻了采购单位的工作量,节省了时间,提高了办事效率。

(1) 资格预审的内容。资格预审包括两大部分,即基本资格预审和专业资格预审。

基本资格是指供应商的合法地位和信誉,包括是否注册、是否破产、是否存在违法违纪行为等。

专业资格是指已具备基本资格的供应商履行拟定采购项目的能力,具体包括:①经验和以往承担类似合同的业绩和信誉;②为履行合同所配备的人员情况;③为履行合同任务而配备的机械、设备以及施工方案等情况;④财务情况;⑤售后维修服务的网点分布、人员结构等。

(2) 资格预审程序。进行资格预审,首先要编制资格预审文件,邀请潜在的供应商参加资格预审,发售资格预审文件,最后进行资格评定。

2. 准备招标文件

招标文件是整个招标投标活动的核心文件,是招标方全部活动的依据,也是招标方的智慧与知识的载体。因此,准备招标文件是非常关键的环节,它直接影响到采购的质量和进度。

招标文件一般至少应包括以下内容:

(1) 招标通告。其核心内容就是向潜在的投标者说明招标项目的名称和简要内容,发出投标邀请,并且说明招标书编号、投标截止时间、投标地点、联系电话、传真、电子邮件地址等。招标通告应该简短明确,让读者一目了然,并能获取基本信息。

(2) 投标须知。投标须知是通过建立一些在整个招标投标过程中的共同的概念和规则,并把它们明确地写出来,作为招标文件的一部分,以期形成共识。投标须知作为今后双方行为的依据,并且声明未尽事项的解释权归谁所有,以免以后引起争议。

(3) 合同条款。合同条款的基本内容就是购销合同、任务明细组成、描述方式、货币价格条款、支付方式、运输方式、运费、税费处理等商务内容的约定和说明。它包括一般合同条款和特殊合同条款,具体内容如表 4-1 所示。在合同的执行中,如果一般条款与特殊条款出现不一致时,要以特殊条款为准。

表 4-1 合同条款的内容

一般合同条款	特殊合同条款
买卖双方的权利和义务	交货条件
价格调整程序	验收和测试的具体程序
运输、保险、验收程序	履约保证金的具体金额和提交方式
付款条件、程序以及支付货币规定	保险的具体要求
履约保证金的数量、货币及支付方式	付款方式和货币要求
不可抗力因素	解决争端的具体规定
延误赔偿和处罚程序	零配件和售后服务的具体要求
合同中止程序	对一般合同条款的增减等
解决争端的程序和方法	
合同适用法律的规定	
有关税收的规定等	

(4) 技术规格。技术规格是招标文件和合同文件的重要组成部分,它规定所购货物、

设备的性能和标准。技术规格也是评标的关键依据之一，如果技术规格制定得不明确或不全面，就会增加采购风险，不仅会影响采购质量，也会增加评标难度，甚至导致废标。

货物采购技术规格一般采用国际或国内公认的标准，除不能准确或清楚地说明拟招标项目的特点外，各项技术规格均不得要求或标明某一特定的商标、名称、专利、设计、原产地或生产厂家，不得有针对某一潜在供应商或排斥某一潜在供应商的内容。

(5) 投标书的编制要求。投标书是投标供应商对其投标内容的书面声明，包括投标文件构成、投标保证金、总投标价和投标书的有效期等内容。

投标书中的总投标价应分别以数字和文字表示。投标书的有效期是指投标有效期，是让投标商确认在此期限内受其投标书的约束，该期限应与投标须知中规定的期限相一致。

(6) 投标保证金。投标保证金是为了防止投标商在投标有效期内任意撤回其投标，或中标后不签订合同或不交纳履约保证金，使采购单位蒙受损失。

投标保证金可采用现金、支票、不可撤销的信用证、银行保函、保险公司或证券公司出具的担保书等方式交纳。投标保证金的金额不宜过高，可以确定为投标价的一定比例，一般为投标价的 1%～5%，也可以定一个固定数额。由于按比例确定投标保证金的做法很容易导致报价泄漏，即通过一个投标商交纳的投标保证金的数额可以推算其投标报价，因而，确定固定投标保证金的做法较为理想，有利于保护各投标商的利益。国际性招标采购的投标保证金的有效期一般为投标有效期加上 30 天。

> 如果投标商有下列行为之一的，应没收其投标保证金：投标商在投标有效期内撤回投标；投标商在收到中标通知书后，不按规定签订合同或不交纳履约保证金；投标商在投标有效期内有违规违纪行为等。
>
> 在下列情况下投标保证金应及时退还给投标商：中标商按规定签订合同并交纳履约保证金；没有违规违纪的未中标投标商。

(7) 供货一览表、报价表及项目清单。供货一览表应包括采购商品品名、数量、交货时间和地点等。在国境内提供的货物和在国境外提供的货物在报价时要分开填写。在报价表中，境内提供的货物要填写商品品名、商品简介、原产地、数量、出厂单价、出厂价境内增值部分占的比例、总价、中标后应缴纳的税费等。境外提供的货物要填写商品品名、商品简介、原产地、数量、离岸价单价及离岸港、到岸价单价及到岸港、到岸价总价等。

3. 发布招标通告

招标通告的内容因项目而异，一般包括采购单位的名称和字体、资金来源、采购内容简介，包括采购货物名称、数量及交货地点，需进行的工程的性质和地点等，希望或要求供应货物的或工程竣工的时间或提供服务的时间表，获取招标文件办法和地点。采购单位对招标文件收取的费用及支付方式，开标日期、时间和地点。

××项目招标公告样本

1. 招标条件

本招标项目_____(项目名称)已由_____(项目审批、核准或备案机关名称)以_____(批文名称及编号)批准建设,项目业主为_____,建设资金来自_____(资金来源),项目出资比例为_____,招标人为_____。项目已具备招标条件,现对该项目的施工进行公开招标。

2. 项目概况与招标范围

_____(说明本次招标项目的建设地点、规模、计划工期、招标范围、标段划分等)。

3. 投标人资格要求

3.1 本次招标要求投标人须具备_____资质,_____业绩,并在人员、设备、资金等方面具有相应的施工能力。

3.2 本次招标_____(接受或不接受)联合体投标。联合体投标的,应满足下列要求:_____。

3.3 各投标人均可就上述标段中的_____(具体数量)个标段投标。

4. 招标文件的获取

4.1 凡有意参加投标者,请于____年__月__日至____年__月__日(法定公休日、法定节假日除外),每日上午____时至____时,下午____时至____时(北京时间,下同),在_____(详细地址)持单位介绍信购买招标文件。

4.2 招标文件每套售价____元,售后不退。图纸押金_____元,在退还图纸时退还(不计利息)。

4.3 邮购招标文件的,需另加手续费(含邮费)____元,招标人在收到单位介绍信和邮购款(含手续费)后____日内寄送。

5. 投标文件的递交

5.1 投标文件递交的截止时间(投标截止时间,下同)为____年__月__日____时____分,地点为_____。

5.2 逾期送达的或者未送达指定地点的投标文件,招标人不予受理。

6. 发布公告的媒介

本次招标公告同时在_____(发布公告的媒介名称)上发布。

7. 联系方式

招标人: _____	招标代理机构: _____
地　址: _____	地　址: _____
邮　编: _____	邮　编: _____
联系人: _____	联系人: _____
电　话: _____	电　话: _____

传　　真: _____	传　　真: _____
电子邮件: _____	电子邮件: _____
网　　址: _____	网　　址: _____
开户银行: _____	开户银行: _____
账　　号: _____	账　　号: _____

4. 发售招标文件

如果经过资格预审程序，招标文件可以直接发售给通过资格预审的供应商。如果没有资格预审程序，招标文件可发售给任何对招标通告做出反应的供应商。招标文件的发售，可采取邮寄的方式，也可以让供应商或其代理前来购买。如果采取邮寄方式，要求供应商在收到招标文件后要告知招标机构。

招标文件总目录(样式)

第一章　招标邀请书……………………………………………………( )
第二章　投标人须知及前附表…………………………………………( )
第三章　合同条款及前附表……………………………………………( )
第四章　合同格式及履约保证金格式…………………………………( )
第五章　货物需求一览表………………………………………………( )
第六章　技术规格………………………………………………………( )
第七章　投标函格式和投标保证金格式………………………………( )
第八章　投标报价一览表及报价明细表………………………………( )
第九章　资格证明文件…………………………………………………( )

(三) 投标

投标是与招标相对的一个概念。投标是指投标人接到招标通知后，根据招标通知的要求填写招标文件(也称标书)，并将其送交给招标人的行为。投标文件是投标者投标的全部依据，也是招标者招标所希望获得的成果，是投标者智慧与技术的载体。

投标文件主要是根据招标文件要求提供的内容和格式进行准备。一般应当包括以下基本组成部分，即投标书、目标任务技术方案、投标资格证明文件、公司与制造商代理协议和授权书、公司有关技术资料及客户反馈意见。

1. 投标书

投标书是投标者对于招标书的回应。投标书的基本内容，是以投标方授权代表的名义写的明确表明对招标方招标项目参加投标的意愿、简要说明项目投标的底价和主要条件。除此之外，还要对投标文件的组成及附件清单、正本数、副本数作出说明，还要声明愿意遵守哪些招标文件给出的约定、规定和义务。最后要有授权代表的签字和盖章。

2. 目标任务的详细技术方案

这是投标文件的主体文件。在这份文件中，要针对招标项目提出自己的技术方案和商务方案，还要对完成自己的方案所需要的成本费用以及需要购置的设备材料等列出详细的清单。方案内容包括：

(1) 商务条款和技术规范的逐条应答。对商务条款和技术规范的逐条应答应注意，在应答中不能说满足或不满足，而应注明满足到什么程度，也就是尽量量化，最好用数字表示。

(2) 对招标书中的合同条款的应答。合同条款的内容需要注意交货时间，付款方式，交货、运输和验收，服务与技术支持等。如果项目由多个单位、多个人完成的话，还要把项目组织的人员、项目分工等列表说明。

3. 投标资格证明文件

这一部分要列出投标方的资格证明文件，主要包括投标方企业的全称、历史简介和现状说明，企业的组织结构，企业的营业执照副本复印件、企业组织机构代码证、技术交易许可证等，还要有开户银行名称以及开户银行出具的资格证明书。还要对授权代理人的情况、资格等进行说明，并附授权委托书。

4. 公司与制造商代理协议和授权书

如果投标方是某些制造商的产品代理，则还要出具制造商的代理协议复印件以及制造商的委托书。这样做的目的，是为了防止在招标方和投标方将来合作时可能引起的来源于制造商的纠纷。

5. 公司有关技术资料及客户反馈意见

这一部分主要是投标方企业对自己的业务水平、技术能力、市场业绩等提出一些让招标方可信的说明以及证明材料，增加投标方对自己的信任，也是一种对自己的技术资格的另一种方式的证明。在这里，可以用实例写出自己令人信服的技术能力、质量保证能力等，列出自己有关技术资格证书、获奖证书、兼职聘任证书等的复印件。

投标函格式(样式)

根据贵方项目招标采购的_____(货物名称)的招标邀请书_____(编号)，正式授权下述签字人_____(姓名和职务)代表投标人_____(投标人的名称)，提交下述文件正本1份，副本4份。

(1) 投标报价表；
(2) 货物需求一览表；
(3) 资格证明文件；
(4) 由银行开具的金额为_____元的投标保证金；
(5) 投标人须知要求投标人提交的全部文件。

据此函，签字人兹宣布同意如下条款：

(1) 按招标文件规定提供交付的货物的投标总价为(大写)_____元人民币。

(2) 我们承担根据招标文件的规定，完成合同的责任和义务。

(3) 我们已详细审核了全部招标文件，包括招标文件修改书(如果有的话)、参考资料及有关附件，我们知道必须放弃提出含混不清或误解的问题的权利。

(4) 我们同意在投标人须知规定的开标日期起遵循本投标书，并在投标人须知规定的投标有效期满之前均具有约束力，并有可能中标。

(5) 如果在开标后规定的投标有效期内撤回投标，我们的投标保证金可被贵方没收。

(6) 同意向贵方提供贵方可能要求的与本投标有关的任何证据或资料。

(7) 我们完全理解贵方不一定要接受最低报价的投标或收到的任何投标。

(8) 其他补充说明：

与本投标有关的正式通信地址为：

地址：　　　　　　　　　　电话、电报、传真或电传：

邮政编码：　　　　　　　　投标人代表姓名：

日期：　　　　　　　　　　公章：

(四) 开标

采购单位或招标单位只接受在规定的投标截止日期前由供应商提交的投标文件，截止期后送到的投标文件拒收，并取消这类供应商的资格。在收到投标文件后，要签收或通知供应商投标文件已经收到。在开标前，所有的投标文件都必须密封，妥善保管。

开标应按招标通告中规定的时间、地点公开进行，并邀请投标商或其委派的代表参加。开标前，应以公开的方式检查投标文件的密封情况，当众宣读供应商名称、有无撤标情况、提交投标保证金的方式是否符合要求、投标项目的主要内容、投标价格及其他有价值的内容。

开标时，投标人可以拿着自己的投标书当着全体评标小组陈述自己的投标书，并且接受全体评委的质询，甚至参加投标辩论。陈述辩论完毕，投标者退出会场，全体评标人员进行分析评比，最后投票或打分选出中标人。对于投标文件中含义不明确的地方，允许投标商作简要解释，但所作的解释不能超过投标文件已载的范围，或实质性地改变投标文件的内容。开标要做开标记录，其内容包括项目名称、招标号、刊登招标通告的日期、发售招标文件的日期、购买招标文件单位的名称、投标商的名称及报价、截标后收到标书的处理情况等。

在有些情况下，可以暂缓或推迟开标时间。例如，招标文件发售后对原招标文件作了变更或补充；开标前，发现有足以影响采购公正性的违法或不正当行为；采购单位接到质疑或诉讼；出现突发事故；变更或取消采购计划等。

(五) 评标

评标的目的是根据招标文件中确定的标准和方法，对每个投标商的标书进行评价和比较，以评出最低投标价的投标商。评标必须以招标文件为依据，不得采用招标文件规定以外的标准和方法进行评标，凡是评标中需要考虑的因素都必须写入招标文件之中。

1. 评标程序

(1) 初步评标。初步评标工作比较简单，但却是非常重要的一步。评标内容包括：供应商资格是否符合要求，投标文件是否完整，是否按规定方式提交投标保证金，投标文件是否基本上符合招标文件的要求。如果供应商资格不符合规定，或投标文件未做出实质性的反应，都应作为无效投标处理，不得允许投标供应商通过修改投标文件或撤销不合要求的部分而使其投标具有响应性。

经初步评标，凡是确定为基本上符合要求的投标，下一步要核定投标中有没有计算和累计方面的错误。在修改计算错误时，要遵循两条原则：①如果数字表示的金额与文字表示的金额有出入，要以文字表示的金额为准；②如果价格和数量的乘积与总价不一致，要以单价为准。但是如果采购单位认为有明显的小数点错误，此时要以标书的总价为准，并修改单价。如果投标商不接受根据上述修改方法而调整的投标价，可拒绝其投标并没收其投标保证金。

(2) 详细评标。只有在初评中确定为基本合格的投标，才有资格进入详细评定和比较阶段。具体的评标方法取决于招标文件中的规定，并按评标价的高低，由低到高，评定出各投标的排列次序。

在评标时，当出现最低评标价远远高于标底或缺乏竞争性等情况时，应废除全部投标。

(3) 编写并上报评标报告。评标工作结束后，采购单位要编写评标报告，上报采购主管部门。评标报告包括以下内容：①招标通告刊登的时间、购买招标文件的单位名称；②开标日期、开标汇率；③投标商名单；④投标报价以及调整后的价格(包括重大计算错误的修改)；⑤价格评比基础；⑥评标的原则、标准和方法；⑦授标建议。

2. 评标方法

评标方法很多，具体评标方法取决于采购单位对采购对象的要求。货物采购和工程采购的评标方法有所不同，货物采购常用的评标方法主要有：

(1) 以最低评标价为基础的评标方法。在采购简单的商品、半成品、原材料以及其他性能质量相同或容易进行比较的货物时，价格作为评标考虑的唯一因素。以价格为尺度时，不是指最低报价，而是指最低评标价。最低评标价有其价格计算标准，即合理的利润加上特定成本。

(2) 综合评标法。综合评标法是指以价格加其他因素为基础的评标方法。在采购耐用货物如车辆、发动机以及其他设备时，可采用这种评标方法。在采用综合评标法时，评标中除考虑价格因素外，还应考虑下列因素：①内陆运费和保险费；②交货期；③付款条件；④零配件的供应和售后服务情况；⑤货物的性能、生产能力以及配套性和兼容性；⑥技术服务和培训费用等。

(3) 以寿命周期成本为基础的评标方法。采购整套厂房、生产线或设备、车辆等在运行期内的各项后续费用(零配件、油料、燃料、维修等)很高的设备时,可采用以寿命周期成本为基础的评标方法。

在计算寿命周期内成本时,可以根据实际情况,在标书报价的基础上加上一定运行期年限的各项费用,再减去一定年限后设备的残值。这些费用和残值都应按标书中规定的贴现率折算成净现值。

(4) 打分法。评标通常要考虑多种因素,为了便于综合考虑和比较,可以按这些因素的重要性确定其在评标时所占的比例或权重,对每个因素打分。打分法考虑的因素包括:①投标价格;②内陆运费、保险费及其他费用;③交货期;④偏离合同条款规定的付款条件;⑤备件价格及售后服务;⑥设备性能、质量、生产能力;⑦技术服务和培训。

打分法的优点在于综合考虑,方便易行,能从难以用金额表示的各个投标中选择最好的投标。缺点在于难以合理确定不同技术性能的有关分值和每一性能应得的分数,有时会忽视一些重要的指标。

评标技巧

评委们在评标时,通常采用综合评分法,严格地遵循如下四个步骤:

1. 符合性评审

符合性评审是入门审查,决定供应商是否有资格参与交易。它包括资质评审与形式评审。资质评审包括它的"三证"(法人营业执照、税务登记证、组织机构代码证)是否齐全;有时候还需要某些专业的资质,如"卫生许可证""建筑施工许可证"或者"道路运输许可证"等;以及管理系统的认证,如"ISO 系列认证""GMP 认证""HACCP 认证"等。符合性评审还包括对各个投标方之间的内在关系评估,防止出现"围标"现象。形式评审是指标书是否严格按照要求格式去填写,章节、条款、关键要素的说明甚至排版与字体是否符合要求等。

2. 技术性评审

技术性评审是看供应商有没有能力提供或者是否提供了招标方所需要的产品或者服务,它包括关键技术评审、规范评审以及质量条款等内容。这时候要充分发挥评委里面的专业人员与专家的作用。技术性评审通过了,才可以进入下一个环节,参加商务性评审;技术性评审未通过,则视为废标。

3. 商务性评审

商务性评审是所有评标工作的核心内容。符合性评审与技术性评审相对是客观的。一般供应商参与投标之前,都可以自己进行符合性与技术性审查,是否存在问题应该有自知之明,除非心存侥幸,或者自作聪明。商务性评审则完全取决于招标方的判断,是相对主观的。商务性评审的核心是价格条款,当然也包括保证金、付款方式、交货期、库存、技术支持以及服务等。商务性评审通过了,才可以进入下一个环节,参加综合性评审;商务性评审未通过,则视为废标。

4. 综合性评审

综合性评审就是给每个供应商综合评分。供应商们一路"过五关斩六将",最后闯入综合评审阶段的总是少数,但究竟哪一家最终胜出,取决于综合评审的结果。综合性评审打分的方法就是加权平均,通常可以按照内容来加权平均。毕竟评标有 4 个步骤,每个供应商在每个步骤的表现也不尽一致,每个步骤涉及的内容不一样,它们的重要性也不一样,越重要的赋予的权重越大。同时,如果评委人数较多,在每一项打分里面可以去掉最高分与最低分之后再计算平均分。最终加权平均,得分最高的一方宣布胜出,视为中标。

(资料来源:周云. 削减工厂成本的五大方法[M]. 北京:机械工业出版社,2009.)

(六) 定标

定标是采购方决定中标人的行为。定标是采购方的单独行为,但需由使用机构或其他人一起进行裁决。在这一阶段,采购机构所要进行的工作有:

(1) 决定中标人。
(2) 通知中标人其投标已经被接受,向中标人发出授标意向书。
(3) 通知所有未中标的投标,并向他们退还投标保函等。

(七) 授予合同

授予合同习惯上也称签订合同,因为实际上它是由招标人将合同授予中标人并由双方签署的行为。在这一阶段,通常双方对标书中的内容进行确认,并依据标书签订正式合同。为保证合同履行,签订合同后,中标的供应商或承包商还应向采购方提交一定形式的担保书或担保金。

四、招标采购中的常见问题

(一) 借牌投标

现在的大多数政府投资项目,往往在招投标前一些人就去借有资质的企业牌子参加投标,投中后自己做该项目,而给借牌企业交管理费。目前,被借牌的企业范围越来越大,资质越来越高。看起来是外地大企业在做工程,实际上大多还是本地人在做工程,即所谓"大牌子小队伍"的问题。比如,某交通项目有十多个合同段,近 70% 都是借牌施工,其服务质量参差不齐,结果可想而知。

(二) 围标串标

围标串标是指在招投标过程中,招标人与投标人之间或者投标人之间采用不正当手段,对招标项目进行串通,以排挤竞争对手或者损害其他投标人为手段,试图从中获取更多利益的行为。串标分为投标人与招标人之间的串标和投标人之间的串标两种。

(1) 投标人与招标人之间的串标行为主要表现为:①招标人在开标前开启已投标的文件,并将投标情况告知有关投标人,或者协助投标人撤换投标文件,更改报价;②招标人向投标人泄露标底;③招标人与投标人商定,投标时压低或抬高标价,中标后再给投标人或招标人额外补偿；④招标人预先内定中标人；⑤招标人为某一特定的投标人量身定做招标文件，排斥其他投标人。

(2) 投标人之间的串标行为主要表现为：①投标人之间相互约定抬高投标报价；②投标人之间相互约定，在投标中分别以高、中、低价位报价；③投标人之间先进行内部竞价，内定中标人，然后再参加投标；④投标人之间的其他串通投标报价行为。

(三) 低价抢标

低价抢标，即供货商或承包商以不正常的低价投标，谋取采购合同。一般情况下，投标价格异常低于招标机构预定的标底，都可看成低价抢标的发生。低价抢标是招标中一种不正当的竞争手段，为抢标而盲目压价恶性竞争，甚至报价低于自己的成本，则意味着投标人取得合同后，可能为了节省开支、避免亏损而想方设法偷工减料、粗制滥造，给招标人造成难以挽回的损失。

从近年来发生的一些重大工程质量事故的分析情况来看，其中一个很重要的原因就是建设项目没进行招投标或只是走形式，而实际上违规操作，使无资质或资质不够的施工队伍参与工程建设，造成工程质量低下，导致事故的发生。

(四) 代理机构违规

《中华人民共和国招标投标法》第十三条第二款规定，招标代理机构应当具备下列条件：一是有从事招标代理业务的营业场所和相应资金；二是能够编制招标文件和组织评标的相应专业力量。

招标代理机构的违规行为主要有：

(1) 招标代理机构与投标企业串通，为了让某投标企业中标，采取躲避其他投标企业报名或故意找挑毛病等各种手段排斥其他潜在投标人等；

(2) 超越资质和无资质承揽业务。招标代理机构分为甲级、乙级。乙级不得越级承揽甲级的业务，没有招标代理资质的不得从事招标代理业务，否则，从法律上看属于无权代理行为。

(3) 泄密行为。招标代理机构的泄密行为主要有：一是透露已获取的潜在投标人的名称、数量以及可能影响公平竞争的有关招投标的情况；二是泄露标底、评标委员会成员名单、评标情况；三是披露、使用和允许他人使用其在招标代理活动中掌握的招标人、投标人的商业秘密。

(五) 评审专家违规

在评标过程中，无论是采用最低投标价法还是采用综合评分法，评审专家的自由裁量权都是很大的，由于现代社会交通及通信的发达，以及专业人才缺乏导致专家库人数有限，这都给投标人"勾兑"专家提供了时间和空间，一些专家也乐意被"勾兑"，甚至被抽到后主动打电话联系要求"勾兑"。这样，导致专家评标的公正性遭到质疑。

(六) 常见问题解决的措施

对于以上问题，主要在于监管力度不够，所以可以考虑从以下几个方面把关：

(1) 加强资格预审。严格投标人资格身份审查，在资格预审阶段把不具备实施该项目的申请人淘汰，使合格的投标人进入投标阶段。

(2) 编制高质量的标底。聘请技术过硬、信誉高、实力雄厚的咨询代理机构编制标底和资料清单，使编制出的标底符合社会平均水平，防止高估和高额利润的发生，降低围标的期望收益。

(3) 加强招标代理机构的管理。禁止任何形式的挂靠、出借、借用资质的行为，对代理机构违反资质管理规定的行为，一经查实从严处理。对招标代理机构实行从业人员注册登记备案制度，保持稳定的从业人员队伍。

(4) 合同条款一定要做到详尽。在合同中明确和强调违规参与招标采购应承担怎样的风险，在履约中出现违反招标文件中的有关规定应承担怎样的责任等。通过在合同中警示的方式，一方面可以给投标人造成一定的压力；另一方面还可以在一定程度上防止"万一投标人围标还中标了，质量却得不到保证"的情况发生。

(5) 加强评审专家的管理。全部评标专家在专家库中随机抽取，实行异地评标专家本地评标的评标制度，招标人不允许参加评标；提高评标专家的人数，变 5 位评标专家为 7 位，甚至 9 位；建立采购评审专家信息反馈制度以及建立评审专家违规处罚制度。

(6) 提高招标过程的透明度。若无特殊原因，尽量选择公开招标，实行招标全程公开，全程接受相关监督部门及社会舆论监督。特别在标底的保密、招标文件审查、人员配备、评标方法流程以及招标后期履行方面要深化监管强度，加大违规打击力度，保证招标采购过程顺利实施。

逆向拍卖

逆向拍卖(reverse auction)是一种采购程序，是指采购方为购买某种产品或服务，利用互联网发布标准的采购需求(包括产品的名称、品牌、规格型号、数量、交货期以及最高限价等信息)，进行采购招标；接受邀请的供应商可在互联网上预定的时间内竞价投标，直到投标价格降到接近或低于买者的底价为止；买方会根据各个报价，结合该供应商的供应实力给予综合考评，从而选出最具竞争力的供应商作为自己的合作伙伴，通常报价最低者会获得最终的成交机会；并在投标结束时产生一个框架性采购协议，在此基础上买卖双方谈判和签订采购合同。

由上述定义可知，逆向拍卖是以采购商为主体，利用供应商公开竞标压低价格而获得合同的一种采购模式。该技术是将采购招标和网上竞价相结合的一种全新的采购方法，帮助采购商最大限度地发现卖主，并引发供应商之间的竞争，大幅度降低采购成本。目前该技术已在国外被广泛运用于工业品采购、政府采购及全球采购等各个领域中。

 案例分析

上海石化招标采购的具体做法

中国石化上海石油化工股份有限公司是国有控股公司,也是国内首家在上海、中国香港、纽约3家证券交易所挂牌的上市公司。作为上市公司,企业的经营目标是以经济效益为中心,追求企业利润最大化、股东回报最大化和上市公司股票市值最大化。为降低制造成本,公司除了减员分流增效外,还对物资供应系统进行了改革,推行招投标采购。通过招标采购降低了采购成本。在2001年1—11月累计招标87件,中标标的4.4245亿元,节约资金6267万元。

上海石化招标采购的具体做法如下:

1. 组建专家库

为了规范采购行为,严格招标采购程序,上海石化组建了自己的专家库,共分设备、电气、仪表、材料和化工5个大类。专家库成员以高级工程师和高级经济师为主,吸收少量有专业才能的中级工程技术人员参与,而这些专家都是上海石化的技术精英,都能够独立解决技术问题。因此,上海石化专家库具有较高的技术水准。

2. 招标项目的评审委员由用户推荐和专家库随机抽样选择产生

用户推荐的评委数量不超过评委总数的1/3,基本上为1~2名。用户评委的主要职责是介绍技术交流情况,供应商的主要特点和经营业绩,其次是介绍用户现有设备装备情况以及库存备品备件情况,为其他评委评分作参考。随机抽样选择评委人数不得少于评委总数的2/3。

3. 自行招标采购以邀请招标采购为主

在长期的采购实践中,根据控制总量、提高质量、优胜劣汰、公正廉明的准则开发形成了有228家成员的资源市场。在自行招标采购中多以邀请招标采购为主,被邀成员多是从资源市场中挑选出来的供应商。由于对供应商的资质、生产能力和技术水平相当了解,选择目标供应商能够做到有的放矢,减少供应商筛选的时间,把时间集中放在技术交流和商务目标上,从操作情况看,到目前为止,很少出现废标的情况,采购的设备基本上达到了设计要求。

4. 招标采购评标以综合评分为主

评委的职责是对投标供应商的资质、经营收入、技术水平、生产能力、交货期、投标标的和货款支付方式进行综合评价,采用打分的形式,满分为100分,具体格式如表4-2所示。

表4-2 招标评分表

分类	标的	技术水平	生产能力	经营收入	资质	交货期	货款支付方式	总计
标准分	60	10	10	10	5	3	2	100
评分								

评委通常由6~7人组成,评标委员会按招标文件确定的评标标准和方法打分,累计

总分时去掉一个最高分和一个最低分,并按总分高低排序。评标委员会评标结束后,提出书面评标报告,并根据评分高低推荐中标候选人。在标的不超过 100 万元时,授权评标委员会直接确定中标人;标的超过 100 万元时,由招投标领导小组根据书面评标报告和推荐的中标候选人确定中标人。

5. 关键设备的采购委托专业招投标公司招标采购

根据物资的特点,将招投标具体划分为进口设备、备件和材料、国内制造的大型设备等几大类。像加氢反应器、汽轮机等大型设备的招投标就委托专业招投标公司,如上海机电设备招标公司、中国石化国际事业公司进行招投标采购,其他备件材料自行招标采购。由于专业招投标公司操作规范、专业水平高,对招投标双方都有很强的约束力,能够保证招投标质量。

6. 委托专业监造公司对中标人进行全过程验收和监造

对关键设备、材料、备件实行中间验收和监造,以确保采购质量。例如,在对 $8.3m^3$ 聚合釜和 $3.2m^3$ 终止釜的中间验收时,在现场拼装焊接阶段,发现部分焊接质量不好、焊缝均匀性及成型不佳、铝板的拼接错边、部分圆筒弧板缺陷四个方面存在问题,据此马上要求供应商研究拿出整改建议,并由双方签署检查备忘录,确保采购质量。除此之外,上海石化还委托中国石化等监造中心监造重大设备等金额达 2.39 亿元。监造包括制造进度、品质检验、制造工艺、制造方法和验收等多方面的内容。通过多次的招标采购实践,上海石化体会到:中间验收和监造是保证招标采购质量的有效方式。

(资料来源:蒋长兵. 现代物流理论与供应链管理实践[M]. 杭州:浙江大学出版社,2006.)

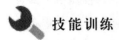

1. 试分析上海石化招标采购的具体做法。
2. 总结上海石化自行招标采购的经验。

技能训练

招投标文件的编制

一、训练目的

1. 加深对招标采购方式的理解。
2. 熟练掌握招投标文件的内容与组成部分。
3. 能编制简单的招投标文件。

二、训练准备

1. 案例背景:2018 年 3 月份,某职业院校从实训设备经费中拨出 60 万元专款用于建设一个机房,要求 8 月底必须完工以备学生开学后使用。现在场地已经选好,初步估计需要服务器 1 台、投影仪 1 台、电脑 120 台、空调 2 台、电脑桌椅 120 套,相关附件若干,现面向全社会进行公开招标。
2. 查阅相关法律法规,如《中华人民共和国招标投标法》。
3. 实训角色:采购方、供应商和评标方。

三、训练步骤与要求

1. 全班分组。每组 4~6 人,每组设组长一名。各组通过抽签确定承担的角色,至少保证有三家投标小组。
2. 采购方根据实际需求编制招标文件,招标文件的内容要具体、详尽,能真实地反映采购方对采购物品的技术和商务需求。
3. 供应商要完全响应招标文件的要求,编制投标文件。
4. 采购方和评标方一起编制评标准则,包括厂商评价指标体系以及评标办法等。
5. 制作 PPT,以小组形式进行课堂汇报,全班交流,教师点评。

四、注意事项

1. 招标、投标文件必须在一定的市场调研的基础上编制。
2. 投标方是由若干小组构成,由于涉及商业机密,投标文件在未开标前必须保密,供应商之间不能互通信息。

五、训练成果

招标文件与投标文件。

六、拓展任务

选取当地政府采购中心公布的招投标项目,选取其中之一编制招投标文件,并比较政府采购与企业采购的区别。

任务评价

班级		姓名		小组				
任务名称	招标采购							
考核内容	评价标准			参考分值(100分)	学生自评	小组互评	教师评价	考核得分
知识掌握情况	1. 了解招标采购的特点及适应条件			10				
	2. 掌握招标采购的基本流程			15				
	3. 掌握招标采购的方式			15				
	4. 了解招标采购常见问题			10				
技能提升情况	1. 能够根据实际情况编制招投标书			10				
	2. 能够根据实际情况设计招标流程			15				
职业素养情况	1. 具有自主学习能力			5				
	2. 具有合作精神和协调能力,善于交流			5				
	3. 具有一定的分析能力			5				
参与活动情况	1. 积极参与小组讨论			5				
	2. 积极回答老师提问			5				
小计								
合计=自评×20%+互评×40%+教师评×40%								

任务二　电子采购

🔍 教学目标

知识目标	1. 掌握电子采购的基本含义及特征 2. 理解电子采购的优势 3. 掌握电子采购的应用方式 4. 掌握电子采购的不同模式
技能目标	1. 能够分析不同企业电子采购的模式 2. 能够根据企业实际应用电子采购方式
素养目标	培养学生与时俱进的创新发展能力与决策分析能力

🔍 教学建议

建议课时	2课时
教学重点	电子采购模式与应用方式
教学难点	电子采购的实施
教学方法	任务驱动教学法；案例教学法；情境教学法
教学手段	小组讨论、实际模拟训练
组织形式	全班每4～5人为一组，每组设组长一名，组员合理分工
教学过程	任务引入→任务训练→任务分析→小组讨论→总结与点评
学生活动	1. 课前查阅电子采购的相关知识 2. 以小组讨论的形式完成任务训练
教师活动	学生在完成任务训练的过程中教师巡回指导、个别交流，教师检查与评定

📝 任务引入

采购员张鹏这天一上班就发现采购部的同事都聚在一起，对着电脑窃窃私语地讨论着，他心想一个个的大早上不上班，聚众干啥呢？便问起了同事田晓宇，原来大家是在看电子采购招投标的过程。田晓宇告诉张鹏现在是信息时代了，电子商务、互联网都在快速发展，采购人员也要紧跟时代，不能落伍，说完又接着和办公室里面的人讨论起来了。

通过讨论，张鹏发现大家对于电子采购都是抱有积极看法的，有不少同事表示，前面的山地车轮胎和座椅采购公司前前后后花了一两个月时间，采购周期冗长，消耗了大量时间成本和人力成本。如果那时应用电子采购使得采购流程自动化、一体化，将会大大提高采购效率，从而节约采购的时间和人力成本。

任务训练

1. 案例中的电子采购相较于以前的传统采购有什么优势?
2. 你知道哪些电子采购的模式?又是如何选择这些模式的?

任务分析

电子采购是基于电子商务的采购方式。随着网络技术的发展普及,学生对网络购物和第三方供需信息查询平台都很熟悉,请结合日常网购的体验对比分析传统采购和电子采购。本任务以小组为单位,通过上网或者去图书馆查阅获得电子采购的相关知识,小组内成员相互讨论,完成任务训练的操作。

实施步骤

1. 课堂内分组讨论完成任务训练。
2. 各组展示讨论结果并陈述主要观点。
3. 教师总结与点评。

知识准备

一、电子采购的含义及特征

电子采购是指基于互联网技术的一种商品采购方式,是以计算机技术、网络技术为基础,以电子商务软件为依据,以互联网为纽带,以电子商务支付工具及电子商务安全系统为保障的即时信息交换与在线交易的采购活动。电子采购是企业实施电子商务策略的一个重要环节,它已成为 B2B 市场中增长最快的一部分。总体而言,与传统采购方式相比,电子采购主要有以下几个特征:

(1) 高效率。采购的相关信息在网上以光速传播着,完全突破了距离的限制。

(2) 方便性。网上采购可以全天候地进行,做到 365 天×24 小时全天候不间断地提供电子采购服务。

(3) 低成本。通过电子采购可以在全球范围内与供应商进行网上操作,可以节省大量的人工业务环节,省力、省时、省工作量,总成本最小。

(4) 交互性。电子采购过程中,采购方与供应商的网上联系非常方便,可以通过电子邮件或者网络聊天软件的方式进行信息交流,既方便又迅速,成本又低。

(5) 公开性。电子采购是通过互联网进行,由于互联网有公开性的特点,全世界都可以看到采购方的招标公告和比价通告,任何通过采购方身份验证的供应商都可以前来投标和比价,因此具有公开性,这样防止了企业中的一些"暗箱"操作。

(6) 广泛性。网络没有边界,所有通过身份验证的供应商都可以向采购方投标,同时,采购方也可以调查所有的供应商。

> **跨境电商**
>
> 　　跨境电子商务(Cross-border E. commerce，以下简称跨境电商)是指分属不同关境的交易双方，通过跨境电商平台达成交易、进行支付和结算，并通过跨境物流将交易的商品送达买方、完成跨境交易的一种国际贸易活动，是把传统国际贸易加以网络化、电子化的新型国际贸易方式。
>
> 　　随着电子信息技术的不断发展和经济全球化的深入，跨境电商已成为中国企业拓展海外市场、提升品牌国际形象和增强核心竞争力的重要渠道。跨境电商改变了外贸企业的传统经营方式，影响了中国对外贸易产业链布局，在我国已初步形成了新的业态模式。无论是成长性、市场潜力还是影响力，中国跨境电商服务均已处于全球领先位置。

二、电子采购的优势

　　电子采购从根本上改变了商务活动的模式，与传统的采购方式相比，电子采购的优势是显而易见的，具体表现在以下几个方面：

1. 采购成本明显降低

　　美国 CFO 杂志指出："降低 1% 的采购成本就等于增加 2.3% 的营业收入"，所以说降低采购成本是每一家企业追求持续竞争的重要举措。电子采购使得供求双方直接接触，减少了中间不必要环节的参与，因此原材料、零部件和其他商品的采购价格以及各项服务费用等都有大幅度的降低。

2. 提高采购效率

　　电子采购简化了传统采购的信息收集、认证、商务谈判、资金结算等工作，使采购流程自动化、一体化，采购人员能在很短时间内得到比以前更广泛、更全面、更准确的相关资料，能够降低采购事务处理的管理费用。而且，通过应用计算机技术重构企业的商业流程，能够减少采购环节、提高采购效率、节省大量的时间成本和人力成本的开支。

3. 优化采购管理

　　电子采购的职能通过网络实现，便于企业把不同部门、不同地点、不同人员的采购行为集中统一在网上实现，这样既降低采购价格，又使采购活动统一决策，协调运作。此外，电子采购是一种"即时性"采购，从提出采购到物资到位可以做到各环节紧密衔接，有效缩短采购周期，而且对于供应商的供货资料能够即时统计，因此可以降低企业的库存，提高资本的利用率。

4. 加强供应商管理

　　在传统的采购模式中，供应商与需求企业之间是一种简单的买卖关系，因此无法解决一些涉及全局性、战略性的问题，而在电子采购模式中，供应与需求的关系从简单的买卖关系向双方建立战略协作伙伴关系转变。为了降低成本，采购商会请供应商共同设计改造生产流程，开展多种形式的技术合作，并要求供应商按照规定的时间、地点、质量、数量等将货物准时送到，降低采购商的库存成本；同时供应商更多从采购商的需求出发，帮助企业设计、产出价格低、质量好的材料。电子采购可以使双方更好地成为利益共同体。

5. 增加交易的透明度

电子采购实现了公开、公平、公正的规范化采购。对提高交易透明度，减少"暗箱操作"起了非常重要的作用。通过公平的市场竞争，形成市场良性循环。那些虚报价格、在价格上做文章的供应商，必然会遭到采购商的拒绝，只有货真价实的商品才会真正受到采购商的欢迎。

6. 充分利用市场的杠杆效应

提供了招标采购、竞价采购、谈判采购、目录采购等多种采购方式，企业可以根据不同的材料选择适合的采购方式进行采购，充分利用市场的杠杆作用，降低采购的成本。

7. 保证采购产品的质量

质量好坏，直接影响企业在市场中的竞争力，良好的产品质量必须有质量可靠的原材料、零部件作保证。在电子采购中，避免了人情、回扣、关系等因素的影响，在公平的竞争中去选择供应商。随着对供应商的管理与考核日益完善，使供应商更加重视对供货质量和服务的管理，以便与采购商建立一种长期的合作关系。

8. 建立外延的信息系统

电子采购模式能够加强与供应商的沟通，密切企业与供应商的关系，实现信息的通畅。同时能使企业有机会接触更多的供应商，以便以更高的效率采购到更优质低价的材料或零部件。

9. 有助于整合企业采购信息系统与其他系统

通过与其他企业应用系统的集成，实现供需双方 ERP 的对接和数据交换，使供需双方信息共享，包括供应商库存、生产计划和能力、交货期、采购企业的耗用速率等，提高企业信息处理的准确和及时性。

电子采购的优势如表 4-3 所示。

表 4-3　电子采购的优势

	实施了电子采购后	实施前的传统采购
支出	低	高
流程处理	自动	手工
处理费用	低	中
采购周期	几小时	几天
错误率	中	高
订单状况	在线可得	不可知
数据清晰	可查	冗余

北京铁路局的网上采购平台

提到电子商务，人们脑海中首先浮现的往往是B2B、网络购物、数字英雄等非常时尚的字眼，恐怕很难和"铁老大"这样的传统企业联系起来。事实上，北京铁路局从2001年就已经开始探索电子商务的应用和实践，几年来的应用不仅为铁路局物资采购节约了巨额费用，带来了可观的经济效益，而且为企业制度和方法创新提供了丰富的可鉴经验。

1. 需求推动应用

北京铁路局承担着全国铁路近1/6的客运量，1/4的货运量，运输收入约占全路运输总收入的22%。在紧张繁忙的运输生产中，局内各级物资部门承担着运输安全生产所需的大量材料、燃料、配件及机器设备的采购、供应和管理工作，每年有近百万吨的吞吐量和价值数十亿元的物资源源不断地供应到运输生产的第一线，保证了大动脉的畅通和建设项目的顺利进行。目前，北京铁路局物资消耗约占到运输成本的30%，全局物资系统年采购进料金额为50亿元左右。

由于铁路物资具备了需求量大、品种繁多、专业性强、分布面广和使用资金密集的鲜明特征，物资部门在控制成本中发挥着不可替代的作用，可以通过提高采购管理水平，降低采购供应成本，为企业挖潜增效，为铁路局实行资产经营责任制服务。物资采购供应已经成为降低运输成本、提高经济效益的重要环节。

先进的计算机信息网络技术推动着整个社会经济的迅速发展，改变着人们的生活方式，为我们更新管理理念、改进传统的物资采购手段提供了先进的技术支持。引入全新的现代化管理理念和借用当今先进的IT技术，改革采购管理模式，实现网上采购，构建北京铁路局网上采购平台，尽快提高物资部门的管理工作水平已经表现出紧迫性和重要性。正是在这样的背景下，北京铁路局成功研发和实施了"北京铁路局网上采购平台"。

2. 实施效果

2002年北京铁路局运用该采购平台进行网上采购9次15项，金额达5 572.03万元，采购节支683.99万元，节支率为12.3%。2003年，采购金额为13 962.08万元，采购节支2 872.7万元，节支率为20.57%。截止到2004年4月底，采购金额为13 038.32万元，采购节支1 745.76万元。

在2003年"非典"肆虐期间，通过网上在线招标采购，累计完成网上采购3次7项，采购金额为1 479.7万元，采购节支425.08万元，为铁路行业抗击"非典"急需物资和运输生产安全所需物资提供了强有力的物资保障，真正发挥了电子商务平台的优越性。

三、电子采购应用方式

电子采购是企业信息化建设的重点，是包含很多功能的企业采购工具，这些功能为企业与供应商的交易提供方便。因此，企业在实施电子采购项目时，应根据自身的战略和市场特点，有针对性地制定采购策略，选择电子采购工具。从交易形式看，电子采购主要有以下几种方式。

1. 网上招标

随着计算机网络的快速发展，招标采购也由原来的手工操作方式逐步转变到在网络上进行"网上招标采购"的方式。借助计算机网络，招标投标各方可以非常迅速、便捷获得有关信息，可以在网上发布招标公告、网上下载标书(包括网上支付)、网上投标(标书上传、投标保证金网上支付)、网上开标、履约保证金支付、投标保证金返还、发布中标结果等。

网上招标投标是指通过专用招标投标电子商务平台，将招标投标过程中的各个角色，如供应商、招标机构、评标专家、政府监督机构等连接起来，企业、机关和个人在网上传递投标数据，评标、开标均采用电子手段，通过网络发布中标结果的一种招标投标方式。凭借互联网的运行成本低、覆盖面广的优势，网上招标将传统的招标投标过程转变为一个简单、方便、快捷的过程，并通过无处不在的网络将招标投标信息传送到各行各业。

2. 逆向拍卖

逆向拍卖(reverse auctions technology，RAT)是一种利用互联网技术将招投标与拍卖技术结合起来的采购流程。采购商发布标准的采购需求，包括产品名称、规格型号、数量、交货期以及最高限价等信息；多家通过资格验证的供应商在有限时间内(一般不超过 1 小时)，通过专门的网络平台，异地同时反复竞价(逐步降价的方式)，以期获得最终的供货合同。在竞价过程中，各实时报价是公开的，但竞价者不知道具体来自哪个供应商，因此，供应商必须在有限的时间内不断作出报价决策。一般而言，竞价时间截止时，报价最低者获得合同(或把合同授予某最低报价范围内的供应商)，但买方有时也根据需要(例如：出于全面考虑供应商供货能力、资信水平或与某些特定供应商的长期合作关系)在事后的谈判中不选择报价最低者。RAT 被看作是改进企业大额采购过程的有效方法，它能使采购人员快捷、有效、节约的从世界范围内搜寻供货源。

目前该方法已在国外被广泛运用于工业品采购、政府采购及全球采购等领域中。一些知名跨国企业，例如沃尔玛、家乐福、IBM、微软等都运用该技术进行全球采购。据粗略估计，2003 年度美国利用 RAT 采购进行全球采购，在印度的采购额就高达 30 亿美元。它是电子采购的主要手段之一。

3. 目录式采购

首先，电子目录相较于纸质目录而言，具有方便保存，节约资源，便于查找匹配的好处。其次，对于供应商而言，他们在互联网上通过在线目录来销售产品，可以向所有客户提供同一份目录，也可以向特定客户提供定制的目录，比如办公用品商 Staples，它在自己的网站提供 80 000 种商品和面向各种不同需求用户的目录。微软公司每年向长期客户出售价值 60 亿美元的软件，通过外部网的订购程序，客户可以查阅自己的订购信息、签订合同、查询订单流程状况等，这样大大减少了电话和电子邮件以及货物出错的次数。但这种方式不适合大量、多次购买的客户，为了方便销售，供应商往往为这样的客户提供专门的购物计划。

4. 桌面采购

大型公司会有许多企业采购人员或者采购助理，他们通常分散在不同的地方。例如百时美施贵宝公司有超过 3 000 个企业采购人员分布全球各地,这些助理从众多供应商那里采购商品,这样就使得规划和控制采购变得非常困难。针对这一问题,有效的解决办法就是整合所有选定的供应商目录,合并成单一的内部电子目录。供应商和价格是事先协商好的,或者是经过一次采购后确定下来的,采购人员只要根据需要直接下订单就可以进行采购。这种采购也称为桌面采购(desktop purchasing),即直接从内部电子市场采购。桌面采购是不需要上级的批准也不需通过采购部门的,通常使用专门的采购卡,减少了购买常用琐碎商品的管理成本和采购周期。桌面采购另外一个优点是可以减少供应商的数量。

微软的 MS Market 桌面采购系统

微软的采购人员和雇员遍布全球。他们需要购买 MRO 商品,例如电脑、服务器、办公用品等。他们还要安排旅行和订购服务。1996 年以前,公司采购部门的工作流程是依靠众多书面表格和用户要求来完成购买商品和服务。每个星期内,小于 1 000 美元的采购需求占到了采购总量的 70%,只有 3%是转账支付的。类似这样的采购,员工要浪费很多时间把这类需求转成订单,同时还要遵循商业流程和惯例。微软希望找到一种办法来降低管理成本,节约时间。至于降低价格则是次要考虑的。

1996 年夏天,微软采购部推行了内部在线市场(一种整合的商品目录),即 MS Market,它在微软内部网上运行。员工可以直接在线订购,不需要主管的批准,也不需要经过采购部门的许可,避免了冗长的书面工作和官僚化的流程。如果员工还不能提出采购申请,那么软件将自动给其主管发一封电子邮件请求批准。系统后台将自动把订单传给对应的供应商,如惠普、日立、戴尔等。

第一年,使用 MS Market 进行了十多亿美元的采购。MS Market 把每张订单的管理成本从 60 美元降低到了 5 美元,订购周期从 8 天缩短到了 3 天。全球有 6 000 多名员工使用这个系统,而公司为这个系统投资了 110 万美元。系统不到两个月就收回了投资,每年节省 730 万美元。采购人员人数从 19 人削减到了 2 人,采购部也随之缩小。截至 2000 年,11 000 名员工的 99.8%的采购(价值 50 多亿美元)在 MS Market 上进行,涉及的商品从服务器到生日蛋糕。

通过帮助员工方便地按照议定价格从选定的供应商那里采购,公司杜绝了单独采购。此外,公司比从传统渠道购买节省了 10%~20%的成本。员工提交商务申请和分配公司资源的方式也发生了显著的变化。现在,一个订单不到 3 分钟就在线提交了,没有管理方面的书面工作和官僚化的流程。

MS Market 的成果成了微软的一项新创举——MS Market 服务器技术模板、Commerce Edition 软件、网站样板等都被用来开发电子商务网络解决方案。

1. MS Market 在微软公司扮演什么样的角色?
2. 使用 MS Market 最大的好处是什么?
3. 采购部管理费用在引入 MS Market 后是否会发生变化?

5. 团体采购

越来越多的公司正在转向团体采购。在这种方式下,来自多个购买者的订单被集中到一起,可以得到更优惠的价格。团体购买有两种模式:内部集中和外部(第三方)集中。

(1) 内部集中。像通用电器这样的大企业每年购买数十亿美元的 MRO 产品(指间接物资,用于维护、修理和运营的非生产性物资)。全公司范围内的订单都通过网络来集合并自动添补。除了获得经济规模外,通用电气的交易管理费用也大大降低,从每笔交易 50~100 美元降为 5~10 美元。对于每年 400 万次的交易而言,确实可以节省一大笔开支。

(2) 外部集中。许多中小企业也希望得到批量购买折扣,但无法找到其他公司可以加入以增加购买量。这时可以通过第三方网站来寻找合伙人。此类团购的出发点在于在线整合需求,与供应商谈判或者举行逆向拍卖,从而为企业提供更好的商品价格、更多的选择和更优质的服务。中国的绝大多数企业都属于中小型企业,因此开发这样的市场不容忽视。团体采购起始于像 MRO 和消费电子产品这样的普通商品,现在已经转移到旅游、薪资管理和主机托管等领域。

6. 电子交易市场

电子交易市场是按产业或行业细分的"大宗商品"(例如农产品)的交易市场。由于采取相对标准的合约与严格的交易管理方法,安全和交易量问题都比较容易解决。通过交易市场提供的价格信息,卖方可及时削减过量存货;买方也可通过快捷、方便、规范化的交易,满足立即购买的需求。同时,通过提供行业新闻、评论、市场信息、工作机会、在线聊天、公告板以及专家服务等方式,吸引特定行业的买卖双方。

拓展阅读

"互联网+"打造招投标行业发展新格局

1. "互联网+招投标行业"的概念界定

"互联网+"是指充分利用移动互联网、大数据、云计算、物联网等新一代信息技术与互联网平台,促成互联网与传统行业的深度融合,创造出新产品、新模式与新业态。"互联网+招投标行业"即指将互联网思维渗入招投标行业发展理念,充分利用大数据、云计算等信息新技术,以及全流程电子化招投标平台助推招投标行业信息化,从发布公告、招标、投标、开标、评标等招投标活动全过程各环节彻底改造提升传统招投标行业产业链,以提高行业招投标效率和透明度、降低交易成本、优化招投标行业市场资源配置,实现"互联网+招投标行业"的深度融合创新,形成更广泛的以互联网思维为导向的招投标行业经济新业态,并助力打破传统招投标行业发展的局限性,深度挖掘大数据应用,打造更多专业智能和智慧化的产品,开放共享,服务市场,促成招投标各方市场主体之间多赢的格局。

2. 行业转型升级——电子招标投标交易平台市场化竞争

《"互联网+"招标采购行动方案(2017—2019 年)》[①](以下简称《方案》)提出,2017

---

① 具体内容见附录。

年底前招投标项目要实现全流程电子化。积极引导社会资本按照市场化、专业化方向建设运营电子招投标交易平台，满足不同行业电子招标采购需求，并促进交易平台在市场竞争中实现集约化发展。支持和鼓励交易平台通过优质高效服务，吸引非依法必须招标项目自愿运用电子化招标采购。电子交易平台应当以在线完成招标投标全部交易过程为目标，围绕提高资源配置质量和效率、降低企业生产经营成本进行功能设置，切实为交易主体服务，为行政监管部门提供监管便利。有关部门和各机构应当为电子交易平台实现跨地区、跨行业公平竞争营造良好环境，不得设置市场壁垒。

依托电子交易平台，以数字电文形式完成招投标专业化定制交易全流程，绝不是完成一个简单的钱货交易流程。招标采购单件工程、定制设备和个性化服务等项目需要通过综合竞争比较和优化选择价格、技术、财务和人力资源等专业化配置方案。只有坚持电子招投标交易全流程专业化运行，才能满足项目供需之间技术、经济、管理等专业价值的匹配适用和优化提升。这也是鼓励电子交易平台实行市场化竞争、专业化发展，并限制政府部门垄断运行的基本原理。

3. "互联网+招投标行业"主要融合特点

(1) "电子招标投标系统交易认证"，是"互联网+招投标行业"融合的门槛石。《方案》提出在2019年实现招标投标行业向信息化、智能化转型的规划，力争用大变革促进大发展。而在规划的开局之年，《方案》明确了"2017年，交易平台全面开展检测认证，到年底检测认证通过比例达到80%以上"的行动目标。因此，在当前招标投标系统平台建设中，各地交易中心都有自己自行采购交易平台，想要尽早完善平台之间的信息与资源互联共享，增强招标投标过程中信息的透明度和可信度，实现信息对称，而在构建一个安全可靠、健康发展的招投标行业生态过程中，检测认证已经成为至关重要的一环。

(2) 打造"互联网+"专业智能化和智慧产品，以促进行业创新发展。在快速发展的"互联网+"时代，招投标行业发展需要不断开拓思维，改革创新，积极推进招投标行业与"互联网+"融合，以"互联网+"促进行业创新发展。

在"互联网+"的背景下，只有结合市场的特点，改变原有的思路，有效结合互联网的工具，提高企业竞争力。过去传统招投标行业企业强调在建设工程领域应用电子招投标这一平台体系。目前，招投标市场出现的产品不再是单向的工程建设电子招投标产品应用工具，更多的是在公共资源交易平台整合模块下，打造"互联网+"专业智能化和智慧产品，来满足市场需求。例如四大领域交易平台全电子化模块建设、远程异地评标系统、创新行政监督平台、数据交换信息系统、诚信评价系统、移动信息服务平台、智能化评标工具等。

(3) "互联网+"政务服务改革的融合模式，有效提升行政服务管理效率。针对现有全国各省、地市级政务服务信息共享程度低、可办理率不高、群众办事不便等难题，"互联网+招投标"衍生出"互联网+"政务服务改革模式：优化办理流程、整合政务资源、融合线上线下、借助新兴互联网手段等方式(移动信息服务平台、终端自助解密机、查询机等)，简政放权，让更多的群众与企业享受到"最多跑一次"带来的极大便利。

四、电子采购的模式及选择

(一) 电子采购的模式

电子采购模式是一种根据不同组织者在采购过程中发挥不同主导作用而形成的对采购

商和供应商都有利的采购模式。目前主要有以下几种电子采购系统,不同的公司可根据自身所处的市场环境选择不同的模式。

1. 卖方模式

卖方模式是指供应商在互联网上发布其产品的在线目录,采购方则通过浏览来取得所需的商品信息,以做出采购决策并下订单。

在卖方模式中,作为卖方的供应商为增加市场份额,开发了自己的互联网网站,允许大量的买方企业浏览和采购自己的在线产品。买方登录卖方系统通常是免费的,供应商保证采购的安全。这种模式的例子有商店或购物中心。

这种模式的优点在于:对采购方来说,投资成本最小;对供应商来说,可以使成本、维护费用和功能达到最优化配置。

这种模式的缺点是:采购方不能对产品目录进行个性化要求;对采购方事先预定的合约有所限制;每次只能访问一个供应商产品目录;采购方必须寻找合适的供应商,浪费了大量的时间和机遇。

随着电子市场的普及,这种模式采用了新的以XML为基础的标准,使购买者的ERP系统接受简单的文件形式(如采购订单、收据)成为可能。但是,因为采购程序包括了其他许多相互作用的形式(如折扣、合同术语、买者、运输和接货安排),能够获得更高水平的相互操作能力,达成更加一致的信息交流议定书标准。卖方模式如图4-2所示。

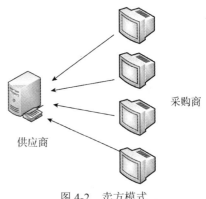

图4-2 卖方模式

2. 买方模式

买方模式是指采购方在互联网上发布所需采购产品的信息,供应商在采购方的网站上列出自己的产品信息,供采购方评估,并通过采购方网站双方进行进一步信息沟通,完成采购业务的全过程。它通常连接到企业的内部网络,或企业与其他贸易伙伴形成企业外部网。在这种模式下采购方在互联网上发布所需采购产品的信息,供应商在采购方的网站上登录自己的产品信息,供采购方评估,并通过采购方网站双方进行进一步的信息沟通,完成采购业务的全过程。这一系统通常由一个或多个企业联合建立,目的是把市场权力转移到买方手中。一些实力雄厚的企业已经开发了电子供应系统,如海尔等。

这种模式的优点在于:采购方可以完全控制产品目录发布、维护,以及其他采购数据和过程;产品可完全满足采购方的个性化需求;采购系统可以与采购方的内部信息系统结合使整个采购过程更流畅;提高采购方对产品的寻找和选择效率;采购方可以对多个供应商的产品信息进行对比和分析;对供应商来说,投入的成本低,不存在系统维护费用。

这种模式的缺点是:是一个封闭的采购环境,交易仅限于登录到网站的供应商;对采购方来说,要负担较高的系统维护费用,但是产品目录及价格更新也可由供应商来做。

买方一对多模式适合大企业的直接物料采购。其原因如下:首先,大企业内一般已运行着成熟可靠的企业信息管理系统,因此,与此相适应的电子采购系统应该与现有的信息系统有着很好的集成性,保持信息流的通畅;其次,大企业往往处于所在供应链的核心地位,只有几家固定的供应商,且大企业的采购量占了供应商生产量的大部分,因此双方的关系十分密切,有助于保持紧密的合作关系;最后,大企业也有足够的能力负担建立、维护和更新产品目录的工作。买方模式如图4-3所示。

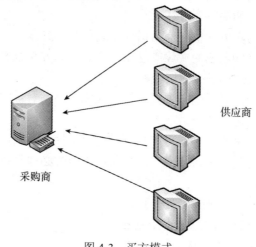

图4-3 买方模式

3. 市场模式

市场模式又称第三方模式,是指供应商和采购方通过第三方设立的网站进行采购交易的过程。在这个模式里,无论是供应商还是采购方都只需在第三方网站(也是独立的门户网站)上发布并描绘自己提供或需要的产品信息,第三方网站则负责产品信息的归纳和整理,以便于用户使用。

这一模式是互联网上全世界范围内任何人都可以进入的单个网站站点,它允许任一参与者登录并进行交易,但是要交纳一定的费用,这是按交易税金或是交易费的百分比来计算的。网站上的主要内容有查看目录、下订单、循序交货、支付等。市场模式如图4-4所示。

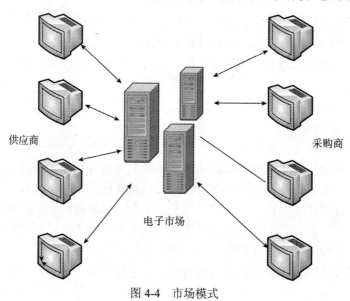

图4-4 市场模式

为了改进市场中买卖交易的效率，在互联网上有两类基本门户。

(1) 垂直门户。垂直门户是经营专门产品的市场，如钢材、化工、能源等，它通常由一个或多个本领域内的领导型企业发起或支持。化工行业是在线市场发展的早期领导者，它与其他行业相比有一个明显的优势，即化工产品绝大部分都符合国际标准，如商标名称、质量、内容和数量，因而可以更容易地采用在线交易。另外一些急需发展电子市场的行业包括汽车、能源、高科技制造和电子行业、信息技术、出版、冶金、航天、金融服务、卫生保健服务等。

垂直门户交易市场有一个明显的优势：买方或卖方(生产商)自己作为发起资助人，都倾向于从供应商向其行业的高效供应中获得巨额收益。

(2) 水平门户。水平门户集中了种类繁多的产品，其主要经营领域包括维修和生产用的零配件、办公用品、家具、旅行服务、物业帮助等。水平电子市场一般由电子采购软件集团或这些间接材料和服务供应领域内的领导者发起资助的。

这种类型的交易中心通常是通过向每份交易收取 1%到 15%的交易费来获得收入的，具体比例的大小依赖于交易量和交易商品的种类。即使这样，电子交易的成本还是比通过传统销售渠道交易的成本低。

(二) 电子采购模式的选择

采购模式是企业进行采购时所采取的方式或手段，是企业制定采购战略时首先考虑的问题。采购模式选择的正确与否将直接关系到企业采购活动的成败。企业建立电子采购模式的决策取决于多方面的因素，其中主要的有三个：企业原来的采购模式、企业规模的大小和采购物料种类的不同。不同的采购规模以及不同的采购种类所适用的模式有很大的差别。企业应先结合自身实际情况，确定采购模式，然后结合采购模式确定企业电子采购模式，最后建立电子采购系统，实施电子采购。表 4-4 列出不同类型的企业，在不同采购模式下，对各种采购物料所采用的电子采购模式。

表 4-4 电子采购模式的选择

采购模式		集中采购				分散采购	
企业规模		大企业		小企业		大企业	
采购物料的类型		直接物料采购	MRO 物料采购	直接物料采购	MRO 物料采购	直接物料采购	MRO 物料采购
卖方模式				√			
买方模式	自用采购网站模式	√					
	采购联盟网站模式		√	√	√	√	√
市场模式			√		√	√	√

伊利电子采购平台，开启乳品行业采购管理新模式

伊利电子采购管理平台是根据伊利集团生产型采购特点，而量身打造的伊利电子采购解决方案，让伊利集团实现了从"打电话"向"点鼠标革命"的转变，从传统采购向阳光采购、高效采购的转变，从而让伊利开始步入采购电子化时代。

1. 高效与透明的最佳组合

伊利是目前中国规模最大、产品线最健全的乳业领军者，所属企业130余家，拥有1 000多个产品品种。通过电子采购系统，整个集团的采购定价活动不但省时、省力，节省了出差、开会、发传真、打电话的费用，同时，还让整个采购定价活动及采购全流程在监督下进行，实现了每单采购项目的在线查询、搜索与跟踪。

运用先进的网络平台，电子采购系统可以提高采购效率，逐步规避采购风险，最大限度地控制采购成本。同时可以打造"供应资源基地"管理，建立"采购物资历史价格数据库"。通过这些优势，伊利可以对采购业务进行系统化的管理，从而缩短采购周期，高效率的完成采购活动。

更为重要的是，整个电子采购系统中，询价、比价、竞价、招标将处于一个公开、公平的环境之下，真正实现"阳光采购""高效采购"。

2. 引领乳业电子采购

电子采购系统平台正式在伊利集团拉开帷幕，这意味着伊利将成为乳业内第一个吃螃蟹的人。采用电子采购平台之后，伊利集团利用"供应资源基地"管理打破了多年固定的招标、竞价和询比价的模式，实现了阳光采购、高效采购，从而在采购原料、包装材料、消耗性辅料等方面将采购成本有效降低。

目前，随着信息技术的发展，以互联网为平台进行的现代采购模式越来越受到企业的重视。相比传统的招标方式，电子采购将投标的静态报价转换为动态报价，允许供应商在公平竞争的环境中多次报价，从而使企业采购成本有效降低。

中国南车集团电子采购应用

中国南车集团株洲电力机车厂(九方集团)创建于1936年，是我国轨道电力牵引装备的主要研制基地，国家大型一类企业、中国工业500强、国家重点调度的512户企业之一。现有员工近万人，其中科技人员近3 000名，有中国工程院院士1名、博士后6名、硕士研究生30名。占地2.3平方公里，资产总额21.8亿元。企业致力于高速电力机车、地铁、城轨车辆、电动旅客列车等产品的研制与销售，迄今为国内外客户提供了2 700多台"绿色动力"，国内市场占有率达60%以上，连续45年盈利，连续25年销售收入年均增长10%。

株洲电力机车厂坚持以市场为导向，依靠科技创新和管理创新推动企业发展。近年来，随着企业快速发展以及市场竞争日趋激烈，尤其是去年原材料价格上涨的成本压力，对株洲电力机车厂的企业管理提出更高要求。正是在这种背景下，公司领导提出建设电子商务平台，通过互联网实现物资采购管理，从而整合采购资源、发挥集中采购优势，以先进的电子采购方式降低采购成本，从采购成本源头提升企业的核心竞争力。

2006年8月8日上午9时整，中国南车集团株洲电力机车有限公司启用株洲电力机车招标系统平台，对下半年SS4B、SS4G机车需求的原材料20个项目进行网上公开竞标，8家代理供应商经该公司认证，参加了本次网上招标。招标会由公司物流中心组织，公司纪委、审计部和信息管理部有关人员参加了本次网上招标现场会。

本次网上在线竞价为时3个小时，由于每项物资竞价受到时间限制，为争夺中标机会，各供应商争相报出新低价格，部分项目报价刷新达30多次，除5项物资因无人报价或单家报价导致流标作询价处理外，其余项目全部竞价成功。据统计结果，本次网上竞价单项物资最大降幅金额达27.6万元，单项最大降幅比例达29.5%，与上年均价相比共节约采购资金897 230元。

该公司本着"利用电子商务手段降低采购成本，提高企业效益"的宗旨，在传统采购招标的模式上对采购物资招标、竞价、询价，开发电子商务系统的基础平台。经过对该基础平台的功能修订、数据输入、流程制定等框架搭建，完成该电子商务项目立项评审和项目评审，并先后两次在电子商务系统上模拟现场竞价。借助电子商务这一先进的手段，该公司实现采购手段的技术创新与管理创新。

你认为通过网上竞价的这种采购方式为南车集团降低了哪些方面的成本？

电子采购活动训练

一、训练目的

1. 加深对电子采购的理解。
2. 熟悉电子采购的方式。
3. 培养学生通过网络完成采购业务的能力。

二、训练准备

选择任一网上商城尝试网上购物，如淘宝网、京东网、当当网等。

三、训练步骤与要求

1. 全班分组。每组4～6人，每组设组长一名。
2. 确定需要购买的商品(2～3个品种)，并登录网站完成注册和登录。
3. 浏览网站，熟悉网上个人采购业务流程并实施，并把网上采购的每一步骤复制至Word文档，并总结此次购物流程。

4. 讨论电子采购和传统采购作业的优劣势。

5. 制作 PPT，以小组形式进行课堂汇报，全班交流，教师点评。

四、注意事项

1. 掌握网上收集信息及处理信息的能力，熟悉电子商务业务流程。

2. 若付款方式选择网上支付，则做到点击网上支付出现相关银行界面即可。

五、训练成果

实训报告(包括电子采购的过程、与传统采购模式的对比分析、体会与感想)。

六、拓展任务

通过网络渠道获取各种供应信息，并实施采购，以下题目任选两题：

(1) 请通过阿里巴巴或者中国商贸信息网等网站寻找内存 2G、屏幕为 2.4 英寸、价格在 150 元左右 MP4 的供应信息，并尝试与多家供应商联系，寻求一次性购买 200 部该类 MP4 的报价。

(2) 通过互联网寻求 2.4 英寸(或其他尺寸)TFT(或 LCD)液晶屏的供应商，并获得批量分别为 300 个、500 个、1 000 个的报价。

(3) 通过互联网寻求 1G 的 DDR400(一代)内存条的供应商，尝试与多家供应商联系，并分别获得批量为 1 个、50 个、100 个的报价。

(4) 通过互联网寻找任意一款尿不湿的报价，尝试与多家供应商联系，并分别获得不同批量下(至少三个不同批量)的报价。

(5) 通过互联网寻求任意一款标准托盘(不限材质、不限大小)的报价，尝试与多家供应商联系，并分别获得不同批量下(500 个起，至少三个不同批量)的报价。

(6) 通过互联网寻求任意一款跑步机的报价，尝试与多家供应商联系，并分别获得其报价。

以上 6 道题目均需提供网店地址或供应商的名称、地址、联系人、联系电话等，至少获得三个供应商的供应信息(三家供应商所供应的产品需要相同或类似)。信息需要真实。

任务评价

班级		姓名		小组		
任务名称	电子采购					
考核内容	评价标准	参考分值(100 分)	学生自评	小组互评	教师评价	考核得分
知识掌握情况	1. 掌握电子采购的基本含义及特征	10				
	2. 理解电子采购的优势	10				
	3. 掌握电子采购的应用方式	15				
	4. 掌握电子采购的不同模式	15				
技能提升情况	1. 能够分析不同企业电子采购的模式	10				
	2. 能够根据企业实际应用电子采购方式	15				

(续表)

考核内容	评价标准	参考分值(100分)	学生自评	小组互评	教师评价	考核得分
职业素养情况	1. 具有自主学习能力	5				
	2. 具有合作精神和协调能力，善于交流	5				
	3. 具有一定的分析能力	5				
参与活动情况	1. 积极参与小组讨论	5				
	2. 积极回答老师提问	5				
小计						
合计=自评×20%＋互评×40%＋教师评×40%						

 拓展提升

1. 请根据本项目所学内容，分小组完成任务，每小组进行抽签选择任务，根据任务要求完成任务。

2. 在完成任务的过程中学生可以自行上网搜集信息或头脑风暴。

3. 各小组完成任务后，小组之间互相评价、获取建议、完善成果；学生将完善后的成果提交给老师，老师进行评分。

任务1：招标邀请函填写

要求：

1. ****学校计划采购50台计算机用于教学使用，采购形式为邀请招标采购。现需拟定一份招标邀请函。

2. 分小组完成招标邀请函的编制，具体评分要求如表4-5所示。

招标邀请

根据****学校2017年度设备采购计划，学校对50台计算机的购置进行招标采购，欢迎国内外符合招标要求、有供货能力的生产企业和经销商参加投标。现将有关事项公告如下：

1. 招标文件编号：
2. 招标货物名称：
3. 主要技术规格：
4. 交货时间：
5. 交货地点：
6. 招标文件从____年__月__日起每天(公休日除外)工作时间在下列地址出售，招标文件每套人民币____元(邮购另加____元人民币)，售后不退。

7. 投标书应附有____元的投标保证金，可用现金或按下列开户行、账号办理支票、银行自带汇票。投标保证金请于____年__月__日__时(北京时间)前递交。

开户名称：

账号：

开户银行：

8. 投标截止时间：____年__月__日__时__分(北京时间)，逾期不予受理。

9. 投递标书地点：

10. 开标时间和地点：

11. 通信地址：

邮政编码：

电报挂号：

电话：　　　　传真：

联系人：

E-mail：

(招标机构)：

年　月　日

表4-5　招标邀请函填写考核评分表

小组名称		小组成员		日期	
考评内容	招标邀请函填写训练				
考核标准	内容		分值/分		实际得分
	能规范起草书写招标邀请文件		30		
	清楚招标的各项程序		30		
	认真完成招标各项工作		20		
	内容正确、资料齐全		20		
	合计		100		

任务2：编制投标文件

要求：

1. 在任务1中，学校发出了50台计算机的招标邀请，现需编制本次的投标文件。

2. 分小组完成本次投标文件的编制，投标文件的所有条款、条件和规定要符合招标文件的要求，并保证所提供资料的真实性，学生可自己设计投标书封面，并把相关文件装订成册。具体评分要求如表4-6所示的投标文件填写考核评分表。

投标书封面及目录格式如下。

_____项目

投 标 文 件

投标人(章)：

法定代表人或委托代理人(签字或盖章)：

日期：_____年_____月_____日

目 录

(一) 货物投标文件

格式 1： 投标书

格式 2： 投标分项报价表

格式 3： 配套及辅助设备、材料用量及单价分析表

格式 4： 商务条款偏离表

格式 5： 技术条款偏离表

格式 6： 投标货物(含材料)明细表

格式 7： 备品、备件及专用工具明细表

格式 8： 交货一览表

格式 9： 包装运输方案

格式 10： 售后服务表

(二) 资格证明文件

格式 1： 营业执照副本(复印件)

格式 2： 法定代表人身份证明书(原件)

格式 3： 法人代表授权书(原件)

格式 4： ISO 质量认证证书(复印件)

格式 5： 货物合格文件要求

格式 6： 产品说明

格式 7： 其他资料

格式 8： 承诺书

投标书格式如下。

投 标 书

致：

　　根据贵方为项目招标采购货物及服务的投标邀请_____(招标编号)，签字代表_____(全名、职务)经正式授权并代表投标人_____(投标方名称、地址)提交下述文件正本一份及副本一份。

　　(1) 开标一览表。

　　(2) 投标价格表。

　　(3) 货物简要说明一览表。

　　(4) 货物符合招标文件规定的技术响应文件。

　　(5) 资格证明文件。

　　(6) 投标保证金，金额为人民币_____元。

　　据此函，签字代表宣布同意如下：

　　1. 所附投标价格表中规定的应提交和交付的设备、材料投标总价为____ (大写)____(小写)(注明币种，并用文字和数字表示的投标总价)。

　　2. 投标人将按招标文件的规定履行合同责任和义务。

　　3. 投标人已详细审查全部招标文件，包括修改文件(如需要修改)以及全部参考资料

和有关附件。我们完全理解并同意放弃对这方面有不明及误解的权力。

4. 本投标文件有效期为自开标日起一个日历日。在这期间,本投标文件将始终对投标人具有约束力,并可随时被接受。本次招标文件和本投标文件(含承诺书)将作为买卖合同的附件。

5. 如果在规定的开标时间后,投标人在投标有效期内撤回投标,其投标保证金将被贵方没收。

6. 投标人愿意向招标人提供任何与本次招标相关的其他资料。

7. 投标人将严格履行本投标文件中的全部承诺和责任,并遵守招标文件中对投标人的所有规定。

8. 投标人完全理解招标人有保留在授标之前任何时候根据评标委员会的意见接受或拒绝任何投标的权力,并完全理解招标人对此无解释的义务。

9. 投标人完全理解招标人不一定接受投标价最低的投标。

10. 如果投标人中标,我们将在合同签订后____天内完成,且将按招标文件的规定履行合同责任和义务。

11. 与本次投标有关的一切往来信函请寄:

地址: 邮编:
电话: 传真:

投标人法人授权代表签字:
投标人名称:
(公章)
日 期

表4-6 投标文件填写考核评分表

小组名称		小组成员		日期	
考评内容		投标书文件填写训练			
考核标准	内容		分值/分		实际得分
	能规范起草书、写投标书		30		
	清楚投标的各项程序		30		
	认真完成投标各项工作		20		
	内容正确、资料齐全		20		
	合计		100		

 同步测验

一、单选题

1. 招标文件存在不合理条款的,招标公告时间及程序不符合规定的,应予废标,废标是指( )。
　　A. 招标无效
　　B. 投标文件存在不合理条款
　　C. 所有资格审查申请人均未通过资格审查
　　D. 某投标人的投标文件无效，可继续对其他投标文件进行评审
2. 下列选择中，不属于招标采购方式的是( )。
　　A. 议标采购　　B. 保密招标　　C. 邀请招标　　D. 公开招标
3. "锁定目标、速战速决"的招标方式是( )。
　　A. 公开招标　　B. 保密招标　　C. 邀请招标　　D. 议标采购
4. 在招标采购的作业流程中，发布投标资格预审通告在( )阶段进行。
　　A. 招标准备　　B. 投标　　C. 开标　　D. 决标
5. 公开招标的优势不包括( )。
　　A. 大海捞鱼、择优录用　　　B. 公正、公平
　　C. 杜绝腐败　　　　　　　　D. 化整为零
6. 电子采购的特点不包括( )。
　　A. 高效性　　B. 方便性　　C. 高成本　　D. 公开性
7. 招标采购的局限性是( )。
　　A. 容易产生腐败　　　　　　B. 耗费时间
　　C. 实施成本偏高　　　　　　D. 细微烦琐
8. 邀请招标也称( )，即由招标单位选择一定数目的企业，向其发出投标邀请书，邀请他们参加招标竞争。
　　A. 选择性招标　B. 议标　　C. 限制性招标　　D. 竞争性招标
9. 招标采购按规定必须有至少( )家以上供应商进行报价投标方能开标。
　　A. 2　　　　　B. 3　　　　　C. 4　　　　　D. 5
10. 下列不是电子采购实际运营模式的为( )。
　　A. 第三方系统　B. 第四方系统　C. 买方系统　　D. 卖方系统

二、多选题
1. 一个完整的招标采购包括( )。
　　A. 招标　　　　B. 投标　　　　C. 开标
　　D. 评标　　　　E. 决标
2. 招标采购方式通常用于( )的情况。
　　A. 重大的建设工程项目　　　B. 新企业寻找长期物资供应商
　　C. 政府采购　　　　　　　　D. 采购批量比较大
3. 电子商务的发展带来了采购领域的革命，使采购的( )都发生极大的变化。
　　A. 形式　　　　B. 付款方式　　C. 过程　　　　D. 交易手段
4. 电子采购的模式主要有( )。
　　A. B2C　　　　B. B2B　　　　C. 买方系统
　　D. 卖方系统　　E. 第三方系统

5. 邀请招标的特点是( )。
   A. 邀请投标不使用公开的公告形式　　B. 接受邀请的单位才是合格投标人
   C. 投标人的数量有限　　　　　　　　D. 邀请投标不要求供应商资质
6. 在现代市场经济条件下，有以下采购方式可以进入电子商务，即( )。
   A. 政府采购　　　B. 企业采购　　　C. 个人采购　　　D. 多种采购
7. 招标投标方式一般包括( )。
   A. 公开招标　　　B. 邀请招标　　　C. 议标　　　　　D. 评标
8. 相对于传统的采购，电子采购的优势主要有( )。
   A. 加强了信息交流　　　　　　　　　B. 增强了企业竞争力
   C. 降低了交易成本　　　　　　　　　D. 提高了通信速度
   E. 提高了企业的服务质量
9. 议标又称谈判招标或限制性招标，它的主要方式有( )。
   A. 直接邀请议标方式　　　　　　　　B. 比价议标方式
   C. 公开议标方式　　　　　　　　　　D. 方案竞赛议标方式
10. 电子采购的应用方式主要有( )。
    A. 网上招标　　　B. 逆向拍卖　　　C. 目录式采购　　D. 桌面采购

三、判断题
   1. 中标者只需与招标者签订合同，不需缴纳履行保证金。　　　　　　　　( )
   2. 目前电子采购在我国应用的最主要问题是缺乏本土化的供应商。　　　　( )
   3. 投标文件要在规定的时间准备好，一份正本、一份副本。　　　　　　　( )
   4. 电子采购是指企业利用网络技术实行采购过程中信息采集、订单、支付等活动的一种采购行为。　　　　　　　　　　　　　　　　　　　　　　　　　　　　( )
   5. 决标后，招标单位无须向未中标单位退还投标保证金。　　　　　　　　( )
   6. 电子采购与传统采购相比成本更低。　　　　　　　　　　　　　　　　( )
   7. 电子采购应用方式中的逆向拍卖是一种利用互联网技术将招投标与拍卖技术结合起来的采购流程。　　　　　　　　　　　　　　　　　　　　　　　　　　( )
   8. 目前，我国有关招标采购的法律有：《中华人民共和国招标投标法》和《中华人民共和国政府采购法》。　　　　　　　　　　　　　　　　　　　　　　　( )
   9. 在招投标采购过程中串标和围标是常有的现象不需要引起重视。　　　　( )
   10. 投标书是投标者对于招标书的回应。　　　　　　　　　　　　　　　　( )

四、简答题
   1. 什么是招标采购，它有什么特点？
   2. 采购招标的方式有哪几种？
   3. 招标采购的流程可以分为哪几个阶段？请简要说明。
   4. 招标采购中常见的问题有哪些？
   5. 什么是电子采购，它有什么特征？
   6. 电子采购的优缺点是什么？
   7. 电子采购有哪些模式，如何去选择这些模式？

五、案例分析题

案例一：

某民营房地产开发企业投资的商品住宅项目，总建筑面积30万平方米。招标人采用邀请招标方式进行施工总承包招标，共向A、B、C、D四家企业发出了招标文件。

招标文件规定："投标保证金150万元人民币；采用固定总价合同；招标人和中标人在中标通知书发出后30日内订立书面合同，合同订立后10日内，中标人进场施工并按照合同价的10%提交履约保证金。"开标后，投标人A、B、C、D的投标报价分别为6 300万元人民币、6 150万元人民币、6 100万元人民币和5 850万元人民币。招标人与C企业进行了多次谈判并达成一致。随后C企业将投标报价修改为5 800万元人民币。招标人遂向C企业发出中标通知书，中标价格为5 800万元人民币。

进场施工后，C企业一直未按照招标文件规定向招标人提交履约保证金。招标人以C企业未能提交履约保证金为由，单方面解除了双方签订的施工总承包合同，并扣留了其投标保证金150万元人民币。

根据上述案例资料，回答下列问题：
1. 该项目施工招标方式是否妥当？简要说明理由。
2. 招标人对C企业投标保证金的处理是否妥当？简要说明理由。

案例二：

1984年创立于中国青岛的海尔，是世界白色家电第一品牌，目前，海尔在海内外都享有极高的声誉，在发展过程中也是一年一个新台阶，海尔之所以可以取得这些成功和它高度重视、运用、推广、发展信息化工作是分不开的。

海尔的信息化过程中重要的环节是现代化物流的实现。在该过程中，海尔选择了SAP公司的ERP系统和BBP系统，即原料网上采购系统。在成功实施ERP系统的基础上，海尔又建立了SRM(招标、供应商关系管理)、B2B(订单互动、库存协调)、B2C、扫描系统(收发货、投入产出、仓库管理、电子标签)等信息系统，并使之与ERP系统连接起来。这一项举措，每年可为海尔节约上千万元的费用，它的电子采购平台不仅加快了海尔整条供应链的反应速度，而且与供应商也实现了真正的互赢。

根据上述案例资料，回答下列问题：
1. 发展电子采购为海尔带来了哪些好处？
2. 一般电子采购都可以选择哪些模式？请简要说明。

项目五

采购价格与成本控制

 案例导入

在确定好山地自行车生产各个零部件供应商之后，SD 广东子公司计划近期与相关供应商进行价格的协商。因为此次山地车的生产耗费了巨大的人力、物力、财力，所以总公司希望广东子公司能够在价格方面获取更多的优势，要求在供应商提供的总价格基础上再压缩 8%，从而使成本降到最低，让公司产品在市场竞争中占据有利地位。

总公司的这项决定让广东子公司的采购人员很是头疼，通过之前对市场的各方面调查来看，现在确定和公司合作的供应商，虽然价格不是同行业最低的，但是提供的服务、产品的质量却是最好的，也是最适合公司发展的。如果说不考虑实际情况，盲目进行供应商产品价格压缩，不仅会使得供应商毫无利润、怨声载道，也会间接迫使他们把这种不满转移到产品上面来，导致产品质量低下，不符合公司标准，最终使整个合作破裂。

为了避免这一后果的出现，采购部主管宋杰向广东子公司领导请示：广东子公司的供应商产品价格能否按照子公司目前的实际情况进行定夺。他表示，总公司从山地车的竞争发展角度考虑，提出压缩产品成本策略是正确的，这样可以使山地车在市场上有更大的利润空间，但是按照现在公司的实际情况，以及华南区市场的现状，目前子公司选择出来的供应商是最切合公司发展的。一味的价格压榨非但达不到节约成本的目标，还会影响产品质量，打击供应商合作信心，影响公司信誉。

子公司领导听完宋杰的阐述觉得很有道理，他们让采购部先按照原计划进行产品的采购，价格压缩的事情他们去和总公司协商。

1. 为什么总公司要求广东子公司进行采购成本的控制？
2. 为什么采购部主管不赞同总公司要求供应商价格再降低 8% 的策略？
3. 影响采购价格的因素都有哪些？
4. 采购成本控制的方法都有什么？

任务一 采购价格分析

🔍 教学目标

知识目标	1. 了解影响采购价格的主要因素 2. 掌握各种采购定价方法及其适用情况 3. 了解各种采购价格折扣的含义
技能目标	能够根据实际情况分析并确定合适的采购价格
素养目标	培养学生在实践工作中的调查分析能力与决策分析能力

🔍 教学建议

建议课时	2课时
教学重点	采购价格确定的实施
教学难点	供应商定价方法
教学方法	任务驱动教学法；案例教学法；情境教学法
教学手段	小组讨论、实际模拟训练
组织形式	全班每4～5人为一组，每组设组长一名，组员合理分工
教学过程	任务引入→任务训练→任务分析→小组讨论→总结与点评
学生活动	1. 课前查阅采购价格的相关知识 2. 以小组讨论的形式完成任务训练
教师活动	学生在完成任务训练的过程中教师巡回指导、个别交流，教师检查与评定

📝 任务引入

得到子公司领导的肯定后，采购部采购负责人正式与相关供应商进行采购价格的洽谈确定，在进行询价和供应商报价之后，采购部人员和供应商进行进一步的议价。

基于 SD 公司采购物品的数量，且持续供应的基础上，供应商决定对价格做出一些让步，给予 SD 公司一定的数量折扣。此次数量折扣针对他们购买的产品数目给予不同等级的折扣，购买的产品数量越多，折扣越大，价格也就更加优惠了。最后，在维持好买卖双方利益的基础上进行定价。采购人员填写物资采购价格审批表进行备案。

任务训练

1. 确定采购价格的方法有哪些，供应商都有哪些定价方法？
2. 采购过程中的价格折扣制定除案例中的数量折扣外，还有哪些不同的折扣方式？

任务分析

确定最优的采购价格是采购管理的一项重要工作,采购价格的高低直接关系到企业最终产品或服务的高低。因此,在确保满足其他条件的情况下力争最低的采购价格是采购人员最重要的工作。采购人员必须很好地掌握各种定价的方法,了解各种方法的适用时机,并且能够利用技巧来取得满意的支付价格。本任务以小组为单位,通过上网或者去图书馆查阅获得采购价格的相关知识,小组内成员相互讨论,完成任务训练的操作。物资采购价格审批表如表 5-1 所示。

表 5-1 物资采购价格审批表

拟采购物资:				
物资名称		型号规格		数量
供应商	名称			
	报价			
采购部建议价			经办人签字	
核实价			价格员签字	
审批意见:				
审批签字:				

实施步骤

1. 课堂内分组讨论完成任务训练。
2. 各组展示讨论结果并陈述主要观点。
3. 教师总结与点评。

知识准备

一、采购价格的种类

采购价格是指企业进行采购作业时,通过某种方式与供应商之间确定的所需采购的物品和服务价格。依据不同的交易条件,采购价格会有不同的种类。采购价格一般由成本、需求以及交易条件决定,一般有:

(1) 到厂价。到厂价是指供应商负责将商品送达买方的工厂或指定地点,其间所发生的各项费用均由供应商承担。以国际而言,即到岸价加上运费(包括在出口厂商所在地至港口的运费)和货物抵达买方之前一切运输保险费,其他还有进口关税、银行费用、利息以及报关费等。这种到厂价通常由国内代理商,以人民币报价方式(形同国内采购),向外国原厂进口货品后,售给买方,一切进口手续皆由代理商办理。

(2) 出厂价。出厂价是指供应商的报价不包括运送责任,即须由买方雇用运输工具,前往供应商的仓库提货。这种情形通常出现在企业拥有运输工具或供应商加计的运费偏高时,或当卖方市场时,供应商不再提供免费的运送服务。

(3) 现金价。现金价是指以现金或相等的方式支付货款,但是"一手交钱,一手交货"的方式并不多见。在企业界的习惯,月初送货、月中付款或月底送货、下月中付款,即视同为现金交易,并不加计迟延付款利息。现金价可使供应商免除交易风险,企业亦享受现金折扣。例如,交易条件若为 2/10,$n/30$,即表示 10 天内付款可享受 2%的折扣,否则 30 天内必须付款。

(4) 期票价。期票价是指企业以期票或延期付款的方式来采购商品。通常企业会把延期付款期间的利息加在售价中。如果卖方希望取得现金周转,会将加计的利息超过银行现利率,以使供应商舍期票价取现金价。另外,从现金价加计利息变成期票价,可用贴现的方式计算价格。

(5) 净价。净价是指供应商实际收到的货款,不再支付任何交易过程中的费用。这点在供应商的报价单条款中通常会写明。

(6) 毛价。毛价是指供应商的报价,可以因为某些因素加以折让。

(7) 现货价。现货价是指每次交易时,由供需双方重新议定价格,若签订有买卖合约,亦以完成交易后即告终止。

(8) 合约价。合约价是指买卖双方按照事先议定的价格进行交易,合约价格涵盖的期间依契约而定,短的几个月,长的一年。

(9) 定价。定价是指物品标示的价格。

(10) 实价。实价是指企业实际上所支付的价格。

二、影响采购价格的主要因素

1. 供应商成本的高低

这是影响采购价格的最根本、最直接的因素。供应商进行生产,其目的是获得一定利润,否则生产无法继续。因此,采购价格一般高于供应商成本,两者之差即为供应商的利润,供应商的成本是采购价格的底线。

2. 市场供需关系

当采购物品供过于求时,则采购方处于主动地位,可以获得最优惠的价格;当采购物品为紧俏商品时,则供应商处于主动地位,它可能会趁机抬高价格。

3. 规格与品质

采购方对采购物品的规格和品质要求越高,采购价格就越高。采购人员应充分了解本企业采购物品的需求规格和品质要求,确保采购物品能满足需求,但也不要太超过实际需求。

4. 采购数量

一般情况下,供应商为了薄利多销对采购数量大的物品,必然会在讨价还价中或多或少地降低采购价格,抑或对采购方实行一定的数量折扣、现金折扣,从而降低采购的价格。

5. 生产周期与采购时机

当企业处于生产的旺季时，由于对原材料需求紧急，因此不得不承受更高的价格。避免这种情况的最好办法是提前做好生产计划，并根据生产计划制定出相应的采购计划，为生产旺季的到来提前做好准备。

6. 交货条件

交货条件也是影响采购价格非常重要的因素，交货条件主要包括交货时间与地点、运输方式及保险等。如果货物由采购方承运，则供应商就会降低价格，反之就会提高价格。有时为了争取提前获得所需货物，采购方会适当提高价格。

7. 付款条件

付款方式(预付款，货到付款，月结付款等)的不同也将影响采购价格的高低。很多的供应商为加快资金周转率，往往对提前付款的客户有价格的优惠。

8. 供应商的合作意愿

供应商为获得长期合作的机会，其报价往往会比其他客户低。采购人员要充分了解客户的报价策略。

三、供应商定价方法

(一) 成本导向定价法

成本导向定价法是以产品单位成本为基本依据，再加上预期利润来确定价格。成本导向法简单易用，因而被广泛采用。成本导向定价法主要包括成本加成定价法、目标利润定价法两种方法。

1. 成本加成定价法

成本加成定价法是以产品的单位成本作为定价基础，加上一定比例的利润来制定产品的价格，其基本计算公式是：

价格＝单位产品成本＋单位产品成本×成本加成率或成本利润率
　　＝单位产品成本×(1＋成本加成率或成本利润率)

成本利润率是利润与成本费用的比率，即加成比例，大多数企业是按成本利润率来确定所加利润的大小的。

【例5-1】企业的单位产品成本为10元/件，成本利润率为15%，求该产品的价格。

价格＝单位产品成本×(1＋成本加成率或成本利润率)
　　＝10×(1＋15%)＝11.5(元/件)。

成本加成定价法具体有两种做法：

(1) 按单位产品总成本加成定价。也就是以单位产品平均总成本(固定成本加上变动成本)加上成本利润率来定价。

【例5-2】单位产品的固定成本为5元，变动成本为6元，成本加成率取20%，求该产品的价格。

产品平均总成本＝5＋6＝11(元)

该产品的销售价格＝11×(1＋20%)＝13.2(元)

在产品单位成本一定的条件下，制定产品价格的关键在于确定成本加成率。企业定价考虑成本因素时，通常需要进行盈亏平衡分析。盈亏平衡是指在一定价格水平下，企业出售产品的收入刚好可以平衡企业总成本的支出，使企业不盈不亏的销售量称为盈亏平衡点。当企业产品销量超过盈亏平衡点时就可以盈利，如果低于盈亏平衡点就亏损。由于产品价格、销量、成本、利润紧密相连，因此，企业在定价时往往按照不同的定价水平，计算出不同成本的均衡点和相应价格的市场需求量对比，从中选出最有利的定价。

(2) 按边际成本定价。也就是计算变动成本定价。边际成本是指每增加或减少单位产品所引起的总成本变化量。由于边际成本与变动成本比较接近，而变动成本的计算更容易一些，所以在实际定价中多用变动成本替代边际成本。当市场价格低于企业产品的总成本，企业又没有别的对策时，只能按边际成本来定价。只要边际成本低于市场价格，企业仍然可以获得一定的边际贡献来弥补固定成本。边际成本定价的基本要求是：不求盈利，只求少亏损，其基本计算公式是：

价格＝单位边际成本或单位变动成本＋单位贡献

其中，单位贡献大于零，因为只有价格大于单位边际成本才能产生贡献来弥补固定成本。

2. 目标利润定价法

目标利润定价法又称目标收益定价法、目标回报定价法，是根据企业预期的总销售量与总成本，确定一个目标利润率的定价方法。与成本加成定价法相比，目标利润定价法是以企业想达到的利润目标来定价，成本加成法是以产品成本出发来定价。

目标利润率定价法的要点是使产品的售价能保证企业达到预期的目标利润率。企业根据总成本和估计的总销售量，确定期望达到的目标收益率，然后推算价格，目标利润定价法的计算公式是：

价格＝(固定成本＋变动成本＋目标利润)/预计销售量

【例5-3】甲产品预计销售量1 000件，固定成本100 000元，单位变动成本30元，企业的目标利润为90 000元，则该产品的价格应该定为多少？

价格＝(100 000＋30×1 000＋90 000)/1 000＝220(元/件)。

目标利润定价法的特点是有利于加强管理的计划性，可以较好地实现投资回收计划。不过也要估算好产品价格与期望销售量的关系，避免确定价格后销售量达不到预期目标。

(二) 需求导向定价法

需求导向定价法又称顾客导向定价法、市场导向定价法，是指企业根据市场需求状况和消费者的不同反应分别确定产品价格的一种定价方式。需求导向定价法主要包括理解价值定价法、需求差异定价法和逆向定价法。

1. 理解价值定价法

理解价值定价法也称"感受价值定价法""认知价值定价法"，也就是企业按照消费者在主观上对该产品所理解的价值，而不是产品的成本费用水平来定价。这种定价方法认为，某一产品的性能、质量、服务、品牌、包装和价格等，在消费者心目中都有一定的认识和评价。消费者往往根据他们对产品的认识、感受或理解的价值水平，综合购物经验、对市场行情和同类产品的了解而对价格作出评判。当商品价格水平与消费者对商品价值的理解水平大体一致时，消费者就会接受这种价格，反之，消费者就不会接受这个价格。

应用理解价值定价法的关键点在于企业要对顾客的相对价值有着正确的估计和决断。如果对顾客理解的价格估计过高，则定价就会过高，从而影响销售量；如果估计过低，则会因定价过低而造成损失。因此，企业在定价前必须通过认真的市场调查研究，力图准确把握顾客对自己产品的感受价值。

2. 差别定价法

差别定价法是指企业以两种或两种以上不同反映成本费用的比例差异的价格来销售一种产品或服务，即价格的不同并不是基于成本的不同，而是企业为满足不同消费层次的要求而构建的价格结构。

差别定价法有以下几种形式：

(1) 顾客细分定价。企业把同一种商品或服务按照不同的价格卖给不同的顾客。例如，公园、旅游景点、博物馆将顾客分为学生、年长者和一般顾客，对学生和年长者收取较低的费用；自来水公司根据需要把用水分为生活用水、生产用水，并收取不同的费用。

(2) 产品形式差别定价。企业按产品的不同型号、不同式样，制定不同的价格，但不同型号或式样的产品其价格之间的差额和成本之间的差额是不成比例的。比如 33 寸彩电比 29 寸彩电的价格高出一大截，可其成本差额远没有这么大。

(3) 形象差别定价。有些企业根据形象差别对同一产品制定不同的价格。这时，企业可以对同一产品采取不同的包装或商标，塑造不同的形象，以此来消除或缩小消费者认识到不同细分市场上的商品实质上是同一商品的信息来源。如月饼商对散装月饼定价 5 元/盒，一旦采用高级礼品盒包装，售价可达 30 元/盒。

(4) 地点差别定价。企业对处于不同位置或不同地点的产品和服务制定不同的价格，即使每个地点的产品或服务的成本是相同的。例如影剧院不同座位的成本费用都一样，却按不同的座位收取不同价格，因为公众对不同座位的偏好不同。

(5) 时间差别定价。价格随着季节、日期甚至钟点的变化而变化。电信服务商提供的长途电话服务其费用在夜间和凌晨可能比白天便宜很多；航空公司或旅游公司在淡季的价格便宜，而旺季一到价格立即上涨。

请扫描右侧二维码，阅读《差别定价法(以亚马逊为案例)》材料并讨论以下问题：
(1) 亚马逊差别定价实验为什么会失败？
(2) 差别定价法可以有哪些表现形式？

(资料来源：佚名. 差别定价法(以亚马逊为案例)[EB/OL].
[2014-02-09]. http://www.docin.com/p-763405900.html.)

3. 逆向定价法

逆向定价法主要不是考虑产品成本，而重点考虑需求状况。依据消费者能够接受的最终销售价格，逆向推算出中间商的批发价和生产企业的出厂价格。

逆向定价法的特点是价格能反映市场需求情况，有利于加强与中间商的良好关系，保证中间商的正常利润，使产品迅速向市场渗透，并可根据市场供求情况及时调整，定价比较灵活。

逆向定价法的优点是能够制定出针对性强，既能为客户所接受又能与竞争对手抗衡的产品价格。逆向定价法的缺点是容易造成产品的质量下降和客户的不满，并导致客源减少。

(三) 竞争导向定价法

竞争导向定价法是企业通过研究竞争对手的生产条件、服务状况、价格水平等因素，依据自身的竞争实力，参考成本和供求状况来确定商品价格。这是一种参照同一市场或类似市场上竞争者的类似产品的价格来进行定价的方法。

竞争导向定价主要包括随行就市定价法、密封投标定价法。

1. 随行就市定价法

随行就市定价法，是以本行业的平均现行价格水平为标准的定价方法。这种方法以竞争对手的价格为依据，其原则是使本企业产品的价格与竞争产品的平均价格保持一致。值得注意的是，平均现行价格不是固定价格，而是随着行业产品需求和成本的变化而变化。通常在以下情况下往往采取随行就市定价法：难以估算成本；企业打算与同行和平共处；如果另行定价，很难了解购买者和竞争者对本企业的价格的反应。

2. 密封投标定价法

密封投标定价法是一种被用于企业投标过程中，以竞争为基础的定价方法。其定价是以对竞争者定价的预测为基础，而不是根据企业自己的成本或者需求来定价的。企业的目的是要中标，这就要求其定价低于其他企业。

采购经理降价之道

某企业采购经理李某，上任后为了更有效地使成本降低，进行了一系列尝试。首先来看看这位经理的降价方法：他专挑那些用量最大的零件，重新进行询价，这样的方法当然会得到好的价钱。但是他忘了，原供应商还有很多其他的零件在该公司使用，用量很低但价钱还维持在高用量时的水平，毫无疑问供应商在亏本，只能靠那些大用量的零件来弥补。

调整的直接结果是供应商的整体盈利大幅下降，该公司成为他们不盈利或少盈利的客户，其经营重心转移到其他更盈利的客户，导致供应商对该公司的按时交货率、质量和服务水平大幅降低。比如在李经理上任之前，所有供应商的季度按时交货率都在96%以上；而他上任后没几个月，有好几家供应商的按时交货率均已跌破90%。

其次,就是供应商对该公司失去信任。几个主要供应商基本处于亏本的状态:一方面是因为整体经济低迷;另一方面由于多年来赤裸裸的压价,结果导致供应商既没有经济能力,也没有动力负担工程技术力量,直接影响公司开发新产品。

更典型的一个例子是,有一家供应商的部件没法转移给其他供应商来做,因为这组零件对最终产品的性能影响很大,更换供应商的风险大,需要重新进行供应商资格认证,而产品设计部门不愿花费时间和承担风险。供应链经理李某采用了强势态度对待现有供应商:不管怎么样,降价15%,至于怎么降,那是供应商自己的事。

供应商没法在人工成本上省,那就只能在材料上下功夫。但是,主要原材料镍的价格在一年内翻了两倍,该供应商已经多次提出涨价要求。材料利用率上也没潜力可挖。于是,找便宜材料成了供应商生存的唯一出路。问题就出在这里,供应商为达到15%的降价目标,于是将原来用的原材料换成价钱较低的替代品,但技术性能差别较大。等零件装配到最终产品上,运给客户,客户反映性能不达标。这是大问题,影响到客户自己的生产线,耽误工时。这巨大的损失,即便是将这家供应商卖了也都不够赔偿。这个采购经理的做法合理吗?为什么?

四、采购价格的确定步骤

(一) 询价

询价是指在贸易业务来往中,买方或卖方就所要购买或出售的商品方询问交易条件的行为,一般由买方提出。如果一种物料以前没有向某供应商采购过,就要向该供应商询问,以获得来自该供应商的各种信息。许多企业有标准的询价表格,如表 5-2 所示,这种表格一般包括两方面信息,一方面的信息由采购方向供应商提供;另一方面的信息是供应商根据采购方提供的所作出的发盘,也就是供应方向采购人员询价。询价通常有口头与书面形式。在询价的过程中,为了使供应商不致发生报价上的错误,采购人员通常会附上辅助性的文件,例如商品规格书、商品分期运送的数量明细表等。

表 5-2 询价单

询价单										
									编号:	
报价单位名称			联系人				部 门			
邮 箱			电 话				传 真			
序号	产品名称	规格型号	技术参数	数量	市场报价(面价)	单价(优惠价)	金额	厂家/品牌	备注
1									
2									
3									
4									
5									

(续表)

备注：
1. 请务必 E-mail 或传真产品的详细资料，包括图片及主要技术参数、实验指导书等(代理商请提供代理证)。 2. 有无增值税发票(17%)。 3. 是否含运输、安装调试、培训等费用。 4. (1) 到货期：　　　　　　　(2) 质保期： 5. 结算方式： 　　　　　　　　　　　　　　　　　　　　　　　　报价单位：　　　　　(签章) 　　　　　　　　　　　　　　　　　　　　　　　　报价人：　　　　　　(签章) 　　　　　　　　　　　　　　　　　　　　　　　　日期：　　　　年　月　日

(二) 报价

1. 价格与供应商选择

采购人员每天可能要收到数份报价单，如表 5-3 所示，确定供应商报价是否合理是让采购人员比较头痛但又不得不面对的事。

表 5-3　报价单

报　价　单

采购编号：			联系人：		报价单位名称(盖章)：				报价日期：
项目	申请单号	物资编号	物资名称及型号规格	单位	数量	单价/元	金额/元	品牌或生产厂家	
1									
2									
3									
4									
5									
6									
7									
8									
9									
10									
合计									
上述报价是否含税：　　税率：　　报价有效期：　　交货时间：　　运输方式：									
付款方式：						报价人联系电话：		传　真：	
需要说明的其他事项(如有)：						报价人签字：			

如果采购人员得到了如下 4 份报价。A 供应商：1 元/件；B 供应商：0.92 元/1 件；C 供应商：0.9 元/件；D 供应商：0.8 元/件。D 供应商的价格最便宜，但经过对供应商的全面

了解后发现 D 供应商是一家规模小、人员素质差且无品质保证能力的企业，D 供应商为了抢占市场采取了低价格攻势；B 供应商及 C 供应商虽价格较高，但有较高的信誉，在品质及交货方面能有较好的保证；A 供应商虽是一家在各方面都不错的大企业，但因管理费用过高而使得价格居高不下。经过这样的调查了解后，正确的做法是首先就要把报价最低的 D 供应商去掉，这种做法的结果与凭表面判断的结果恰恰相反。经采购人员的努力，B 供应商及 C 供应商的单价虽降不到 D 供应商的报价水平，可能也会下降数个百分点。如果 B 供应商及 C 供应商的样品能通过既定的评审，那么 B 供应商及 C 供应商就可能是最为理想的供应商。在实际操作中，采购人员容易犯这样的毛病：就是要求 B 供应商及 C 供应商的报价一定要降到 D 供应商的价格才肯罢休，因为他认为这个市场上既然已经有供应商报出了这个价格，B 供应商和 C 供应商也应该能接受这个价格。殊不知这个低价是忽略了许多其他采购服务才报出来的，换句话说，D 供应商所报的价格是不可信的。

2. 确定供应商价格的合理性

要确定供应商的报价是否合理是一件比较困难的事，特别是所购买的商品被少数供应商垄断时或采购人员对所购物品很陌生时。一般来说，下列方法可用作定性判断：

(1) 将不同供应商之间的报价进行比较。可以尽量多找几家供应商报价，来自不同供应商的报价可以让采购人员了解所购物料的大致市场价格。最终选定的供应商可能只有一两家，但其他供应商的报价可作为采购人员作出正确选择的参考。找多家供应商报价会增加采购人员的工作量，但是是值得的。

(2) 与确定的底价进行比较。所谓底价就是打算支付的最高采购价格。底价的制定使采购人员对价格的确定与取舍有据可依，但是底价的制定往往需要企业内部数位很懂行的人士甚至聘请企业外部的专家来完成，许多小企业无法做到。底价制定得太高或太低对企业都不利，若制定得太低，本来可以入围的优秀供应商被拒之门外，这样企业就会丧失很多机会成本；若制定得太高，就失去了制定底价的意义。一个合理底价的制定不仅需要制定人有丰富的与物料相关的知识，还要尽可能地搜集相关材料。

(三) 议价

议价无非是采购人员与供应商之间讨价还价的过程，需要多次的谈判和磋商，要讲究方法和技巧。

(四) 定价

通常采购的基本要求是品质第一，服务第二，价格列为最后。因此采购价格以能达到适当价格为最高要求。在维持买卖双方利益及良好关系的前提下，使原料供应持续不断，这才是采购人员的主要责任。定价通常经过如下过程：

1. 采购价格调查

一个企业所需使用的原材料，少的有几十种，多的万种以上。企业要根据"重要的少数"原理来进行采购价格调查，即根据数量上仅占 10%而价值却占 70%~80%来调查。假如企业能掌握住 80%左右价值的"重要少数"，那么，就可以达到控制采购成本的目标，这就是重点管理法。根据一些企业的实际操作经验，可以把下列 6 大项目列为主要的采购调查范围：

(1) 选定主要原材料 20～30 种，其价值占全部价值的 70%以上；
(2) 常用材料、器材属于大量采购项目的；
(3) 性能比较特殊的材料、器材(包括主要零配件)，一旦供应脱节，可能导致生产中断的；
(4) 突发事件紧急采购的；
(5) 波动性物资、器材的采购；
(6) 计划外资本支出、设备器材的采购，数量巨大，影响经济效益深远的。

上面所列 6 大项目，虽然种类不多，但却是所占数值比例很大，或影响经济效益甚广的。为了便于了解占总采购价值 80%的"重要少数"原材料价格的变动行情，就应当随时记录，真正做到了如指掌。

2. 采购价格信息搜集方式

采购价格信息的搜集可分为三类：

(1) 上游法，即了解拟采购的产品是由哪些零部件或材料组成的，查询制造成本及产量资料。
(2) 下游法，即了解采购的产品用在哪些地方，查询需求量及售价资料。
(3) 水平法，即了解采购的产品有哪些类似产品，查询替代品或新供货商的资料。

3. 采购价格确定方式

(1) 报价采购方式。所谓报价采购，即采购方根据需采购物品向供应商发出询价或征购函，请其正式报价的一种采购方法。通常供应商寄发报价单，内容包括交易条件及报价有效期等，必要时另寄"样品"及"说明书"。报价经采购方完全同意，买卖契约才算成立。

(2) 招标确定价格的方式是采购企业确定价格的重要方式，其优点在于公平合理。因此，大批量的采购一般采用招标的方式。但采用招标的方式需受几个条件的限制：①所采购的商品规格要求必须能表述清楚、明确、易于理解；②必须有两个以上的供应商参加投标。这是采用招标方式的基本条件。

(3) 谈判确定价格是确定价格的常用方式，也是最复杂、成本最高的方式。谈判方式适合各种类型的采购。

日本爱华公司采购耳机反应器的报价确定

2003 年 8 月，日本爱华公司要采购耳机反应器，即一种能够辨识出音乐并进行高保真音箱播放的设备。当时一个反应器的价格不足 2 美元，而且能生产这种设备的厂家很多，例如日本的 SONY、韩国的三星、法国的朗讯等，爱华公司最后选择了朗讯。

当时的谈判，朗讯去了 4 个人，分别为华盛顿州首席执行官、财务总监、生产部门的主管以及采购的首席谈判代表，4 人中 1 名女性，3 名男性，而爱华公司只派了主管太保久和主管助理小野田二 2 个人。

朗讯代表到达日本东京福田机场后，太保久和小野田二9点10分与朗讯代表见面，含蓄的握手之后双方开始在机场的VIP室交谈，主要是谈论西服、皮鞋、发型、口红等，到11点10分都没有切入正题，最后太保久说："现在开始谈正事，我们想购买9 000万个贵公司的反应器，你们报价吧！"朗讯代表自信地说："鉴于我们是长期合作的战略伙伴关系，我们给您的报价是每个1.9美元。"

说完之后，太保久就笑了，回头对小野田二说："听见了吗？"小野田二拿出两张纸，然后对对方说："多谢大家到东京做客，据我所知，朗讯以前没有生产过这种反应器，贵公司为了承接我们的订单，被迫成立了反应器生产事业部。贵公司的反应器头是钛合金金属，有质感、有条纹。贵公司是从中国的澳门采购大理石的条纹，每个产品每平方厘米0.13美元；贵公司在芝加哥加工完之后再用自己的机器设备加工，设备完全都是租借的，每个成本0.2美元；调整使用再加上玻璃膜每个成本0.7美元；使用韩国船只运输成本为每个0.14美元；调整完装船从中国上海、厦门然后再到香港，迂回到韩国落阳进三星工厂进行浅加工，每个成本只有0.3美元；再运输到东京时，使用日本三井油船的船，每个成本为0.28美元，加起来，每个产品的总成本是1.14美元。再加上50%的毛利，你们产品的真实价格应该为1.64美元。"

朗讯代表听完后非常吃惊，日本人对其各个环节的成本以及毛利情况都了如指掌，促使对方只能做出让步。

上述案例中，如果每个产品销售2美元，9 000万个产品为1.8亿美元，如果对方要价为1.9美元，而日方出价为1.64美元，每个产品价格少0.26美元，9 000万个产品可以节约1 400多万美元，当时折合人民币为1.8亿元。可见，情报分析工作对于整个企业产品的定位具有非常重要的意义。

五、采购价格折扣的制定

价格折扣是指供应商对基本价格作出一定的让步，直接或间接降低价格，以争取顾客，扩大销量。供应商有时为了促销、加快现金周转等目的提供一些价格折扣，采购方如果能及时得到这些信息，选择合适的时机采购合适的数量，可以降低采购成本。因此，有必要熟悉供应商的各种价格折扣策略。

供应商的价格折扣策略主要有数量折扣、现金折扣、功能折扣、季节折扣、回扣和津贴。

1. 数量折扣

数量折扣指按购买数量的多少，分别给予不同的折扣，购买数量越多，折扣越大。其目的是鼓励大量购买或集中购买。数量折扣包括累计数量折扣和一次性数量折扣两种形式。累计数量折扣规定顾客在一定时间内，购买商品若达到一定数量或金额，则按其总量给予一定折扣，其目的是鼓励顾客经常向本企业购买，成为可信赖的长期客户。一次性数量折扣规定一次购买某种产品达到一定数量或购买多种产品达到一定金额，则给予折扣优惠，其目的是鼓励顾客大批量购买，促进产品多销、快销。

采购方在选择是否接受数量折扣以及选择什么水平的数量折扣时，应该要充分考虑获得的折扣与因增加采购数量而产生的额外库存成本进行比较，以总成本最低为目标。

2. 现金折扣

现金折扣是对在规定的时间内提前付款或用现金付款者所给予的一种价格折扣。其目的是鼓励顾客尽早付款，加速资金周转，降低销售费用，减少财务风险。采用现金折扣一般要考虑三个因素：折扣比例；给予折扣的时间限制；付清全部货款的期限。

在西方国家，典型的付款期限折扣表示为"3/20, n/60"。其含义是在成交后 20 天内付款，买者可以得到 3%的折扣，超过 20 天，在 60 天内付款不予折扣，超过 60 天付款要加付利息。

提供现金折扣等于降低价格，所以企业在运用这种手段时要考虑商品是否有足够的需求弹性，保证通过需求量的增加使企业获得足够的利润。

3. 功能折扣

中间商在产品分销过程中所处的环节不同，其所承担的功能、责任和风险也不同，企业据此给予不同的折扣称为功能折扣。对生产性采购商的价格折扣也属于一种功能折扣。功能折扣的比例，主要考虑中间商在分销渠道中的地位、对生产企业产品销售的重要性、购买批量、完成的促销功能、承担的风险、服务水平、履行的商业责任以及产品在分销中所经历的层次和在市场上的最终售价等。

4. 季节折扣

有些商品的生产是连续的，而其消费却具有明显的季节性。为了调节供需矛盾，这些商品的生产企业便采用季节折扣的方式，对在淡季购买商品的顾客给予一定的优惠，使企业的生产和销售在一年四季能保持相对稳定。例如，啤酒生产厂家对在冬季进货的商店给予大幅度让利，冬季服装生产企业为夏季购买其产品的客户提供折扣。

季节折扣比例的确定，应考虑成本、储存费用、基价和资金利息等因素。季节折扣有利于减轻库存，加速商品流通，迅速收回资金，促进企业均衡生产，充分发挥生产和销售潜力，避免因季节需求变化所带来的市场风险。

5. 回扣和津贴

回扣是间接折扣的一种形式，它是指购买者在按价格目录将货款全部付给销售者以后，销售者再按一定比例将货款的一部分返还给购买者。津贴是企业为特殊目的，对特殊顾客以特定形式所给予的价格补贴或其他补贴。

比如，当采购商为企业产品提供了包括刊登地方性广告、设置样品陈列窗等在内的各种促销活动时，供应商给予采购商一定数额的资助或补贴。又如，对于进入成熟期的产品，开展以旧换新业务，将旧货折算成一定的价格，在新产品的价格中扣除，买方只支付余额，以刺激需求，促进产品的更新换代，扩大新一代产品的销售量。这也是一种津贴的形式。

案例分析

美心与厂商协同降低采购成本

2002 年，美心公司与大多数高速发展的企业一样，开始面临增长瓶颈。掌门人夏明宪毅然采取以利润换市场的策略，大幅降低产品价格。然而，降价不久，风险不期而至，

原材料钢材的价格突然飙升。继续低价销售——卖得越多，亏得越多；涨价销售——信誉扫地，再难立足。面对两难抉择，降低成本，尤其是原材料的采购成本就成了美心生死攸关的"救命稻草"！

夏明宪向采购部下达指令：从现在开始的3年内，企业的综合采购成本，必须以每年平均10%的速度递减。

这让美心采购部的员工们有点傻眼，甚至不服气：此前美心公司的"开架式采购招投标制度"属国内首创，既有效降低成本，又杜绝暗箱操作，中央电视台都为此做过专题报道。而且此举已经为美心节约了15%的采购成本，还有什么魔法能够让青蛙变得更苗条？

在夏明宪的带动下，美心员工开始走出去，从习惯坐办公室到习惯上路，超越经验桎梏，于不知不觉中形成了一套降低成本的管理模式。

联合采购，分别加工

针对中小供应商，美心将这些配套企业联合起来，统一由其出面采购原材料。由于采购规模的扩大，综合成本减少了20%！配套企业从美心领回原材料进行加工，生产出来的半成品直接提供给美心，然后凭验收单到美心的财务部领取加工费。同时随着原材料成本的降低，配套企业也更具竞争力，规模扩大，价格更低，形成良性循环。

原材料供应，战略伙伴

针对上游的特大供应商即国内外大型钢铁企业，美心的做法是收缩采购线，率先成为其中一两家钢厂的大客户乃至于战略合作伙伴。而钢厂面向战略合作伙伴的价格比普通经销商低5%~8%，比市场零售价低15%。于是仅2002年的一次采购，美心就比同行节约成本近1 000万元。

随着采购规模的与日俱增，美心人开始有了和钢厂进一步谈判的砝码。应美心要求，钢厂定期向其提供钢材的价格动态，并为美心定制采购品种。比如过去钢板的标准尺寸是一米，而门板尺寸是90厘米，其中10厘米就只能裁下来扔掉。现在钢厂为美心量身定制生产90厘米钢板，就大大减少了浪费，节约了成本。又比如他们还专门为美心开发了一种新材料门框，品质相同，价格每吨可节约600元。

新品配套，合作共赢

对于新配套品种的生产，由于配套企业需要增加大量投资，导致新配套产品与其他配套产品相比，价格大幅增加。美心就以品牌、设备、技术、管理等软硬件向生产方入股，形成合作；合作条件为，美心公司自己使用的产品，价格只能略高于生产成本。这样一来，合作方在新品的生产上减少了投入，降低了风险；同时，美心也降低了配套产品的采购成本，增加了收入。于是各方受益，皆大欢喜。

循环取货，优化物流

解决了原材料和配套产品的采购问题，美心还与配套企业携手合作，从物流方面进行优化。由于不同配套企业的送货缺乏统一的标准化的管理，在信息交流、运输安全等方面，都会带来各种各样的问题，必须花费双方很大的时间和人力资源成本。美心明白，配套企业物流成本的提高，将直接转嫁到配套产品的价格上。于是美心就聘请一家第三方物流供应商，由他们来设计配送路线，然后到不同的配套企业取货，再直接送到美心的生产车间。这样一来，不仅节约了配套企业的运送成本，提高了物流效率，更重要的是，把这些配套产品直接拉到生产车间，保持了自身很低的库存，省去了大量的库存资金占用。

美心通过与原材料供应商及配套企业的携手合作,使原材料厂商拥有了稳定的大客户,配套企业降低了生产风险,而自身则在大大降低成本的同时,扩大了产销量,形成了各方皆大欢喜的共赢局面。

2002年,美心门的产销量同比翻了一番,美心的综合采购成本下降了17%,同比全行业的平均水平低23%!美心公司成为唯一在原材料价格暴涨时期维持低价政策的企业,企业形象如日中天,渠道建设终于根深叶茂。

(案例来源:佚名. 美心——厂商协同降低采购成本[EB/OL]. [2012-11-06]. http://www.chinawuliu.com.cn/xsyj/201211/06/191162.shtml.)

1. 什么是联合采购?美心公司怎样进行联合采购?
2. 美心公司在降低采购成本方面采取了哪些措施?取得了什么成效?

 技能训练

采购价格确定的实施

一、训练目的
1. 熟练掌握采购价格确定的流程。
2. 能对供应商的报价进行初步分析。
3. 掌握询价、比价、议价的基本技能。

二、训练准备
1. 教师推荐几种商品,如方便面、电脑、空调、手机、沙发、托盘等,作为采购价格确定的研究对象。
2. 拟定询价单、比价单等相关表格。

三、训练步骤与要求
1. 全班分组,每组4~6人,每组设组长一名。
2. 制定价格确定计划,主要包括确定价格分析对象、价格确定流程、价格信息获取渠道、组内分工等。
3. 编制询价单,通过网络、电话或实地进行询价(至少询价3家)。
4. 通过网络或实地调研制定商品底价。
5. 编制比价单,进行比价,重点考虑质量、数量、付款方式、服务与信誉、运输方式等因素下的比较。
6. 根据比价以及底价信息进行议价,并确定最优价格。
7. 制作PPT,以小组形式进行课堂汇报,全班交流,教师点评。

四、注意事项
1. 调研过程中要注意文明礼貌以及安全事项。
2. 注意团队的合作意识和沟通交流技巧。
3. 价格影响因素较多,因此,要注意基于多因素的价格比较。

五、训练成果

实训报告(价格确定的实施过程、结果、体会与感想等)。

六、拓展任务

选取当地某制造企业为背景,根据企业实际情况,以其主要原材料为对象,分析确定其采购价格。

任务评价

班级		姓名		小组		
任务名称	采购价格分析					
考核内容	评价标准	参考分值(100分)	学生自评	小组互评	教师评价	考核得分
知识掌握情况	1. 了解影响采购价格的主要因素	15				
	2. 掌握各种采购定价方法及其适用情况	20				
	3. 了解各种采购价格折扣的含义	15				
技能提升情况	能够根据实际情况分析并确定合适的采购价格	25				
职业素养情况	1. 具有自主学习能力	5				
	2. 具有合作精神和协调能力,善于交流	5				
	3. 具有一定的分析能力	5				
参与活动情况	1. 积极参与小组讨论	5				
	2. 积极回答老师提问	5				
小计						
合计=自评×20%+ 互评×40%+教师评×40%						

任务二 采购成本控制

教学目标

知识目标	1. 掌握采购成本的构成及其影响因素 2. 掌握常用的降低采购成本的方法
技能目标	1. 能够根据实际情况对企业采购成本作简单分析 2. 能够根据实际情况合理运用采购成本降低的方法降低采购成本
素养目标	培养学生在实践工作中的成本意识与数据收集处理的能力

教学建议

建议课时	2 课时
教学重点	采购成本降低的方法
教学难点	采购成本控制的方法
教学方法	任务驱动教学法；案例教学法；情境教学法
教学手段	小组讨论、实际模拟训练
组织形式	全班每4～5人为一组，每组设组长一名，组员合理分工
教学过程	任务引入→任务训练→任务分析→小组讨论→总结与点评
学生活动	1. 课前查阅采购成本控制的相关知识 2. 以小组讨论的形式完成任务训练
教师活动	学生在完成任务训练的过程中教师巡回指导、个别交流，教师检查与评定

任务引入

为了更好地进行采购成本管理，SD 广东子公司采购部主管宋杰要求采购部在近期完善好山地自行车项目采购成本构成明细表，对物料成本、订购成本、库存持有成本、缺货成本这 4 项构成成本进行分类及说明。怕大家统计的时候出现错误，宋杰还特意提醒负责的同事登记明细之前要先把类别分好。但是负责人却觉得主管有点太敏感了，他心想现在采购部随随便便来个人就能把这项工作完成，这种提醒实在是太多虑了。

果然，任务安排下去之后没过多久负责人就把明细表提交到了宋杰的手里。但是，速度快并不代表质量好，短短两页纸的明细里面错误百出。本来应属于订购成本里的采购入库费用却被统计到了库存持有成本里，而库存持有成本里的物料保险费用却被统计进了物料成本。不管是物料成本、订购成本还是库存持有成本、缺货成本都存在着许多统计错误。这让宋杰很是生气，自己三令五申提醒还不当一回事，他责令相关负责人做好反思，重新进行明细表的制作与提交。

任务训练

1. 采购成本分别包括哪些内容？
2. 做好采购成本构成明细表后，又应该如何去控制和降低采购成本？

任务分析

成本分析与控制是企业采购管理的重点工作之一。掌握采购成本结构分析并依次判断供应价格的合理性有助于提高管理水平并降低总成本。本任务以小组为单位，通过上网或者去图书馆查阅获得采购成本控制的相关知识，小组内成员相互讨论，完成任务训练的操作。

实施步骤

1. 课堂内分组讨论完成任务训练。
2. 各组展示讨论结果并陈述主要观点。
3. 教师总结与点评。

 知识准备

一、采购成本的构成

采购成本对企业的盈亏或者获取的利润水平有着重要影响。如何缓解成本压力，有效地控制采购成本，提升企业经营效益，是采购成本管理的主要目标。为了有效控制采购成本，首先应了解采购成本的构成。

通常，物料的采购成本除了采购物料的价格，还包括采购活动所花费的成本费用(如采购业务费用等)，以及因采购而带来的库存持有成本、因采购到货不及时带来的缺货成本。物料的采购成本由以下4种成本构成。

1. 物料成本

物料成本是指由于购买物料而发生的货币支出成本。物料成本总额主要取决于采购的数量和单价，其计算公式是：

$$物料成本＝单价×数量＋运输费用＋相关手续费及税金等$$

物料成本中，最关键的是物料价格。可以说物料采购成本控制的关键是采购价格的控制。

2. 订购成本

订购成本是指向供应商发出采购合同订单的成本费用，也可以说是企业实现一次采购而进行的各种活动(如差旅费、通信联系等)的费用，主要包括以下费用：检查存货水平；编制并提出采购申请；对供应商进行调查分析并选择合适的供应商进行采购；填写、核对收货单；结算资金及付款等。

 拓展知识

订购成本明细科目

订购成本的明细科目如表5-4所示。

表5-4 订购成本明细科目表

	科目	内容
订购成本	1. 请购手续费用	因请购活动发生的人工费、办公用品费以及存货检查、请购审查等活动所发生的费用
	2. 采购询议价费用	因供应商调查、询价、比价、议价、谈判等活动所发生的通信费、办公用品费、人工费等
	3. 采购验收费用	负责采购事项的采购专员参与物料(或货物)验收所花的人工费、差旅费、通信费，检验仪器、计量器具等所花的费用，以及采购结算发生的费用等
	4. 采购入库费用	入库前的整理挑选费，包括挑选整理过程中发生的工费支出和必要的损耗损失
	5. 其他订购成本	发生在订购阶段的其他费用，如结算采购款项所发生的费用

3. 库存持有成本

库存持有成本是指为保存物料而发生的成本。库存持有成本可以分为固定成本和变动成本。固定成本与物料的存货数量无关，如仓库的折旧、仓库管理人员的固定工资等；变动成本与持有的存货数量的多少有关，如物料的破损或变质损失、物料的保险费用、物料占用资金的应计利息。

4. 缺货成本

库存缺货成本就是由于物料供应中断而造成的损失，包括原材料供应中断造成的停工损失、产成品库存缺货造成的延迟发货损失和销售机会丧失带来的损失、企业采用紧急采购来解决库存的中断而承担的紧急额外采购成本等。

物料成本计算

关于计算物料成本的相关项目如表 5-5 所示。

表 5-5 物料成本计算表

填表日期： 年 月 日

物料成本计算表										
材料名称	采购价		人工费		运杂费		仓储费		物料成本合计	
	单位成本	总成本	单位成本	总成本	单位成本	总成本	单位成本	总成本	单位成本	总成本
合计										
相关说明										
编制人员			审核人员				批准人员			
编制日期			审核日期				批准日期			

二、采购成本的主要影响因素

采购成本的构成复杂，因此影响采购成本的因素也很多，主要受采购次数、采购批量大小、采购价格高低的影响，同时也和企业采购战略、企业产品成本结构、供应商成本结构、供需双方谈判能力有关。

1. 采购批量和采购批次

通常，采购批量越大，可能获得的折扣越优惠，价格可能越低。在采购总量一定的情况下，采购批量越大，采购批次越少，从而发生的订购成本也相应减少。

2. 采购价格与谈判能力

企业在采购过程中谈判能力强弱在很大程度上影响了采购价格的高低。如上所述，采购价格的高低对企业采购成本的影响至关重要。

3. 企业采购战略

一个企业的采购战略对采购成本的影响是根本性的，采购战略决定着采购成本的控制力度、控制措施与方法。当然，采购成本只是采购活动中的一方面而已，而采购战略却统筹采购活动的方方面面。因此采购战略不仅直接影响着采购成本，而且也间接影响着采购成本。

4. 企业产品成本结构和供应商成本结构

企业产品成本结构由于行业或产品类别的不同会有所差别，主要包括原材料成本、制造成本、管理费用等。采购成本的很大一部分会转移到产品成本中，它们之间会相互影响。

供应商无疑会影响企业的采购活动，具体到采购活动中，供应商的成本结构必然会或多或少影响到采购企业的采购成本。

采购成本控制专员岗位职责

采购成本控制专员岗位职责如图 5-1 所示。

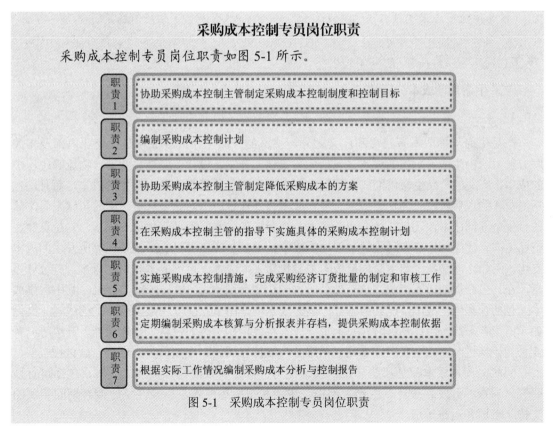

图 5-1 采购成本控制专员岗位职责

三、采购成本控制方法

(一) ABC 分类法

ABC 分类法是根据事物在技术或经济方面的主要特征,进行分类排队,分清重点和一般,从而有区别地确定管理方式的一种分析方法。

ABC 分类法是管理控制原理中最常用的方法之一,不仅可应用于质量管理、营销管理、物资管理、库存控制、仓储管理、供应商管理,还可以应用于成本控制,通过对采购物资的分类以及供应商的分类实现不同类别的采购物资与供应商采用不同的采购方法与采购策略来有效控制采购成本。

供应商 ABC 分类法

库存 ABC 分类法同样可以被移植到供应商管理中来:供应商中的少数将占采购总值的大部分。可将所有供应商区分为如下三个不同的部分。

A 类供应商:采购额占采购总额的 70%~80%,但数量只相当于供应商总数的 15%~20%。

B 类供应商:采购额占采购总额的 15%~20%,数量相当于供应商总数的 30%~40%。

C 类供应商:采购额在总金额中几乎可以忽略不计,采购额占采购总额的 5%~10%,数量相当于供应商总数的 60%~70%。

(二) 生命周期成本分析法

1. 定义

产品生命周期成本有狭义和广义之分。狭义的产品生命周期成本是指企业内部及相关联方发生的由生产者负担的成本,包括成本策划、开发、设计、制造、营销、物流等过程中的成本。广义的产品生命周期成本不仅包括上述生产者及其相关联方发生的成本,而且还包括消费者购入后所发生的使用成本、废弃成本和处置等成本。如果从更广义的角度来看产品的全生命周期成本,还包括社会责任成本。社会责任成本并不是一种单一成本,它是贯穿在产品生产、使用、处理和回收等过程中的成本,主要是环境卫生、污染处理等所发生的成本支出。例如,网络系统的生命周期成本主要包括采购成本、运维成本和机会成本。有统计显示,在其生命周期成本当中,这三部分所占的比例分别约为 30%、55%、15%,其中运维成本又包括管理维护成本、能耗成本等;机会成本则是由于系统发生故障而产生的成本。又例如,消费者采购一台计算机时,完全负担成本将包括购买时的价格、维修保养、升级等;企业采购计算机时,完全负担成本则包括服务与支持、网络、安全、员工训练、软件授权等。

因此,周期成本就是那些涉及购置、使用、保养和报废物理资产的成本,包括可行性研究、调查、开发、设计、生产、维护、更新和报废等成本,以及在资产拥有期间相关的支持、培训和运作等成本。

2. 生命周期成本分析法的重要性

如果不考虑产品生命周期的含义，就会产生将交货时的初期成本作为选择具体资产唯一标准的错误。而这种看似简单的做法，却为计算该产品整个周期成本埋下隐患。

周期成本对基于技术迅速发展变化的产品是至关重要的。从生产者的角度看，飞速的科技变革意味着销售利润可能不抵初期设计和开发上的投资。而从采购者的角度看，投资的产品，在投入资金获得回报之前，可能或多或少已过时了。

因此，负责置办固定资产项目的采购主管应参考如下建议：①确保技术规范中包含可供参考的资产拥有所连带的费用因素，如维护保养费用、零配件获得的难易程度带来的费用等。②就某一特定领域的开发工作与供应商架起交流桥梁。③将初期成本视为在众多因素中唯一会增加整个周期成本的因素。④在推荐购置某项特定资产之前，确保对所有可能引起整个周期成本增加的因素都给予相应的考虑。

3. 生命周期成本分析法的应用

除采购资本设备外，生命周期成本法可以用于以下几个方面：

(1) 购置的控制管理——评估大规模购置的未来成本。

(2) 选项管理——比较一系列花费在可选项目上的回报情况。

(3) 定价——除直接的和一般管理成本(不包括折旧)外，应保证销售价格中包括利息的支付，这反映了满足所有资本提供者所需的全部资本成本，因此，固定资本的年度等效成本应涵盖折旧和使所有资本提供者满意的利润空间。

(4) 项目分析——以相对目标成本来衡量项目的成本。

(5) 产品设计——为周期成本分析提供数据，使得设计人员能调整或改进设计，进而提高消费者对产品的满意度，以及相对同类产品竞争者而言，其产品有更大的成本优势。

(6) 置换更新的决策——因为随着年份增加，使用和维护有形资产的成本就会相应增加，周期成本分析能够帮助确定何时报废某一有形资产比较有利，以及何时采购一个更新的置换物，而不再去花费不断增长的维护成本。

(7) 供应商的支持——由供应商(用分析法)提供对他们的产品作生命周期的比较评估。

4. 生命周期成本分析法

生命周期成本分析法涉及三个基本步骤。

(1) 识别所有相关成本。如图 5-2 所示，这些成本首先可以分为购置成本和运作、维护、报废成本两大类，然后再细分下去。

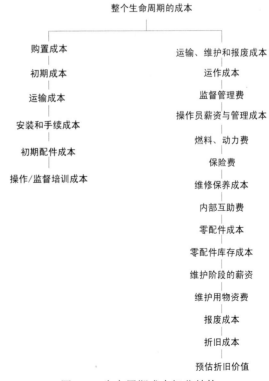

图 5-2 生命周期成本细分结构

(2) 根据上述所列各项,计算资产在其预期使用寿命内的成本,可以是已知费率,如操作员薪资、维修费;也可以是根据过去历史上的数据或其他经验性数据估算出的费率;根据告知的意见或观点进行猜测估计。

(3) 使用贴现来将未来成本调整为当前成本,即作采购决定时的成果。这样做可以减少所有的不确定性,使成本分析统一到共同的基础上来,确保公平地进行比较。

(三) 采购价值分析法

1. 价值分析的含义

价值分析法(value analysis,VA)又称价值工程(value engineering,VE),是降低成本、提高经济效益的有效方法。所谓价值分析,是指对产品或服务分别从功能和成本的角度展开分析,以最低的成本可靠地实现产品或服务的必要功能,从而提高产品或服务的价值。价值分析特别适用于新产品开发,针对产品或服务的功能加以研究,通过剔除、简化、变更、替代等方法,来达到降低成本的目的,也可以对现有产品的功能、成本做系统的研究与分析。这里的价值是反映费用支出与获得之间的比例,用数字比例式表达如下:

$$价值 = 功能/成本$$

2. 价值分析的思想

(1) 提高功能,降低成本,大幅度提高价值。
(2) 功能不变,降低成本,提高价值。
(3) 功能有所提高,成本不变,提高价值。
(4) 功能略有下降,成本大幅度降低,提高价值。
(5) 适当提高成本,大幅度提高功能,从而提高价值。

3. 价值分析的对象

(1) 必须经常大量采购的物品项目或高价品。
(2) 成本偏高者。
(3) 经常发生问题者,例如不良率。
(4) 设计、开发比较复杂者,例如必须外包的项目。

4. 价值分析与一般降低成本的差异

价值分析与一般降低成本的差异比较如表 5-6 所示。

表 5-6 价值分析与一般降低成本的差异比较

采购价值分析法	一般降低成本方法
1. 以采购活动功能为中心	1. 以采购设备或物料为中心
2. 对采购活动功能性进行研究	2. 以成本分析为中心,节约采购成本
3. 通过团队组织共同设计采购方案	3. 忽视信息收集工作
4. 通过团队分工完成采购任务	4. 采购人员分工不明确,效率低
5. 可以获得明确的成本降低目标	5. 成本降低目标不明确,缺乏对整体采购活动的指挥和分配

5. 价值分析实施的八大步骤

(1) 选定对象、设定目标，即以采购物品中最主要的及影响最大的物品(按 80/20 原则确定)为对象。

(2) 成立价值分析改善小组，并以采购为核心，召集设计、生产、质管、采购及提供零组件或模具等人员共同组成。

(3) 收集、分析对象的情报。

(4) 拟订降低采购成本的战略方案，以正确掌握价值分析的目的与功能。

(5) 拟订具体实施计划，改善方案。

(6) 改善方案的展开。

(7) 效果的确定，确认具体改善方案及其成效。

(8) 新方案变更，即标准化。

6. 采购价值分析方案

根据收集的资料形成方案，编制采购价值分析方案表，如表 5-7 所示。

表 5-7 采购价值分析方案表

方案名称	采购价值分析方案		受控状态	
			编号	
执行部门		监督部门	考证部门	
一、项目对象和目标 运用价值分析方法，使工厂××产品的零件采购活动成本下降_____%。 二、采购价值分析小组 1. 由采购部负责召集研发、采购、生产和财务等相关部门共同组成价值分析小组。 2. 采购价值分析小组负责分析采购功能，明确采购零件的种类、数量、品质、规格。 3. 价值分析小组中的采购人员负责采购工作的执行，财务人员对采购效果进行评估。 三、采购对象情报收集和分类 1. 采购对象信息的整理与分析。采购人员将采购对象的信息装订成册，分送小组每位成员人手一册，并让其对相应的设计、用料、功能、价格等模块进行仔细审视，找出可改善之处。 2. 准备所需材料表。准备该类采购对象的材料表，列出全部的料号、名称、规格和数量，并将生产单位产品的实际材料放置于活动地点，以备参考研究之用。 四、对采购原材料成本的分析 1. 分析所需材料表。运用材料表，将其材料的品名、料号、材质、单位、单价、用量及占总成本的比例等予以展开，以用于找出适合以价值分析方法降低采购成本的物料。 2. 制作原材料成本比重图。根据材料表分析结果，制作成原材料成本比重图，将比重占前三项的原材料确定为采购成本改善工作的重点。 五、拟定降低采购成本的执行方案 采购人员根据选定的采购活动改善重点，选择适当的物料，并与供应商进行谈判协商，落实采购工作。 六、检验采购价值分析的效果 1. 质量检查。采购人员和质量检验人员针对产品或采购物料的功能、价值、成本等进行质询，检验是否能够满足生产活动的需求。 2. 成本降低结果核算。财务人员负责对采购成本降低工作进行核算，将成本改善效果以量化的方式予以明确。				
编制日期		审核日期	批准日期	
修改标记		修改处数	修改日期	

价值分析/价值工程的起源

价值工程法在20世纪40年代起源于美国，劳伦斯·戴罗斯·麦尔斯(Lawrence D.Miles)是价值工程的创始人。1961年美国价值工程协会成立时他当选为该协会第一任会长。在"二战"之后，由于原材料供应短缺，采购工作常常碰到难题。经过实际工作中孜孜不倦地探索，麦尔斯发现有一些相对不太短缺的材料可以很好地替代短缺材料的功能。后来，麦尔斯逐渐总结出一套解决采购问题的行之有效的方法，并且把这种方法的思想及应用推广到其他领域，例如，将技术与经济价值结合起来研究生产和管理的其他问题，这就是早期的价值工程。1955年这一方法传入日本后与全面质量管理相结合，得到进一步发扬光大，成为一套更加成熟的价值分析方法。麦尔斯发表的专著《价值分析的方法》使价值工程很快在世界范围内产生巨大影响。

价值工程发展历史上的第一件事情是美国通用电器公司(GE)的石棉事件，"二战"期间，美国市场原材料供应十分紧张，GE急需石棉板，但该产品的货源不稳定，价格昂贵，时任GE工程师的劳伦斯·戴罗斯·麦尔斯(Lawrence D.Miles)开始针对这一问题研究材料代用问题，通过对公司使用石棉板的功能进行分析，发现其用途是铺设在给产品喷漆的车间地板上，以避免涂料沾污地板引起火灾，后来，麦尔斯在市场上找到一种防火纸，这种纸同样可以起到以上作用，并且成本低，容易买到，取得很好的经济效益，这是最早的价值工程应用案例。

通过这个改善，麦尔斯将其推广到企业其他的地方，对产品的功能、费用与价值进行深入的系统研究，提出了功能分析、功能定义、功能评价以及如何区分必要和不必要功能并消除后者的方法，最后形成了以最小成本提供必要功能，获得较大价值的科学方法，1947年研究成果以"价值分析"发表。

(资料来源：佚名. 价值工程法[EB/OL]. [2018-01-02]. http://doc.mbalib.com/view/a1469095ca528c017b972f584762908c.html.)

(四) 目标成本法

1. 目标成本法的定义

目标成本，简而言之就是目标价格与目标利润之差。

目标成本法由特许管理会计师公会(CIMA)定义为：源于市场竞争价格推导出的产品成本估算，它被用来不断改进和更新技术及生产程序，以降低成本。

2. 目标成本法的特性

目标成本法具有如下特性：

(1) 具有主动性和前瞻性，不同于被动的和传统的标准成本。

(2) 变化性，因为目标成本不仅在设计和开发阶段就不断变动，而且贯穿于产品和服务的整个生命周期。强调不断改进意味着目标成本应在整个过程里呈递减趋势。

(3) 以市场为驱动力，这意味着目标成本相对于竞争对手的成本而言是固定的。

(4) 目标成本与功能分析联系紧密。功能分析通过减少或改善产品、服务的功能来进行成本管理。功能分析是由设计、工程、生产、采购、市场和管理职能部门共同组成的团队来承担的，它用来决定如何管理和控制成本以获得预期的目标。

每一成本的组成要素均由团队共同研究商讨，确定如何通过以下过程修改目标成本或提高产品的竞争力：改进设计规范，改进生产技术，替代材料，产品功能的简化或合并，控制包装、营销和运输的成本，通过提高产品可靠性来降低售后服务成本。

3. 目标成本法在采购谈判中的应用

目标成本法主要是与寻找产品制造商和服务提供商的竞争能力相关联的。但目标成本法也可被采购方以下述方式应用在谈判中：

(1) 透露给供应商采购方欲支付的目标价格。

(2) 与供应商一起，明确如何获得含有合理利润的目标价格的途径。

(3) 在双方同意的时间间隔或在合同续签时，将改进产品或价格的条款在合同中明确加注出来。

(4) 向供应商提供核心产品的生命周期的预估值，核心产品中也把外购零部件或组装件一并考虑在内。这样就可以估计在这一特定时间段内供应商所期待的所有需求。这种整体需求可用来协商批量优惠、价格复核以及培训安排。

四、降低采购成本的方法

1. 价值分析与价值工程法

价值工程的主要思想是通过对选定研究对象的功能及费用分析，提高对象的价值。针对产品或服务的功能加以研究，以最低的生命周期成本，透过剔除、简化、变更、替代等方法，来达成降低成本的目的。价值分析是使用于新产品工程设计阶段，而价值工程则是针对现有产品的功能/成本，做系统化的研究与分析，但现今价值分析与价值工程已被视为同一概念使用。

2. 谈判法

谈判是买卖双方为了各自目标，达成彼此认同的协定过程，这也是采购人员应具备的最基本能力。谈判并不只限于价格方面，也适用于某些特定需求。使用谈判的方式，通常期望价格降低达到的幅度为3%～5%。如果希望达成更大的降幅，则需运用价格/成本分析、价值分析与价值工程(VA/VE)等手法。

3. 目标成本法

如何改进产品与工序设计，在满足市场需求及企业所期望的盈利水平的前提下，如何降低设计阶段被锁定的80%左右的产品成本？20世纪60年代由日本丰田汽车公司发明的目标成本规划法可担此重任。这一方法对提高日本工业企业(尤其是汽车制造业)的经济效益与竞争实力，立下了汗马功劳。20世纪80年代以来，这一方法被欧美许多著名的企业(如福特汽车公司)相继采用，大大改进了其成本与财务状况。

目标成本是指企业在新产品开发设计过程中，为了实现目标利润而必须达到的成本目标值,即产品生命周期成本下的最大成本允许值。目标成本规划法的核心工作就是制定目标成本,并且通过各种方法不断地改进产品与工序设计,以最终使得产品的设计成本小于或等于其目标成本。

4. 早期供应商参与(early supplier involvement,ESI)

在产品设计初期,选择伙伴关系的供应商参与新产品开发小组。通过供应商早期参与的方式,使新产品开发小组依据供应商提出的性能规格要求,及早调整战略,借助供应商的专业知识来达到降低成本的目的。

5. 集中采购

集中采购是很有效的方法,将各部门的需求集中起来,可以较大的采购筹码得到较好的数量折扣价格。规格标准化后,可取得供货商标准品的优惠价格,库存量也可以相对降低。如此,可以借助统一采购作业减少行政费用的支出,能够有更多的时间将资源用于开发新的供货商。

请扫描右侧二维码,阅读《集中采购案例分析报告》材料并讨论以下问题:

(1) 什么是集中采购?
(2) 集中采购有什么优势?

(资料来源:佚名. 集中采购案例分析报告[EB/OL]. [2013-07-13]. https://wenku.baidu.com/view/b22b9154852458fb760b561c?pcf=2.)

6. 联合采购

联合采购是主要发生于非营利事业的采购,如医院、学校等,通过统计不同采购组织的需求量,以获得较好的折扣价格。这也被应用于一般商业活动之中,如第三方采购,专门替那些需求量不大的企业单位服务。

联合采购的必要性

中集集团在集装箱制造领域是行业的领导者。记者采访该集团采购部李小姐时,谈到集中采购的问题,李小姐直言不讳地指出,集中采购基本是一个大企业把采购上的规模优势更大化的手段。没有多品类的产品线,产品销量没有一定规模,根本不可能实现集中。所以,在集中采购方面,中集的竞争力相对比较强。

这话听起来有些残忍,但众多中小企业管理者比较认同。

天合宁波电子紧固装置公司黄经理告诉记者他的看法:"规模的大小直接决定了企业在产业链的话语权,大众、神龙等客户端的大企业拼命压迫我们降低价格,我们只能唯唯诺诺地接受；但当我们要从比我们更小的零部件企业采购时，我们的腰板也是挺得硬硬的。"

"大鱼吃小鱼，小鱼吃虾米。"黄经理仿佛一语道破。

沃顿咨询公司的陈司星则认为，黄经理的说法有失偏颇。他指出，在采购价格问题上，小企业的确处于绝对的被动地位，但这并不意味着众多的中小企业在控制采购成本上无路可走。比如，跨行业的联合采购就不失为一种降低成本的方法。在可能的情况下，中小企业尤其可以考虑组织或加入采购联盟。

中小企业如果在原材料采购上联合起来，就可以增强防范风险的能力。一来多家企业联合采购，集小订单成大订单，增强集体谈判能力，获取采购规模优势，争得和大企业一样的"江湖地位"；二来联合采购的对象是原材料生产企业，这样就可以摆脱代理商的转手成本，通过直接与制造商交易，减少中间层次，大大降低流通成本和保障产品质量。

(资料来源：吴威. 控制采购成本的几种策略[N]. 中国经营报，2004.)

7. 尽量减少非标准件采购

一般来讲，非标准件供应商的目标客户非常明确，是应某个客户的要求开发的产品，因此很大可能性是不会量产，即使量产，数量也很少，因此在单位人工费、设计费上相对要高，后续的维护费用也会相对较高，不利于成本降低，因此，建议在新项目正式投产以后，所采购物料应尽量使用标准件。

8. 自制或外包

自制与外包的策略，在产品的设计阶段，利用外协厂的标准制程与技术，以及使用工业标准零件，方便原物料的取得。如此一来，不仅大大减少了自制所需的技术支援，同时也降低了生产所需的成本。

9. 作业导向成本法

作业导向成本法(activity based costing)是另外一个降低成本的方法，这在美国惠普公司早已行之多年，可以将间接成本依照在某一产品上所花费的时间正确地配置，这有别于传统会计作业将间接成本平均分摊的做法。它可以让管理阶层清楚地了解间接成本分配的状况，并易于检讨成本分配是否合理。不过，分析的过度细化，可能导致越想全面掌控却又越抓不到重点的情形。所以，适时地利用如帕累托分析等工具，来找出关键成本所在是绝对必要的。

10. 利用学习曲线

学习曲线(the learning curve)，也称经验曲线，是随着产品累计产量的增加，单位产品的成本会以一定的比例下降。学习曲线是以图形的形式表示在一定时间内获得的技能或知识的速率。学习曲线体现了熟能生巧。学习曲线是分析采购成本、实施采购降价的一个重要工具和手段。一个人随着经验的积累会越来越熟练，学习曲线提供了使这个原理定量化的分析框架。它源于"二战"时期的飞机工业，当产量上升时，生产每架飞机的劳动时间会极大地下降。随后的研究表明，在许多行业都存在这种现象。

案例分析

某公司运用 VA/VE 降低采购成本的实践

某公司是一家发动机专业制造厂,引进了 VA/VE 改善活动。首先,由采购部门召集研发、采购、生产、财务各部门及协作厂商共同组成项目改善小组,副总经理担任项目改善小组召集人,厂长担任副召集人,采购经理担任总干事,各部门主管担任项目改善小组干事。然后,在企业内召开成立大会,举行宣誓仪式,正式开展活动。

公司选定的对象是 2AP 电动机,目标设定为降低 20%的零件成本。展开步骤如下:

(1) 选定对象情报的收集、分析:①将 2AP 电动机的所有情况装订成册,分送专业小组每位成员人手一册,并让其反复仔细审视,找出可以改善之处。②准备 2AP 电动机材料表,列出全部的料号、名称、规格、数量,并将 1 台电动机的实际材料放置于改善活动地点,以备研究之用。③将 VA/VE 改善手法及程序摘要制成大字报张贴于活动地点的四周墙壁,以便让项目小组成员随时能看见,加深记忆。④运用材料表,将其材料的品名、料号、材质、单位、单价、每台用量、每台价格及占总成本比例等予以展开,找出适合以 VA/VE 降低成本的材料。

(2) 制作成本比重饼图,结果筛选出硅钢片(35%)、漆包线(25%)及轴承(10%)合计共占全部成本 70%的三项,作为改善的重点。

(3) 列出同业竞争者比较表,并拆检竞争者同机种马达,以了解其用料与用量,希望能知己知彼,取长补短。

(4) 提出改善方案,并准备实物和磅秤,并确认其功能与重量及效果。实施 3 个月内,共降低 2AP 电动机零件成本达 24 件,占电动机总零件 45 件的 53.3%,并在往后 3 个月内又降低了 7 件,累计共降低 31 件零件成本,占电动机总零件的 68.9%,其成本降低 6.3%,年节省零件采购成本达 1 亿元左右。

(案例来源:鞠颂东,徐杰.采购管理[M].北京:机械工业出版社,2005.)

 除了价值分析与工程法,案例中的公司还可以运用什么方法降低采购成本呢?

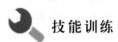技能训练

采购成本控制方法的应用

一、训练目的

1. 加深对采购成本分析与控制方法的理解。
2. 根据企业实际情况能初步运用合适的采购成本控制法。

二、训练准备

教师推荐当地几家紧密合作的企业或实训基地作为调研对象。

三、训练步骤与要求

1. 全班分组,每组 4~6 人,每组设组长一名。

2. 制定调研计划,确定调研对象、地点、时间,调研提纲以及调研方法等。

3. 联系企业进行实地或网络调研,主要调查企业的采购物料品种、数目、成本以及企业目前的采购成本控制策略等。

4. 整理调研相关资料,分析采购物料的成本构成。

5. 选择合适的采购成本控制方法,提出采购策略,如运用 ABC 分类法来对采购物料进行分类,并对不同类物料提出不同的采购策略建议。

6. 制作 PPT,以小组形式进行课堂汇报,全班交流,教师点评。

四、注意事项

1. 调研过程中要注意文明礼貌以及安全事项。
2. 注意团队的合作意识和沟通交流技巧。
3. 调研过程中要注意收集采购成本控制的方法或手段。

五、训练成果

实训报告(采购成本调研的过程、分析与结果、体会与感想等)。

六、拓展任务

以上述调研结果为基础,根据企业实际情况,尝试运用多种采购成本控制法为企业采购提出更多有效的成本控制措施或手段。

任务评价

班级		姓名		小组		
任务名称	采购成本控制					
考核内容	评价标准	参考分值 (100 分)	学生自评	小组互评	教师评价	考核得分
知识掌握情况	1. 掌握采购成本的构成及其影响因素	15				
	2. 掌握常用的降低采购成本的方法	20				
技能提升情况	1. 能够根据实际情况对企业采购成本作简单分析	20				
	2. 能够根据实际情况运用合理的方法降低采购成本	20				
职业素养情况	1. 具有自主学习能力	5				
	2. 具有合作精神和协调能力,善于交流	5				
	3. 具有一定的分析能力	5				
参与活动情况	1. 积极参与小组讨论	5				
	2. 积极回答老师提问	5				
小计						
合计=自评×20% + 互评×40% +教师评×40%						

 **拓展提升**

1. 请根据本项目所学内容，分小组完成任务，每小组进行抽签选择任务主题，根据主题要求完成相关计算并积极展开讨论完成实训报告。

2. 在讨论过程中学生可以自行上网搜集信息或头脑风暴。

3. 各小组展示讨论成果，同时小组之间互相评价、获取建议、完善讨论成果；学生将完善后的讨论成果提交给老师，老师进行评分。

任务1：采购成本分析

A 公司现需要采购一批商品，已知订货天数为 30 天，存货天数为 5 天，缺货天数为 3 天，该批材料数量 3 000 件，单价 20 元/件，合格数量 2 980 个，废品单价 15 元/个(废品不入库，立刻处理，所以废品不占用存货成本)。尝试计算此次的采购成本(供应商的材料是一次性交付的)。

假设 A 公司的年订货总成本为 100 万元，年保管费用为 1 000 万元，年停工加班费用为 200 万元，年销售(因延误交付而支付的)损失为 100 万元，年采购总额为 6 000 万元，年销售额为 9 000 万元，年产值 1 亿元，年均存货总额(年初存货与年末存货的 1/2)为 600 万元，月利率 0.5%。A 公司采购结算主管需要安排采购员对这次的采购成本进行核算。

要求：在分析核算过程中，学生可以上网搜集相关资料。提交采购成本分析核算结果(Word 或 PPT 形式)，具体评分见表 5-8 采购成本分析核算评分表。

表 5-8 采购成本分析核算评分表

序号	项目名称	分值	评分
1	分析采购成本的构成	0~20	
2	分析采购成本具体费用内容	0~20	
3	分析确定采购成本的计算公式	0~20	
4	分析确定采购成本的计算方法	0~20	
5	具有采购各项成本的计算过程	0~20	
		总分：100	得分：
基本概念 □优 □良 □中 □合格 □不合格	技能掌握 □优 □良 □中 □合格 □不合格	语言描述 □优 □良 □中 □合格 □不合格	
综合评分等级			

任务2：采购成本控制

2016 年 12 月 10 日，DX 公司总经理靳平给采购部门提出了下一年的要求，2017 年的采购成本要比 2016 年降低 6%。采购部经理李筱雨根据总经理的指示，召开了采购部门会议，讨论明年应该从采购的哪些环节、运用哪些方法来对采购成本进行控制？

要求：以小组为单位，对提出的问题进行讨论，并提交讨论结果和采购成本控制方案，填写实训报告(见表 5-9)。

表 5-9　控制采购成本实训报告

实训报告				
小组名称		小组成员	日期	
讨论主题		如何控制采购成本		
成本控制环节	成本控制方法	具体实施	分值	评分
			20	
			20	
			20	
			20	
			20	
			总分：100	
基本概念 □优□良□中□合格□不合格		技能掌握 □优□良□中□合格□不合格	语言描述 □优□良□中□合格□不合格	
教师评价				
综合评分				

同步测验

一、单选题

1. 采购成本通常不包括(　　)。
   A. 订购成本　　　　B. 损耗成本　　　　C. 维持成本　　　　D. 缺料成本

2. (　　)是由于物料供应中断产生的经营性损失。
   A. 订货成本　　　　B. 货损赔偿　　　　C. 维持成本　　　　D. 缺货成本

3. 采购成本控制的意义是控制采购成本对采购人(　　)至关重要。
   A. 提高运行效率　　B. 节约资金　　　　C. 减少劳动力　　　D. 增大市场需求

4. (　　)是影响采购价格的最根本、最直接的因素。
   A. 生产季节与采购时机　　　　　　　B. 供应商成本的高低
   C. 采购数量多少　　　　　　　　　　D. 付款条件

5. 密封投标定价法是一种被用于企业投标过程中，以(　　)为基础的定价方法。
   A. 竞争　　　　　　B. 需求　　　　　　C. 成本　　　　　　D. 利润

6. (　　)是指供应商负责将商品送达买方的工厂或指定地点，期间所发生的各项费用均有供应商承担。
   A. 出厂价　　　　　B. 现金价　　　　　C. 到厂价　　　　　D. 期票价

7. 源于市场竞争价格推导出的产品成本估算，被用来不断改进和更新技术及生产程序，以降低成本的是(　　)。
   A. ABC 分类法　　　　　　　　　　　B. 生命周期成本分析法
   C. 所有权总成本法　　　　　　　　　D. 目标成本法

8. ( )主要应用于非营利性事业的采购,如医院、学校等。
   A. 集中采购　　　　B. 外包　　　　C. 联合采购　　　D. 自制
9. 所有权总成本公式 $TCO=A+(O+T+M+W+R+E)-S$,其中 A 是指( )。
   A. 运营成本　　　　B. 培训成本　　　C. 维护成本　　　D. 购置成本
10. 价值分析的对象不包括( )。
    A. 必须外包项目　　　　　　　　　　B. 成本偏高者
    C. 经常发生问题者　　　　　　　　　D. 价格便宜的

二、多选题

1. 采购价格的确定步骤包括( )。
   A. 询价　　　　　B. 报价　　　　C. 议价　　　　D. 定价
2. 采购成本控制的事前规划包括( )。
   A. 对备选厂商的评选制度　　　　　　B. 查询历史的采购记录和当前市场
   C. 随时核对实际使用成本　　　　　　D. 把握影响成本增减的特定要素
3. 根据采购价格对成本进行控制的方法包括( )。
   A. 采购人邀请多家供应商进行采购谈判,通过相互竞争达到增加成本的目的
   B. 以目标价格确定产品的成本,保证预设的利润
   C. 采购人提出条件和要求,邀请供应商参加投标;同一企业内部或集团内部对同一种材料进行集中采购
   D. 根据期货的特性,在合理的价位和时期采购
   E. 分析产品所体现的价值,与其成本进行比较,使其以最低成本实现目标价值
4. 供应商定价方法主要有以下几类,即( )。
   A. 投标定价法　　　B. 竞争定价法　　　C. 成本导向定价法
   D. 需求导向定价法　E. 竞争导向定价法
5. 成本导向定价法具体包括( )。
   A. 成本加成定价法　B. 盈亏平衡定价法　C. 变动成本定价法
   D. 比较成本定价法　E. 目标利润定价法
6. 竞争导向定价法具体包括( )。
   A. 随行就市定价法　B. 密封投标定价法
   C. 差别定价法　　　D. 逆向定价法
7. 采购成本的主要影响因素包括( )。
   A. 采购批量和采购批次　　　　B. 采购价格和谈判能力
   C. 企业采购战略　　　　　　　D. 企业产品成本结构和供应商成本结构
8. 采购价值分析的对象包括( )。
   A. 必须经常大量采购的物品项目或高价品
   B. 成本偏高者
   C. 经常发生问题者,如不良率
   D. 设计、开发比较复杂者,如必须外包的项目

9. 降低采购成本的方法包括( )。
   A. 价值分析与价值工程法　　B. 谈判法
   C. 目标成本法　　　　　　　D. 概率预算法
10. 生命周期成本法可以应用于( )。
    A. 采购资本设备　　　　　　B. 购置的控制管理
    C. 项目分析　　　　　　　　D. 产品设计

三、判断题

1. 供应商的成本结构不影响采购成本。（　）
2. 对供应商的报价进行评估时，只需要结合产品质量及售后服务。（　）
3. 物料成本＝单价×数量＋运输费用＋相关手续费及税金。（　）
4. 采购方对采购物品的规格和品质要求越高，采购价格就越低。（　）
5. 需求导向定价法又称顾客导向定价法、市场导向定价法。（　）
6. 竞争导向定价主要包括随行就市定价法、密封投标定价法。（　）
7. 联合采购主要发生于非营利性事业的采购，如医院、学校等，通过统计不同采购组织的需求量，以获得较好的折扣价格。（　）
8. 采购过程中最重要的是"货比三家"，选择其中价格最便宜的物资进行采购。（　）
9. 逆向定价法不容易造成产品的质量下降和客户的不满，也不会导致客源减少。（　）
10. 库存持有成本是指为保持物料而发生的成本。（　）

四、简答题

1. 采购价格的种类都有哪些？
2. 影响采购价格的主要因素有哪些？
3. 供应商的定价方法主要有哪几种？
4. 采购价格的步骤如何确定？
5. 供应商价格的折扣策略主要有哪些？
6. 采购成本可以用哪些方法进行控制？
7. 如何去降低采购成本？

五、计算题

1. 某采购经理要为公司购买一台大型的设备，共有三家供应商可以提供货源，但价格各不相同。供应商甲、乙、丙的价格分别为120万元、100万元、130万元，它们每年所消耗的维修和保养费用分别为10万元、20万元和8万元。假设生命周期为6年，请问该经理会购买哪一个供应商的产品？

2. 有一种产品的预计销售量是2 000件，固定成本是50 000元，单位变动成本是20元，公司要求的盈利目标为100 000元，那么该产品的价格应该定为多少呢？

六、案例分析题

案例一：某公司的采购成本分析及控制

某生产婴儿食品的大型公司过去每年花在采购方面的开支接近8亿美元。由于处在一个高利润的行业，因此该公司对采购成本的管理并不当回事。然而，当经济开始回调、市场增长减慢时，该公司终于意识到，它现在不得不花更大的力气以求保住利润了。由于过去几年的采购过程未经严格的管理，因此现在看来，采购方面无疑是挖潜的首要方向了。

该公司首先从保养、维修及运营成本入手，很快做出决定：请专家制定了一套电子采购策略。这一做法有助于通过集中购买及消除大量的企业一般行政管理费用来达到节省开支的目的。然而在最后的分析中，节省的效果却并未达到该公司的预期。

为了寻求更佳的节省效果，该公司开始转向其主要商品，如原料、纸盒、罐头及标签。公司分析了可能影响到采购成本的所有因素，包括市场预测、运输、产品规格的地区差异、谈判技巧及与供应商关系等。但是公司的采购成本控制仍然没有取得理想的效果，这让公司高层很是困扰，只得想更多的办法来解决这一问题。

根据上述案例资料，回答下列问题：
1. 你认为该公司之前在控制采购成本策略上失败的原因是什么？
2. 你有什么降低采购成本的好方法，请写下来。

案例二：IBM 公司的"土办法"采购

全球 IT 业巨擘 IBM 公司过去也是用"土办法"采购：员工填单子、领导审批、投入采购收集箱、采购部定期取单子。企业的管理层惊讶地发现，这是一个巨大的漏洞——烦琐的环节，不确定的流程，质量和速度无法衡量、无法提高，非业务前线的采购环节已经完全失控了，甚至要降低成本都不知如何下手！

管理层不得不反思，IBM 公司到底是如何采购的呢？那时 IBM 不同地区的分公司、不同的业务部门的采购大都各自为政，实施采购的主体分散，重复采购现象普遍。以生产资料为例，键盘、鼠标、显示器其至包装材料大同小异，但采购流程自成体系，权限、环节各不相同，合同形式也五花八门。

而自办采购的问题很明显，对外缺少统一的形象，由于地区的局限，采购人员不一定找到最优的供应商，而且失去了大批量购买的价格优势。

根据上述案例资料，回答下列问题：
1. IBM 公司过去的"土办法"采购存在哪些问题？
2. 在制定降低采购成本的办法之前，公司需要做哪些方面的分析？

项目六

采购谈判与合同订立

 案例导入

在经历一系列生产工艺后，SD 广东子公司的第一批山地自行车成品终于成功完成，只要进行最后的整体喷漆，山地车就能推向市场了，所以公司领导经过商议后，决定 8 月准时进行第一批山地车的售卖。

眼见山地车推向市场的日子越来越近，但是和 A 喷漆公司的谈判却一直谈不拢。之前 A 公司提供了一套喷漆图案模板，但是公司考虑到这次山地车主打的是流行、动感元素，而 A 公司提供的模板太过于古板和老套，不符合现在大众消费的主流，也入不了年轻人的眼，所以公司摒弃了之前的方案，自行设计了一套新的喷漆图案。

在商议的过程中 A 公司认为，SD 公司采用自己设计的喷漆图案也可以，但是摒弃了的图案稿也要算设计费，毕竟是公司辛苦设计的。况且，修改了模板，又要重新配相应的工具和彩漆，这些都是要花时间和成本的。另外，A 公司也表示只要照常付设计费，这批山地自行车一定会加班加点帮他们做完整体造型的喷漆工作，让山地车可以按时推向市场。

A 公司的这一想法遭到了 SD 公司的反对，他们认为喷漆图案是公司自行设计的就没有再收取设计费的道理，之前 A 公司提供的模板在设计过程中也没有和他们进行协商，所以就算 A 公司产生了设计费，这笔设计费也应该是 A 公司自己承担。最后，因为两边都没有让步，和 A 公司的合作也无法进行。考虑到山地车的面市不能再往后拖，采购主管宋杰决定亲自和 A 公司进行谈判。

1. 在采购谈判中，采购双方应就哪些主要内容进行磋商？
2. 在采购价格谈判过程中，宋杰可以采取哪些谈判策略呢？
3. 谈判完成之后签订的采购合同主要包括哪些内容？
4. 如何解决后续的合同纠纷问题？

任务一　采购谈判

🔍 **教学目标**

知识目标	1. 了解采购谈判的主要内容与流程 2. 掌握采购谈判方案的制定 3. 掌握采购谈判的策略与技巧
技能目标	1. 能根据具体情况制定采购谈判方案并实施 2. 能在谈判中，灵活运用谈判技巧，解决一般采购谈判问题
素养目标	培养学生在实践工作中的沟通表达与决策分析能力，对突发问题的处理能力

🔍 **教学建议**

建议课时	2课时
教学重点	采购谈判的流程
教学难点	采购谈判的策略与技巧
教学方法	任务驱动教学法；案例教学法；情境教学法
教学手段	小组讨论、实际模拟训练
组织形式	全班每4~5人为一组，每组设组长一名，组员合理分工
教学过程	任务引入→任务训练→任务分析→小组讨论→总结与点评
学生活动	1. 课前查阅采购谈判流程、策略及技巧的相关知识 2. 以小组讨论的形式完成任务训练
教师活动	学生在完成任务训练的过程中教师巡回指导、个别交流，教师检查与评定

📝 **任务引入**

为了更好地与 A 公司进行采购谈判，宋杰在谈判之前就开始做准备。他首先确定谈判的目标，是使整体造型喷漆成本降到最低，虽然公司都不认可这笔喷漆图案设计费，但是为了避免谈判的不确定性，他还是针对具体的价格确立了不同层次的目标。

其次是 A 公司信息的收集，以便更好地了解 A 公司的营运状况、商业信誉、供货成本等。再针对这些信息对 A 公司的价格和成本进行分析，确立议价的底线，同时也知道自己在谈判过程中的优劣势以及 A 公司的优劣势，方便更好地运用一些技巧和策略，做到知己知彼才能百战不殆。

最后，再制定详细的采购谈判方案。做好这些，宋杰相信自己充足的准备一定可以获得谈判主动权，取得胜利。

任务训练

1. 采购谈判大体分为哪几个阶段？都有哪些流程？
2. 案例中宋杰针对这一次谈判都做了哪些准备工作？充足的准备工作有哪些作用？
3. 如果你是宋杰，在这次采购谈判中你会运用哪些谈判策略和技巧呢？请说明理由。

任务分析

采购人员几乎每天都在面对谈判，谈判是采购过程中一个至关重要的环节，谈判成功与否直接关系到采购战略的执行和采购成本的降低。谈判是一个双方甚至多方博弈的过程。采购人员不仅需要有合作的谈判态度，也需要掌握一定的谈判技术与技巧，这样才能更好地控制谈判局势，获得谈判主动权，并引导对方走向合作。本任务以小组为单位，通过上网或者去图书馆查阅获得采购谈判的相关知识，小组内成员相互讨论，完成任务训练的操作。

实施步骤

1. 课堂内分组讨论完成任务训练。
2. 各组展示讨论结果并陈述主要观点。
3. 教师总结与点评。

知识准备

一、采购谈判概述

(一) 采购谈判的含义

谈判，有狭义和广义之分。狭义的谈判，仅指在正式专门场合下安排和进行的谈判。而广义的谈判，则包括各种形式的"交涉""洽谈""磋商"等。采购谈判是商务谈判的一种，是指企业为采购商品作为买方，与卖方厂商对购销业务有关事项，如商品品种、规格、技术标准、质量保证、订购数量、包装要求、售后服务、价格、交货日期与地点、运输方式、付款条件等进行反复磋商，谋求达成协议，建立双方都满意的购销关系。

(二) 采购谈判的要素

采购谈判由四个基本要素构成，即谈判主体、谈判议题、谈判方式和约束条件。

1. 谈判主体

谈判主体是指参加谈判活动的双方人员。谈判是双方为各自的立脚点或需要而进行的一场语言和心理战。成功的谈判与谈判人员的素质和修养是息息相关的，比如自信、果断、有礼有节、精明机智、知识广博、能言善辩等，都是每个优秀的谈判人员所应具备的。

2. 谈判议题

谈判议题是指在谈判中双方需要协商解决的问题，可以是立场观点，也可以是基本利

益,还可以是行为方面。一个问题要成为谈判议题,大致需要具备三个基本条件:
(1) 共同性,即双方共同希望得到解决的问题。
(2) 可谈性,即谈判的时机要成熟,谈判时机的成熟是谈判各方沟通的前提。
(3) 议题不伤及双方或多方的利害关系。

3. 谈判方式

谈判方式是指谈判人员之间对解决谈判议题所持的态度和方法。谈判的方式很多,依据不同的标准有不同分类。如以心理倾向性为标准,谈判方式可划分为常规式、利导式、迂回式、冲激式。以谈判者策略态度为依据则谈判方式可划分为软弱型、强硬型和软硬结合型三种。

4. 约束条件

谈判活动作为一个有机整体,除以上三个要素外还得考虑其他一些对谈判具有重大影响的因素。谈判约束条件归纳起来大体有以下几个方面:个人谈判还是小组谈判;谈判参加者是两方还是多方;谈判的最终协议是否需要批准;是否有与谈判议题相关联的问题;有没有时间限制;秘密谈判还是公开谈判等。

二、采购谈判的内容

在采购谈判中,谈判双方主要就以下交易条件进行磋商:

1. 货物的数量条件

货物的数量是采购合同不可缺少的主要条件之一,也是交易双方交接货物的依据,必须根据供方和需方的实际情况磋商确定。

2. 货物的质量条件

只有明确了货物的质量条件,谈判双方才有谈判的基础,也就是说谈判双方首先应当明确双方希望交易的是什么货物。在规定货物质量时,可以用规格、等级、标准、产地、型号、商标、货物说明书和图样等方式来表达,也可以用一方向另一方提供货物实样的方式来表明己方对交易货物的品质要求。

3. 货物价格条件

在国内货物买卖中,谈判双方在货物的价格问题上主要就价格的高低进行磋商。而在国际货物买卖中,货物的价格表示方式除要明确货币种类、计价单位以外,还应明确以何种交易术语成交。

4. 货物的交货条件

交货条件是指谈判双方就货物的运输方式、交货时间和地点等进行的磋商。而货运的保险条件的确定则需要买卖双方明确由谁向保险公司投保、投保何种险别、保险金额如何确定,以及依据何种条款办理保险等。

5. 货款的支付条件

货款的支付条件主要涉及支付货币和支付方式的选择。在国际货物买卖中,使用的支付方式主要有汇付、托收、信用证等。不同的支付方式,买卖双方可能面临的风险大小不同,在进行谈判时,应根据情况慎重选择。

6. 检验、索赔、不可抗力和仲裁条件

检验、索赔、不可抗力和仲裁条件有利于买卖双方解决争议,保证合同的顺利履行,维护双方的权利,是国际货物买卖谈判中必然要商议的交易条件。

采购谈判的适用场合

采购谈判主要适用以下几种场合:

(1) 采购结构复杂、技术要求严格的成套机器设备,在设计制造、安装试验、成本价格等方面需要通过谈判,进行详细的商讨和比较。

(2) 多家供货厂商互相竞争时,通过采购谈判,使渴求成交的供货商在价格方面做出较大的让步。

(3) 采购商品的供货厂商不多,但企业可以自制,或向国外采购,或可用其他商品替代时,通过谈判做出有利的选择。

(4) 采购商品经公开招标,但开标结果是在规格、价格、交货日期、付款条件等方面,如果没有一家供货商能满足要求,要通过谈判再做决定。

(5) 采购商品的原采购合同期满,市场行情有变化,并且采购金额较大时,通过谈判进行有利采购。

三、采购谈判的流程

采购谈判有一个重要的 20/80 原则,即 80%的准备、20%的谈判,这说明谈判准备比谈判本身重要。谈判准备越充分,了解的信息越完整,设定的目标越清晰,制定的对策越有针对性,在谈判中就越能争取主动,从而形成更强的谈判优势,获得更低的采购价格,争取更大的利润。采购谈判大体可分为三个阶段,如表 6-1 所示。

表 6-1 采购谈判流程

阶段	节点控制	相关说明
采购谈判准备阶段	确定采购谈判目标	由于采购谈判具有不确定性,因此,在确定采购谈判目标时,应确立不同层次的目标,包括最高目标、中等目标和底线目标
	初步确定谈判项目	采购谈判项目是对谈判内容予以确定,包括物料品质、包装、价格、数量、质量保证、付款条件以及交货期等
	收集供应商信息	收集供应商的信息,包括了解供应商的运营状况、商业信誉、供货成本以及供应商的价格底线等内容
	议价分析	议价分析,主要是对供应商的价格及成本进行分析,确立议价的底线
	分析谈判优劣势	采购谈判必须知己知彼,才能百战不殆。采购方必须了解自身的优劣势和供应商的优劣势,才能采用有针对性的谈判方式和技巧取得谈判的主动

(续表)

阶段	节点控制	相关说明
采购谈判准备阶段	制定谈判方案	制定详细的采购谈判方案,方案的内容包括谈判目标、谈判议程、参加人员以及谈判策略等
谈判进行阶段	摸底	通常以寒暄、介绍自己的来意、谈判人员的情况(姓名、职务、分工等)、本企业的历史和产品的有关情况等为主,倾听对方的意见并观察其反应,摸清对方的谈判目标底线
	询价	价格是采购谈判的敏感问题,也是谈判最关键的环节,在这一阶段要考虑的问题是:谁先开价、如何开价、对方开价后如何还价等问题
	磋商	磋商阶段主要是双方彼此讨价还价,尽力为己方争取更多利益,磋商主要围绕产品、价格等细节问题进行反复磋商
	成交	寻找双方满意的成交点达成共识后,谈判人员将意见已经一致的方面进行归纳和总结,并办理成交的手续或起草成交协议文件
检查确认阶段	检查成交协议文本	应该对文本进行一次详细的检查,尤其是对关键的词、句子和数字的检查一定要仔细认真。一般应该采用统一的经过公司法律顾问审定的标准格式文本,如合同书、订货单等。对大宗或成套项目交易,最后的文本一定要经过公司法律顾问的审核
	签字认可	经过检查审核之后,由谈判小组长或谈判人员签字并加盖公章,予以认可
	礼貌道别	无论谈判结果如何,双方都应该诚恳地感谢对方并礼貌地道别,这利于建立长期的合作关系

采购谈判14忌

1. 准备不周

缺乏准备,首先无法得到对手的尊重,你心理上就矮了一截;同时无法知己知彼,漏洞百出,很容易被抓住马脚。

2. 缺乏警觉

对供应商叙述的情况和某些词汇不够敏感,无法抓住重点,无法迅速而充分地利用洽谈中出现的有利信息和机会。

3. 脾气暴躁

人在生气时不可能做出好的判断。盛怒之下,往往做出不明智的决定,并且需要承担不必要的风险。同时由于给对方非常不好的印象,在对方的心目中形成成见,使你在日后的谈判中处于被动状态。

4. 自鸣得意

骄兵必败,原因是骄兵很容易过于暴露自己,结果让对手看清你的缺点,同时失去了深入了解对手的机会。同时骄傲会令你做出不尊重对方的言行，激化对方的敌意和对立，产生不必要的矛盾，最终增大自己谈判的困难。

5. 过分谦虚

过分谦虚可能会产生两种效果：一种是让别人认为你缺乏自信，缺乏能力，而失去对你的尊重；另外一种是让人觉得你太世故，缺乏诚意，对你有戒心，产生不信任感。

6. 不留情面

在谈判中不留情面，一味逼迫对方，会使对方感到不被尊重，从而无法得到对方的真实反馈，甚至导致谈判破裂。

7. 轻诺寡信

不要为了满足自己的虚荣心，越权承诺，或承诺自己没有能力做到的事情。这不但使个人信誉受损，同时也影响企业的商誉。

8. 过分沉默

沉默会令对方很尴尬，往往有采购人员认为供应商是有求于自己，自己不需要理会对方。却不知过分沉默会令双方因无法充分沟通而错过更多的信息，反而使你争取不到更好的交易条件。

9. 无精打采

采购人员一天见几个供应商后就很疲劳了，但这时依然要保持良好、专业的职业面貌。不要因疲劳而在谈判中表现得没精神或缺少交流，这可能会让我们失去好的供应商，导致错过很多贸易机会。

10. 仓促草率

工作必须是基于良好的计划管理，仓促草率的后果之一是：被供应商认为是对他的不重视，从而无法赢得对方的尊重。

11. 过分紧张

过分紧张是缺乏经验和自信的表现，通常供应商会觉得遇到了生手，好欺负，一定会好好利用这个机会，如抬高谈判的底线，使你一开始就落入下风，无法达到上司为你设定的谈判目标。

12. 贪得无厌

工作中，在合法合理的范围里，供应商总是以各种方式迎合和讨好采购人员，遵纪守法、自律廉洁是采购员的基本职业道德，也是发挥业务能力的前提。

13. 玩弄权术

采购谈判中应以诚实、客观的处事态度和风格来行事。玩弄权术，例如在采购中利用买方地位欺诈供应商等，最终损失的是自己，因为时间会使真相暴露，而失去诚信会使你在今后的谈判中失去对方的信任和尊重。

14. 泄露机密

严守商业机密是雇员职业道德中最重要的条件。对手会认为你是可靠与可尊敬的谈判对象。所以时刻保持警觉性，在业务沟通中绝对避免披露明确和详细的业务信息。当你有事要离开谈判座位时，一定要合上资料、关掉电脑，或将资料直接带出房间。

四、采购谈判的策略

(一) 避免争论策略

谈判中出现分歧是很正常的事。出现分歧时应始终保持冷静,防止感情冲动,尽可能地避免争论。因此面对争论时,应做到:

(1) 冷静倾听对方的意见。当对方说出你不愿意听或对你很不利的话时,不要冲动或生气地立即打断以及反驳对方,应耐心地听完对方的发言,必要时还可承认自己某方面的疏忽。

(2) 婉转地提出不同意见。不应直截了当地提出否定意见,这样会使对方在心理上产生抵触情绪,反而迫使对方千方百计维护自己的意见;而应先同意对方的意见,然后再作探索性的提议。

(3) 谈判无法继续时应马上休会。如果某个问题成了彼此继续谈判的绊脚石,使谈判无法再顺利进行,应在双方对立起来之前就及时休会,从而避免引起更进一步的僵持和争论。休会策略为固执型的谈判人员提供了请示上级的机会,也可借机调整双方思绪,以利于问题在心平气和的友好氛围中得以最终的圆满解决。

(二) 抛砖引玉策略

抛砖引玉策略是指在谈判中,一方主动提出各种问题,但不提供解决的办法,让对方来解决。这一策略不仅尊重对方,而且又可摸清对方的底细,争取主动。这种策略在以下两种情况下不适用:

(1) 谈判出现分歧时,对方会误认为你是故意在给他出难题;

(2) 若对方是一个寸利必争的人,就会乘机抓住对他有利的因素,使你方处于被动地位。

(三) 留有余地策略

在实际谈判中,不管你是否留有余地,对方总认为你是留有余地的,所以在对方最看重的方面作了让步,可在其他条款上争取最大利益。因此,在价格上适当地做些让步,你就有可能为自己争取到最好的付款条件。在以下两种情况下尤其需要这种策略:①对付寸利必争的谈判方;②在不了解对方的情况下。

(四) 避实就虚策略

避实就虚策略是指你方为达到某种目的和需要,有意识地将洽谈的议题引导到相对次要的问题上,借此来转移对方的注意力,以求实现你的谈判目标。例如,对方最关心的是价格问题,而你方最关心的是交货问题。这时,谈判的焦点不宜直接放到价格和交货时间上,而是放到运输方式上。在讨价还价时,你方可以在运输方式上做出让步,而作为双方让步的交换条件,要求对方在交货时间上做出较大的让步。这样,对方感到满意,你方的目的也达到了。

(五) 保持沉默策略

保持沉默，是处于被动地位的谈判人员常用的一种策略，是为了给对方造成心理压力，同时也起缓冲作用。但是如果运用不当，容易适得其反。例如在还价中沉默常被认为是默认；沉默时间太短常意味着你被慑服。在对方咄咄逼人时，适当地运用沉默可缩小双方的差距。在沉默中，行为语言是唯一的反应信号，是对方十分关注的内容，所以应特别加以运用(如倒茶等)，以达到保持沉默的真正目的。

(六) 多听少讲策略

多听少讲是忍耐的一种具体表现方式，也就是让对方尽可能多地发言，充分表明他的观点，这样做既能表示尊重对方，也可使你根据对方的要求，确定你对付对方的具体策略。例如，卖方为了说明自己产品的优越性而滔滔不绝地夸夸其谈，结果却让买方觉得是自卖自夸，产生逆反心理。如果让买方先讲，以满足对方需求为前提，再作恰当的介绍，重在说明该产品能给买方带来哪些好处和方便，这样就可大大减少买方的逆反和戒备心理，有助于促成交易。

(七) 情感沟通策略

在谈判中充分利用感情因素来影响对方，则不失为一种可取的策略。例如，可利用空闲时间，主动与谈判对方一起聊天、讨论对方感兴趣的话题，也可馈赠小礼品，请客吃饭，提供食宿的方便。还可通过帮助其解决一些私人问题，从而达到增进了解、联络感情、建立友谊，从侧面促进谈判的顺利进行。

(八) 先苦后甜策略

这一策略只有在谈判中处于主动地位的一方才有资格使用。例如，供应商想要在价格上有多些的余地，你方可先在包装、运输、交货、付款方式等多方面提出较为苛刻的方案来作为交换条件。在讨价还价过程中，再逐步地做出让步。供应商鉴于你方的慷慨表现，往往会同意适当地降价。而事实上这些"让步"是你方本来就打算给供应商的。

(九) 最后期限策略

处于被动地位的谈判者，总有希望谈判成功达成协议的心理。当谈判双方各持己见、争执不下时，处于主动地位的谈判者就可利用这一心理，提出解决问题的最后期限和解决条件。

期限是一种时间通牒，可使对方感到如不迅速做出决定，就会失去机会，从而给对方造成一种心理压力——谈判不成损失最大的还是他自己。只要你处于谈判的主动地位，就不要忘记抓住恰当的时机来适时使用该策略。使用该策略时还应注意：①切记不可激怒对方，要语气委婉、措辞恰当、事出有因；②要给对方一定的时间进行考虑，让对方感到你不是在强迫他，而是向他提供了一个解决问题的方案，并由他自己决定具体时间。

日方巧用最后期限

在谈判中，日本人最善于运用最后期限策略。德国某大公司应日方邀请去日本进行为期四天的访问，以草拟协议的形式洽谈一笔生意，所以双方都很重视。德方派出了由公司总裁带队，由财务、律师等部门负责人及夫人组成的庞大代表团，代表团抵达日本时受到了热烈的欢迎。在前往宾馆的途中，日方社长夫人询问德方公司总裁夫人："这次是你们第一次光临日本吧，一定要好好观光一下。"总裁夫人讲："我们对日本文化仰慕已久。真希望有机会领略了解一下东方悠久的文化、风土人情。但是，实在是遗憾，我们已经定了星期五回国的返程机票。"结果，日方把星期二、星期三全部时间都用来安排德方的游览观光，星期四开始交易洽商，日方又搬出了堆积如山的资料，"诚心诚意"地向德方提供一切信息，尽管德方每个人都竭尽全力寻找不利己方的条款，但尚有6%的合同条款无法仔细推敲，就已经到了签约时间，德方进退维谷。不签，高规格、大规模的代表团兴师动众来到日本，却空手而归，会使名誉扫地。签约，有许多条款尚未仔细推敲，万般无奈，德方代表团选择了后者，匆忙签订了协议。

（十）黑脸红脸策略

先让一个人以不讲理的、苛刻的态度与对方进行谈判。然后，再让这个人离开谈判室，由另一位谈判员以温和的、通情达理的态度继续谈判，在谈判中他/她仍提出与之前一样的要求。通常在这种情况下，对方都会妥协。还可以另一形式使用这一策略。例如，买方说"我的老板是个非常暴躁的人，如果让他来参加谈判我们都很难对付。因此我建议我们达成一个'公平'的意见，免得他介入进来。"这种暗示的威胁可以帮助买方达到想要的结果。

总之，只要谈判人员善于总结，善于观察，并理论结合实际，就能创造出更多更好的适合自身的谈判策略，并灵活使用它们，以指导实际谈判，同时，谈判者除了要选择自己的谈判策略外，还须判断对方所使用的谈判策略。

采购在谈价过程中的几个误区

误区一：任意砍价

有些采购人员养成了习惯，在面对供应商的首次报价，不了解情况的条件下，拦腰砍价，或固定砍8折等的价格，这种做法不妥。当采购员面对从来没有合作过的供应商时，一开始对价格没有底时，可以按一定的折扣砍价试试，而且要找多家供应商按不同的折扣去试探砍价，直到试探出真实的价格。如果只找一家的话，砍价成功后你也有可能吃亏。砍价也不是砍得越多越好，因为假设一个新物料的底价是8元，供应商报价是15元，若采购员砍价随意砍成2元，供应商会怎么想？他会知道你肯定对价格毫无了解，于是，他可能会忽悠你底价至少是 13 元。也就是说，不合适的砍价，有时会暴露你不了解市场价的软肋，反而会吃更多的亏。

误区二：价格砍得越低越好

如果在不同的供应商之间比较，价格越低，有可能同时带来质量和服务方面的问题。可能这点大家都知道。但是，对于某个确定的供应商，是否价格砍得越低越好呢？未必。商业合作的基础是双赢，如果让供应商亏本，那当然没有可持续发展的空间，不利于长期合作。谈价格主要是对供应商利润的多少之争，关键是争取合适的价格。什么是合适的价格呢？对采购方来说，主要是对比市场价，看供应商的价格是否合理。

误区三：成本分析的误区

成本分析是个工作量非常大的工作，要求获取大量的数据，而且要求采购人员的知识面非常广泛和专业。因此，只有对采购金额非常大的物料，特别是独家供货或定制件或外协加工件之类的物料才有必要进行成本分析。成本分析在大公司较为常用。一些中小企业不顾自身实际条件，也要求实施物料成本分析。普通物料，与其花大量的精力去搞成本分析，不如花精力去找更好的供应商，或多了解一些市场价，或把精力放在其他更有价值的地方，比如多了解行业发展趋势，推动减少使用定制件等。

误区四：设立降价指标的误区

绝大多数企业，每年都下达一定的降价指标来考核采购部，或者采购部领导会下达一定的降价指标来考核采购工程师(或有谈价任务的采购员)。达标了，有奖励，没达标，没奖励，甚至有处罚。硬性的降价指标，最大的危害是使采购人员仅关注价格而非质量。

(资料来源：佚名. 采购在谈价过程中的几个误区[EB/OL]. [2013-09-10]. http://www.docin.com/p-698887377.html.)

请扫描右侧二维码，阅读《麦当劳的采购谈判案例及分析》材料并讨论以下问题：

(1) 怡斯宝特的采购谈判存在哪些问题？
(2) 针对这些问题，你有更好的谈判策略吗？

(资料来源：佚名. 麦当劳的采购谈判案例及分析[EB/OL][2013-03-03]. https://wenku.baidu.com/view/f35e8ce1172ded630b1cb6a6?pcf=2.)

五、采购价格谈判的技巧

1. 议价技巧之一——当买方占优势时

(1) 化零为整。采购人员还价时，可以将所购材料的价格集中起来，整体再进行一次议价。

(2) 化整为零。如拟购物品是由几个不同的零件组合或装配而成时，可要求供应商列示各项零件并逐一报价，借此寻求最低的单项报价或总价。

(3) 过关斩将。采购人员善用上级主管的议价能力,通常供应商降价的幅度与意愿视议价对象而定,必要时可请上级主管与供应商进行议价。

(4) 压迫降价。在买方占优势的情况下,以胁迫的方式要求供应商降低价格,并不征询供应商的意见。

(5) 敲山震虎。在价格谈判中暗示对方存在的危机,迫使对方降价。

2. 议价技巧之二——当买卖双方势均力敌时

(1) 欲擒故纵。采购人员隐藏购买意愿,采取"若即若离"的姿态,以试探性询价,判断供应商的销售意愿,来要求更低的价格。

(2) 差额均摊。当议价的结果存在差距,双方又各不相让,采购无法取得必需的商品时,为促成交易,将议价的差额各自承担一半。

3. 议价技巧之三——当买方处于劣势时

(1) 迂回战术。正面议价效果不好时,可采用迂回战术。所谓迂回战术是指通过其他途径接近对方,建立感情后再进行谈判。

(2) 直捣黄龙。有供应商自称总代理,此时要辨清真伪,或摆脱代理直接寻找厂家。

(3) 哀兵姿态。在处于劣势的情况下应以"哀兵"姿态争取供应商的同情与支持。

(4) 釜底抽薪。给供应商"合理"利润,但要求供应商提供所有成本的资料。

4. 让步技巧

在谈判过程中能控制自己让步程度的谈判者处于有利地位,让步技巧包括:

(1) 开价较低的买主,通常也能以较低的价格买入。

(2) 让步太快的卖主,通常让步幅度积累起来也大,成交价也低。

(3) 小幅度让步,在形式上让步的次数比对手少,其结果也会有利。

(4) 在重要问题上先让步的一方,通常是最终吃亏的一方。

(5) 如果将自己的预算告诉对方,往往能使对方迅速作出决定。

(6) 谈判进程太快,对谈判的任何一方都不利。

(7) 要么不让,要么大让者,失败的可能性也大。

5. 直接和间接议价技巧

当供应商要提高价格时,在议价过程中采购员可采用直接方式或间接方式,对价格进行谈判。

(1) 直接议价协商:①面临价格提高,采购仍以原价订购(原老顾客适宜);②采购人员直接说明预设底价,促使对方提出较接近的价格;③直接挑明可接受价格(采购中不想再还价时或心理可以接受的价格时适用);④要求对方说明提高价格的理由。

(2) 间接议价技巧:①议价时不急于进入主题,采用迂回的方式;②采用"低姿态"议价时,尽量表达出自己的困难;③避免书信或电话议价,要求面对面接触。

在进行议价协商的过程中,除上述针对价格所提出的议价技巧外,采购人员亦可利用其他非价格的因素来进行议价,如要求供应商分担售后服务及其他费用等。

请扫描右侧二维码，阅读《采购谈判经典案例》材料并讨论以下问题：

(1) 你知道的采购谈判技巧有哪些？
(2) 材料中的双方运用了哪些谈判技巧？

(资料来源：佚名. 采购谈判经典案例学习[EB/OL]. [2013-01-19].
http://www.docin.com/p-585374616.html.)

案例分析

日本汽车公司的谈判策略

日本一家著名汽车公司刚刚在美国"登陆"，急需找一个美国代理商来为其推销产品，以弥补他们不了解美国市场的缺陷。当日本公司准备同一家美国公司谈判时，谈判代表因为堵车迟到了，美国谈判代表抓住这件事紧紧不放，想以此为手段获取更多的优惠条件，日本代表发现无路可退，于是站起来说："我们十分抱歉耽误了您的时间，但是这绝非我们的本意，我们对美国的交通状况了解不足，导致了这个不愉快的结果，我希望我们不要再因为这个无所谓的问题耽误宝贵的时间了，如果因为这件事怀疑我们合作的诚意，那么我们只好结束这次谈判，我认为，我们所提出的优惠条件是不会在美国找不到合作伙伴的。"日本代表一席话让美国代表哑口无言，美国人也不想失去一次赚钱的机会，于是谈判顺利进行下去了。

(资料来源：胡军. 采购与供应概论习题与案例[M]. 北京：中国物资出版社，2007.)

1. 美国公司的谈判代表在谈判开始时试图营造何种开局气氛？
2. 日本公司谈判代表采取了哪一种谈判开局策略？
3. 如果你是美方谈判代表，应该如何扳回劣势？

 技能训练

模拟采购谈判

一、训练目的

1. 熟练掌握采购谈判的流程。
2. 学会制定采购谈判方案。
3. 熟练运用谈判技巧。

二、训练准备

1. 案例背景：某职业院校拟建立两个机房，每个机房60台计算机，并配备服务器、电脑桌椅、多媒体设备等其他相关设施设备。具体设备的型号、规格由采购方来确定。

2. 拟定采购谈判方案框架，主要包括：基本情况(背景)、谈判的主题、谈判团队人员构成与分工、谈判双方利益及优劣势分析、谈判目标(最高与最低)、谈判程序及具体策略、谈判准备资料、制定应急预案。

三、训练步骤与要求

1. 全班分组。每组 4~6 人，每组设组长一名，并进行分工，包括主谈判人员、谈判助理和记录员。
2. 各小组抽签决定分别代表：采购商 A——某职业院校；供应商 B——某 IT 设备公司。每两小组为一组进行谈判。
3. 采购商 A 制定采购清单，拟订采购计划，并向供应商询价，并将采购清单发给供应商。
4. 采购商 A 和供应商 B 根据采购清单制定谈判方案。
5. 实施谈判，注意谈判的开局、谈判策略和技巧的运用。若谈判成功，双方签订协议。
6. 模拟谈判总结及教师点评。

四、注意事项

1. 注意团队的合作意识，尤其是小组分工及参与度。
2. 谈判方案应具体实际，注意谈判策略与技巧的运用。

五、训练成果

采购商与供应商的商务谈判方案。

六、拓展任务

教师可提供不同议题、不同企业背景的谈判案例，组织学生实施模拟谈判，或者组织专业内或学校内的模拟采购谈判比赛。

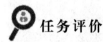

任务评价

班级		姓名		小组			
任务名称	采购谈判						
考核内容	评价标准	参考分值(100分)	学生自评	小组互评	教师评价	考核得分
---	---	---	---	---	---	---
知识掌握情况	1. 了解采购谈判的主要内容与流程	10				
	2. 掌握采购谈判方案的制定	15				
	3. 掌握采购谈判的策略与技巧	15				
技能提升情况	1. 能根据具体情况制定采购谈判方案并实施	15				
	2. 能在谈判中，灵活运用谈判技巧，解决一般采购谈判问题	20				
职业素养情况	1. 具有自主学习能力	5				
	2. 具有合作精神和协调能力，善于交流	5				
	3. 具有一定的分析能力	5				
参与活动情况	1. 积极参与小组讨论	5				
	2. 积极回答老师提问	5				
小计						
合计=自评×20% + 互评×40% + 教师评×40%						

任务二 采购合同签订

教学目标

知识目标	1. 掌握采购合同的相关条款及主要内容 2. 熟悉合同签订的一般流程
技能目标	1. 能根据实际情况独立起草采购合同 2. 能根据实际情况修改采购合同
素养目标	培养学生积极思考问题、解决问题的能力，具备一定的法律意识

教学建议

建议课时	2课时
教学重点	采购合同的主要内容
教学难点	采购合同订立的注意事项
教学方法	任务驱动教学法；案例教学法；情境教学法
教学手段	小组讨论、实际模拟训练
组织形式	全班每4～5人为一组，每组设组长一名，组员合理分工
教学过程	任务引入→任务训练→任务分析→小组讨论→总结与点评
学生活动	1. 课前查阅采购合同的相关知识 2. 以小组讨论的形式完成任务训练
教师活动	学生在完成任务训练的过程中教师巡回指导、个别交流，教师检查与评定

任务引入

SD 公司与 A 公司的谈判，最后在宋杰的主导下达成了一致协议。双方决定在星期一签订合作合同，考虑到山地车面市的日子逼近，SD 公司在给 A 公司付款后并安排采购人员进行合同跟踪。

采购人员严密的对 A 公司进行合同执行前、合同执行中以及合同执行后的跟踪与监控。在合同执行前监控 A 公司是否积极地执行合同；在合同执行过程中跟踪其物料的准备情况，保证其按照合同正常执行。在合同执行后进行物料问题的跟踪，以防物料在使用过程中出现问题，从而达到确保 A 公司按时、按量、按质地完成此次山地车整体造型喷漆。

任务训练

1. SD 公司为什么要对合同的执行进行监控与跟踪呢？
2. 如果后期 SD 公司与 A 公司产生了合同纠纷，该如何解决？

任务分析

合同是确定有关当事人之间分配风险和利益的书面协议，因此，应从采购合同的内容以及如何规避风险两个方面进行分析，并注意编制合同的关键点。本任务以小组为单位，通过上网或者去图书馆查阅获得采购合同的相关知识，小组内成员相互讨论，完成任务训练的操作。

实施步骤

1. 课堂内分组讨论完成任务训练。
2. 各组展示讨论结果并陈述主要观点。
3. 教师总结与点评。

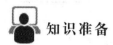 知识准备

一、采购合同概述

（一）采购合同的含义

合同是双方或多方当事人之间的一份法律协议，这份协议可在当事人之间建立一种具有法律约束力的关系。合同是确定有关当事人之间分配风险和利益的书面协议，合同的订立和履行受不同法律的影响。合同的种类很多，但人们生活中最常见的合同是经济合同，它是法人之间为实现一定的经济目的，明确双方权利义务关系的协议。它的基本特征在于：经济合同的主题限于法人；经济合同的内容限于法人之间为进行经济行为的各种事项。

采购合同是经济合同的一种，是供需双方为执行供销任务，明确双方权利和义务而签订的具有法律效力的书面协议。随着商品流通的发展，采购合同正成为维护商品流通秩序和促进商品市场发展完善的手段。

（二）采购合同的特征

(1) 具有明确的目的性，是转移标的物所有权或经营权的合同。采购合同的基本内容是出卖人向买受人转移合同标的物的所有权或经营权，买受人支付相应货款，所以必然伴随着标的物所有权或经营权的转移，而且对标的物及其转移的形式和过程进行明确而严格的规定，包括对标的本身、标的数量、标的质量、标的验收等方面进行严格规定。

(2) 采购合同的主体比较广泛。从国家对流通市场的管理和采购的实践来看，采购合同双方可以是生产企业、流通企业、其他社会团体，也可以是具有法律资格的自然人。

(3) 采购合同是当事人之间的合法行为。只有在符合国家的法律、法令和有关政策的前提下，采购合同才有法律效力，受到国家法律保护。同时采购合同的签订也必须建立在合同双方平等、自愿的基础上，合同一旦签订，合同的履行受到法律的保护，任何一方擅自变更或解除，都要承担违约责任。

(4) 采购合同与流通过程密切相关。采购合同是采购关系的一种法律规定和约定，它以采

购这一客观经济关系为基础，直接反映采购的具体内容和实施约定，与流通过程密切相关。

图 6-1 合同管理专员岗位职责

二、采购合同的内容

一份完整的采购合同包含很多内容，从大的方面可以分为三个部分，即首部、正文和结尾。

1. 合同首部的主要内容

(1) 合同的名称，如生产用原材料采购合同、品质协议书、设备采购合同、知识产权协议、加工合同。

(2) 合同编号，如 2012 年第 012 号合同。

(3) 采供双方的企业名称，要求在合同中写明其名称和地址，如果是自然人就应写明其姓名和住所。

(4) 签订地点。

(5) 签订时间。

(6) 合同序言。

2. 合同正文的主要内容

(1) 货物名称与规格。货物名称是指所要采购物品的名称。规格是指所要采购物品要求的规格,即商品所具有的内在质量与外观形态的结合,包括各种性能指标和外观造型。该条款的主要内容有技术规范、质量标准、规格和品牌。

(2) 货物数量条款。数量是衡量标的物和当事人权利义务大小的尺度,指的是采购数量和交货数量,数量要采用国家规定的计量单位和方法。该条款的主要内容有交货数量、单位、计量方式等,必要时还应该清楚地说明误差范围及交货数量超出或不足等。

(3) 货物质量条款。质量是标的物的内在素质和外在形态优劣的标志,当事人应对采购合同标的物的质量做出明确的规定,要写明执行的技术标准、技术标准的编号,国家没有规定技术标准的,由双方当事人经过协商,明确其质量标准和要求。

(4) 价格条款。价格的确定,要符合国家的价格政策和法规,并在合同中写明。价格条款包括:结算的币种、单价、总价等内容。价款的结算除国家规定允许使用现金外,应通过银行办理转账或票据结算。

(5) 装运方式。装运是把货物装上运输工具并运送到交货地点。该条款的主要内容包含:运输方式、运输时间、装运地与目的地、装运方式(分批、转运)和装运通知等。在 FOB、CIF、CFR 合同中,卖方只要按合同规定把货物装上船或者其他运输工具,并取得提单,就算履行了合同的交货义务。

(6) 付款方式。国际贸易中的支付是指采用一定的手段,在指定的时间、地点、使用确定的方式方法支付货款,付款条款的主要内容有支付手段、付款方式、支付时间、支付地点。

(7) 交货时间和地点。提单签发的时间和地点即为交货时间和地点。

(8) 检验条款。采购方应对购入的货物进行检验,要根据货物的生产类型、产品性能、技术条件的不同,采取感官检验、理化检验、破坏性检验等方法,双方应在合同中约定检验的标准、方法、期限以及索赔的条件。

(9) 保险条款。包括险种、选择的保险公司及保险额,签订出口合同时,如果按 FOB 或 CFR 条件成交,保险条款可规定为保险由买方自理。按 CIF 签订出口合同时,一般由供方投保。我国签订进口合同时一般由采购方投保。

(10) 纠纷与仲裁。仲裁条款是以仲裁协议为具体体现,是指买卖双方自愿将其争议事项提交第三方进行裁决,仲裁协议的主要内容有仲裁机构、适用的仲裁程序、仲裁地点、裁决效力。

(11) 不可抗力。不可抗力是指在合同执行过程中发生的、不能预见的、人力难以控制的意外事故,如战争、洪水、台风等,致使合同执行被迫停止。遭遇不可抗力的一方可因此免除合同责任。不可抗力条款的主要内容包括不可抗力的含义、适用范围、法律后果、双方的权利义务等。

3. 合同结尾的主要内容

(1) 合同份数及生效日期。
(2) 签订人的签名。
(3) 采供双方的签字盖章。
(4) 附件与合同的关系。

4. 附件

与合同有关的文书、电报、图表和其他资料。

网络布线及设备采购合同样本

甲方：_____　　　乙方：_____

甲、乙双方经多次讨论、友好协商，本着平等、互利、互惠的原则，就甲方网络布线及设备采购等事宜达成一致意见。为保证项目的顺利完成，特签订本合同。

甲、乙双方共同认可并同意本合同及各附件的各项条款。

一、验收时间

1. 验收时间：合同签订起_____日内，即_____年_____月_____日之前。

2. 验收内容：按甲方要求连通各个网络及电话节点。

二、结算方式及期限

1. 合同签订时，甲方支付给乙方合同总额的_____%作为预付款。

2. 所有网络设备安装、调试、验收完成后的第二个工作日，甲方即付给乙方合同总额剩余的_____%。

3. 对于本合同约定内容之外的应用需求变化，可由双方协商，根据本合同的补充条款，视工程的工作量免费或另行收费。

三、双方责任和义务

甲方：

1. 按照合同约定，按时支付相应费用。

2. 严格按照双方事先约定，积极配合乙方工作，审查方案，完成协作事项并监督工程的实施进展。

3. 按照合同(及附件)约定的内容进行工程验收。

乙方：

1. 按照合同(及附件)约定，在深入了解甲方需求的情况下，负责整个网络设备的采购、安装、调试、进度安排。

2. 严格按照合同(及附件)约定，对甲方有关人员提供咨询等服务，并保证按期圆满完成网络布线工程。

四、违约责任

1. 甲方若不能按时付款视为违约。拖延10天以上，甲方每日支付给乙方合同总额的1‰作为滞纳金，且工程进度按拖延时间向后顺延；拖延1个月以上，甲方每日支付给乙方合同总额的5‰作为滞纳金。

2. 乙方若不能按合同约定的时间、内容和要求交货、完成系统，视为违约。拖延1天，乙方支付合同总额的1‰作为违约金；拖延10天以上，每天处以本合同总额5‰的违约金。

五、布线设备名称、型号、数量、金额

_____。

六、合同总额

_____。

七、合同的变更与解除

1. 如发生不可抗力事件，本合同自动解除。

2. 本合同未尽事宜，由双方协商解决。
3. 如有经双方协商并签字生效的合同补充条款与本合同具有同等法律效力。

八、如有纠纷，由双方协商解决。

九、合同一式两份，甲乙双方各执一份，双方代表签字之日起生效。

甲方(公章): _____　　　　乙方(公章): _____
授权代表(签字): _____　　　　授权代表(签字): _____
　　____年____月____日　　　　　　____年____月____日

三、采购合同的签订

签订合同的程序是指合同当事人对合同的内容进行协商，取得一致意见，并签署书面协议的过程。一般有以下四个步骤：

1. 订约提议

订约提议是指当事人一方向对方提出订立合同的要求或建议，也称要约。订约提议应提出订立合同所必须具备的主要条款和希望对方答复的期限等，以供对方考虑是否订立合同。提议人在答复期限内不得拒绝承诺，即提议人在答复期限内受自己提议的约束。

2. 接受提议

接受提议是指提议被对方接受，双方对合同的主要内容表示同意，经过双方签署书面契约，合同即可成立，也叫承诺。承诺不能附带任何条件，如果附带其他条件，应认为是拒绝要约，而提出新的要约。新的要约提出后，原要约人变成接受新的要约的人，而原承诺人成了新的要约人。实践中签订合同的双方当事人，就合同的内容反复协商的过程，就是要约——新的要约——再要约——承诺的过程。

3. 填写合同文本、履行签约手续

当供应商接受提议之后，表示双方已经达成共识，接下来就是投入到填写合同文本以及履行签约手续的工作中。

4. 报请签证机关签证，或报请公证机关公证

有的经济合同，法律规定还应获得主管部门的批准或工商行政管理部门的签证。对没有法律规定必须签证的合同，双方可以协商决定是否签证或公证。

采购合同签订原则

1. 法人原则

合同当事人必须具备法人资格。即有一定的组织机构和独立支配财产，能够独立从事商品流通活动或其他经济活动，享有权利和承担义务，依照法定程序成立的企业。合

同签订前需要：审查供应商的法人资格、法人能力；审查供应商资信、履行能力；确保当事人以自己的名义签订经济合同；当事人委托别人代签，必须有委托证明等。

2. 合法原则

遵照国家的法律、法令、方针和政策签订合同，其内容和手续应符合有关合同管理的具体条例和实施细则规定，尊重社会公德，不得扰乱社会经济秩序，损害社会公共利益。

3. 平等原则

当事人法律地位平等，且当事人必须坚持平等、自愿、公平、充分协调的原则签订合同。

4. 书面原则

采购合同可以采用书面形式、口头形式，或推定形式设立。大多数商业合同为清楚明确，采取书面形式，包括表格合同、车票、保险单等合同凭证，以及合同确认书、格式合同等书面形式，并保持适当的协议记录。

5. 诚实原则

当事人必须诚实守信。

四、采购合同制定流程

采购合同的制定流程如图 6-2 所示。

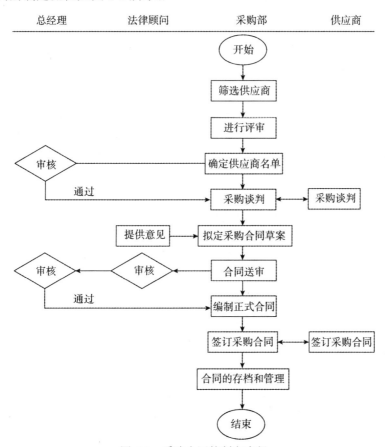

图 6-2 采购合同的制定流程

五、采购合同的履行

采购合同的履行,其目的是促进合同的正常执行、满足企业的物料需求、保证合理的库存水平。

1. 合同履行监控要点

(1) 在合同履行监控过程中,要注意供应商产品的质量、交货期的变化情况。需要对合同的条款进行修改的,要及时提醒相关人员办理,以利于采购合同的履行。

(2) 注意把采购合同、各种经验数据分类保存好。

(3) 应注意利用供应商的历史情况决定对其实施的过程和办法。

2. 合同执行前的监控

签订了合同之后,还应考虑供应商是否乐于接受,是否及时执行等。在物料采购中,同一物料往往有几家供应商可供选择,每个供应商都有分配比例。随着时间的推移,供应商可能会提出改变"认证合同条款",包括价格、质量、交货期等。碰到这种情况,采购人员应充分与供应商进行沟通,确认可供应本次物料的供应商,如果供应商按时履行合约,则说明选择的供应商是正确的。如果供应商确实难以接受采购订单,则不可强迫,可以另外选择其他供应商,必要时要求质量管理人员协助办理。

3. 合同执行过程的跟踪

与供应商签订的合同具有法律效力,采购人员应全力跟踪,确实需要变更时要征得供应商的同意。合约执行的跟踪应主要把握以下事项:

(1) 跟踪供应商准备物料的详细过程,保证合约的正常执行。发现问题及时反馈,需要中途变更的要立即解决,不可贻误时间。物料不同,其准备过程也不同,供应商需要按照样品或图纸定制物料,存在加工过程,周期长、变数多;供应商有库存的物料,不存在加工过程,周期短、变数少。前者跟踪过程比较复杂,后者相对较为简单。

(2) 紧密响应生产需求形势。若因市场畅销,生产需求紧急,需要本批物料立即到货,应马上与供应商协商,必要时可帮助供应商解决困难,保证需求物料的准时供应。当市场出现滞销,企业经研究决定延缓或者取消合同供应时,采购人员也应尽快与供应商进行沟通,确认可承受的延缓时间,或者中止合同的执行,给供应商赔款。

(3) 控制好物料验收环节。物料到达合同规定的交货地点,在国内一般是企业仓库,在境外是企业国际物流中转中心。境外交货的情况下,供应商在交货前会将到货情况表单传真给采购人员,采购人员必须按照采购合同对到货的物料、批量、单价及总金额等进行确认,并进行录入归档,开始办理付款手续。

4. 合同执行后的跟踪

(1) 付款跟踪。采购人员应协助财务人员按合约规定的支付条款对供应商进行付款,并进行跟踪。合约执行完毕的条件之一便是供应商收到采购合同所约定的货款,如果供应商未收到货款,采购人员有责任督促付款人员按照流程规定加快操作,否则会影响企业的信誉。

(2) 物料问题跟踪。物料在使用过程中,可能会出现问题,偶发性的小问题可由采购人员或现场检查人员联系供应商解决,重要的问题可由质检人员、认证人员解决。

采购合同的种类

1. 有效的采购合同

有效的采购合同是指合同符合国家法律的要求,具有法律效力,受国家法律保护。有效合同需满足3个条件:①当事人合法,签订合同的主体具有相应的民事行为能力,否则为效力待定合同;②双方意思表示真实,即合同表达的是当事人内心的真实想法,否则为可撤销合同;③合同的内容不违反法律和社会公共利益,否则为无效合同。

2. 效力待定的采购合同

合同已经成立,但因其不符合合同生效的条件,其效力能否发生尚未确定的合同。效力待定的合同主要有3种形式:①限制行为能力人订立的合同;②无代理权人以他人名义订立的合同;③无处分权人处分他人财产的合同。效力待定合同在追认前无效,追认后则转为有效合同。

3. 可撤销的采购合同

订立合同时当事人的意思表示不真实,或一方当事人使对方在违背真实意思的情况下签订的合同。可撤销合同包含3种情况:①重大误解的合同;②显失公平的合同;③欺诈、胁迫的合同。可撤销合同在撤销前是有效的,当事人需在1年内明确表示撤销,否则可撤销合同一直有效。

4. 无效的采购合同

当事人虽然协商订立合同,但因合同违反法律,不受法律保护,自始无效。如损害国家、集体或第三人利益的合同,损害社会公共利益的合同,故意/重大过失造成损失的合同等。

六、解决合同纠纷的方法

(一) 合同纠纷解决的方式

1. 协商

协商是指在发生纠纷的情况下,合同当事人在自愿互谅的基础上,根据法律法规及当事人之间的约定进行互相磋商,本着实事求是,相互照顾的精神,力求在友好的气氛中取得一致意见,从而解决纠纷。协商解决纠纷的特点是简便易行,当事人能自觉履行协商协定。协商解决合同纠纷必须遵循自愿、合法、协作、平等的原则。

2. 调解

调解是指合同纠纷发生以后,在第三者主持下,通过讲理劝说,分辨是非,在互相谅解的基础上达成协议。调解根据主持调解的第三者身份不同,可分为:以法院为第三方的诉讼调解;以仲裁机构为第三方的仲裁调解和由中间人担任第三者的民间调解。调解方式解决合同纠纷的积极作用表现在:首先,调解由第三者参加主持,可以避免当事人因语气过分激烈而发生不必要的冲突，可以创造友好的谈判气氛，使双方当事人都能冷静地客观分析纠纷产生的原因，进而分清责任，并根据实际情况，确定各自应承担的实际份额；其次，与仲裁和诉讼等的耗时、耗财相比，调解更有利于及时解决当事人之间的合同纠纷。调解也要遵循自愿、合法、公平的原则。

3. 仲裁

仲裁是指合同当事人双方对某一事件或问题发生争议时，提请无直接利害关系的第三者居中调解，按照一定程序作出对双方当事人都具有约束力的裁决，从而解决双方争议。仲裁是一种准司法程序。仲裁机构为民间组织，审理程序不公开，一裁终局不能上诉。仲裁要遵循自愿原则，以事实为依据、以法律为准绳的原则，平等原则，独立仲裁原则等。

4. 诉讼

诉讼即合同纠纷当事人依法向人民法院起诉，请求人民法院行使国家审判权，依法解决合同纠纷以保护自己的合法权益。由于诉讼解决方式是通过国家司法机关——人民法院以司法程序处理，故又称司法解决。与其他解决方式相比，权威性更高，具有程序的严格法定性和裁判的强制执行性的特点。

以上四种方式中，对于发生法律效力的判决、仲裁裁决、调解书，当事人应当履行；拒不履行的可以请求人民法院执行。

(二) 选择合同纠纷解决方法的考虑因素

当选择具体的解决纠纷的方法时，要考虑以下因素：

1. 纠纷双方的关系如何

这是最先考虑的因素。当双方关系在发展并预计有很好的前景时，双方更愿意通过能保持良好关系的方法解决纠纷。方法选择的依据要根据买方偏好的结果方式进行。

2. 纠纷方的参与

纠纷方的参与对成功地通过谈判、调解、仲裁、小法庭等方法解决纠纷是很重要的。只有各方积极参与，其结果才是更公平、更无伤害的。

3. 负责人所表现的感情程度

如果有生气和挫折等很强烈的情感，那么诉讼的整个费用、时间、资金、精力的花费和消耗都要比原先预计的高出很多。长期官司的苦涩经历会使更多潜在的诉讼人考虑费用低、时间短的解决纠纷的替代方法。

4. 速度

这是决定是否采取诉讼、调解或仲裁等方法的重要因素。在许多案例中，法庭宣判的方法要比诉讼程序快。在法庭短时间内达成适当的解决办法，时间压力会迫使纠纷各方更积极、更能相互理解。解决纠纷的时间与所需的费用有直接联系，一般解决方法越快，费用越低。

5. 信息

选择的方法还可能决定于达成解决办法所需的信息。各方越接近于到法庭解决纠纷，所需信息就越多、越真实。纠纷所涉及的公司可能不愿意公开它们的商业秘密，对纠纷各方而言，更倾向选择保密性更好的解决纠纷的方法。

案例分析

采购合同纠纷案例分析

A地甲公司与B地乙公司签订一份书面购销合同，甲公司向乙公司购买冰箱200台，每台价格是1 500元。双方约定由乙公司代办托运，甲公司在收到货物后的10日内付款，合同的违约金为合同价款的10%，并且约定了因合同发生纠纷由合同签订地C地的法院管辖。但是，在合同签订后，乙公司因为资金不足，发生生产困难，没有能够按照合同约定的时间交付货物。甲公司要求乙公司支付违约金，乙公司拒绝，双方发生争议，甲公司提起诉讼。

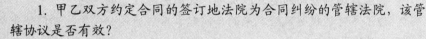

1. 甲乙双方约定合同的签订地法院为合同纠纷的管辖法院，该管辖协议是否有效？

2. 如果双方当事人约定C地为合同的履行地，并且约定合同履行地的法院为合同纠纷的管辖法院，请问此时就本案而言，C地的法院是否因此而取得管辖权？为什么？

3. 本案件中，如果双方当事人没有约定管辖协议，那么，甲公司可以向哪个法院提起诉讼？

4. 如果当事人双方在合同中仅仅约定了合同的履行地为C地，并没有约定管辖协议，此时甲公司应当向哪个法院提起诉讼？

5. 如果双方当事人为了平等地保护双方的利益，在合同中约定因为合同发生纠纷，当事人可以向原告住所地或者被告住所地的法院提起诉讼，那么，此时甲公司可以向哪个法院提起诉讼？

6. 如果乙公司已经交付了货物，合同的实际履行地是D地，但是，甲公司没有能够按时支付价款，双方发生争议，乙公司提起诉讼，此时，乙公司向D地的法院提起了诉讼，甲公司应诉答辩，没有提出异议，此时D地的法院是否因此而享有管辖权？

7. 如果双方当事人在合同中并没有约定合同纠纷的管辖法院，而是在合同发生纠纷后，才书面约定了合同签订地的法院为合同纠纷的管辖法院，此时的管辖协议是否有效？

技能训练

采购合同的签订

一、训练目的

1. 加深对合同的相关条款及主要内容的理解。
2. 熟悉合同签订的一般过程。
3. 能根据需要独立起草采购合同。

二、训练准备

1. 查阅相关法律法规,如《合同法》《经济法》《民法通则》等。
2. 拟定采购合同范本。
3. 以技能训练《模拟采购谈判》的案例背景为基础。

三、训练步骤与要求

1. 全班分组。每组4～6人,每组设组长一名。
2. 代表职业院校的采购商A根据采购实际情况起草采购合同。
3. 采购商A与代表IT设备公司的供应商B就合同主要条款进行谈判并达成一致。
4. 采购商A和供应商B模拟采购合同的签订。打印最终确认的合同文本以及产品、价格、产品说明等相关资料。
5. 制作PPT,展示采购合同,全班交流,教师点评。

四、注意事项

1. 要注意编制合同的要点以及签订合同时应注意的问题。
2. 为了尽可能规避风险,采购合同起草后应通过公司法律部门的审核。

五、训练成果

合同文本以及实训报告(包括合同编制的要点,以及合同签订应注意的问题)。

六、拓展任务

教师可提供多种产品、多种形式的采购合同,尤其是存在问题的合同,组织学生分析讨论问题所在,并提出相应的解决方案。

任务评价

班级		姓名		小组		
任务名称	采购合同签订					
考核内容	评价标准	参考分值(100分)	学生自评	小组互评	教师评价	考核得分
知识掌握情况	1. 掌握采购合同的相关条款及主要内容	20				
	2. 熟悉合同签订的一般流程	15				
技能提升情况	1. 能根据实际情况独立起草采购合同	20				
	2. 能根据实际情况修改采购合同	20				
职业素养情况	1. 具有自主学习能力	5				
	2. 具有合作精神和协调能力,善于交流	5				
	3. 具有一定的分析能力	5				
参与活动情况	1. 积极参与小组讨论	5				
	2. 积极回答老师提问	5				
小计						
合计=自评×20%+互评×40%+教师评×40%						

拓展提升

1. 请根据本项目所学内容，分小组进行主题模拟训练，根据主题要求积极展开讨论。
2. 在讨论过程中学生可以自行上网搜集信息或头脑风暴。
3. 各小组积极展开讨论，同小组之间互相评价；学生讨论过程中，老师观察学生表现，对学生的表现及提交成果进行评分。

主题1：采购谈判模拟

DX公司近期要采购10台中央空调，价款共计266 000元，其中一家供应商参加了资格预审。DX公司要求调试运转验收正常后首付30%，无重大质量问题，一年后再付40%，余款使用两年后付清。由于这种付款方式将会使成交供应商承担较大的资金利息成本和机会成本，因而谈判当日，供应商表示无法接受。为了能达成一致，双方又进一步展开谈判。

要求：请以上述案例为背景，两个小组之间模拟这次谈判场景，一组代表DX公司，一组代表中央空调供应商。双方进行谈判，注意在实施谈判的过程中，谈判策略和技巧的运用。

主题2：采购合同编制

广东欧富荣货架有限公司以18万元的投标价(200组二档三层重型货架和300组三档四层钢板式货架)成为广东乐润百货有限公司的中标单位，双方开始各自起草采购合同书。起草完毕后，双方共同将两份起草的合同整合成一份完整、规范的采购合同书。

要求：实训在两个小组之间进行，一组为广东乐润百货有限公司的采购部，一组为广东欧富荣货架有限公司的销售部。合同的细则，如送货时间、送货地点等信息由双方共同协商。

同步测验

一、单选题

1. 下列选项中，符合优势谈判秘诀的是(　　)。
   A. 自己先表态、报价
   B. 把起草合同的任务交给对方
   C. 无论对方的谈判技巧多么差劲，都要向对方表现出善意
   D. 白脸—黑脸策略一旦被识破，就必须放弃该策略

2. 一个问题要成为谈判议题，除了需要共同性、可谈性之外，还需要(　　)。
   A. 议题不伤及双方或多方的厉害关系　　B. 复杂性
   C. 多样性　　D. 广义性

3. 选择合同纠纷解决方法时最先考虑的是(　　)。
   A. 信息　　B. 速度
   C. 纠纷双方的关系如何　　D. 纠纷方的参与

4. (　　)是处于被动地位的谈判人员常用的一种方法,是为了给对方造成心理压力,同时也起缓冲作用。
   A. 留有余地策略　　　　　　　　B. 保持沉默策略
   C. 情感沟通策略　　　　　　　　D. 最后期限策略

5. (　　)是指你为达到某种目的的需要有意识地将洽谈的议题引导到相对次要的问题上,借此来转移对方的注意力,以求实现你的谈判目标。
   A. 抛砖引玉策略　　　　　　　　B. 避免争论策略
   C. 避实就虚策略　　　　　　　　D. 留有余地策略

6. 从国家对流通市场的管理和采购的实践来看,采购合同双方可以是生产企业、流通企业、其他社会团体,也可以是具有法律资格的自然人。这是因为(　　)。
   A. 采购合同具有明确目的性　　　B. 采购合同是当事人之间的合法行为
   C. 采购合同与流通过程密切相关　D. 采购合同的主体比较广泛

7. (　　)是指提议被对方接受,双方对合同的主要内容表示同意,经过双方签署书面契约,合同即可成立,也叫承诺。
   A. 订立提议　　B. 接受提议　　C. 要约　　D. 签订协议

8. (　　)指在买方占优势的情况下,以胁迫的方式要求供应商降低价格,并不征询供应商的意见。
   A. 化整为零　　B. 过关斩将　　C. 压迫降价　　D. 敲山震虎

9. (　　)可以表现为利用空闲时间,主动与谈判对方一起聊天、讨论对方感兴趣的话题。
   A. 情感沟通策略　　　　　　　　B. 保持沉默策略
   C. 避实就虚策略　　　　　　　　D. 抛砖引玉策略

10. (　　)有利于买卖双方解决争议,保证合同顺利履行,维护双方的权利。
    A. 货款的支付条件　　　　　　　B. 货物的交货条件
    C. 货物价格条件　　　　　　　　D. 检验、索赔、不可抗力和仲裁条件

二、多选题

1. 采购谈判基本构成要素为(　　)。
   A. 谈判主体　　B. 谈判议题　　C. 谈判方式　　D. 约束条件

2. 合同纠纷解决的方式包括(　　)。
   A. 协商　　B. 调解　　C. 仲裁　　D. 诉讼

3. 采购谈判策略包括(　　)。
   A. 抛砖引玉策略　　　　　　　　B. 多讲少听策略
   C. 保持沉默策略　　　　　　　　D. 先甜后苦策略

4. 不可抗力条款的主要内容包括(　　)。
   A. 不可抗力的含义　　　　　　　B. 适用范围
   C. 法律后果　　　　　　　　　　D. 双方的权利义务

5. 合约执行的跟踪应主要把握(　　)。
   A. 时时刻刻监督供应商,以便找机会控制供应商

B. 跟踪供应商准备物料的详细过程，保证合约的正常执行
C. 紧密响应生产需求形式
D. 控制好物料验收环节

6. 选择合同纠纷解决办法的考虑因素有(　　)。
   A. 纠纷双方的关系如何　　　　　B. 纠纷方的参与
   C. 负责人所表现的感情程度　　　D. 速度
   E. 信息
7. 以下属于采购谈判禁忌的是(　　)。
   A. 自鸣得意　　B. 留有余地　　C. 无精打采　　D. 抛砖引玉
8. 采购价格谈判技巧中当买卖双方势均力敌时可以采取的方法有(　　)。
   A. 欲擒故纵　　B. 差额均摊　　C. 直捣黄龙　　D. 过关斩将
9. 采购在谈价过程中容易存在的误区有(　　)。
   A. 任意砍价　　　　　　　　　　B. 价格砍得越低越好
   C. 成本分析误区　　　　　　　　D. 设立降价指标的误区
10. 合同结尾的主要内容包括(　　)。
    A. 合同份数及生效日期　　　　　B. 签订人签名
    C. 采供双方的签字盖章　　　　　D. 合同名称
    E. 附件与合同的关系

三、判断题

1. 谈判一定要少听多说，提供给对方的信息越多越好。　　　　　　　　(　　)
2. 采购谈判有一个重要的20/80原则，即20%的准备，80%的谈判。　　(　　)
3. 在确定采购谈判目标时，应确立不同层次的目标，包括最高目标、中等目标和底线目标。　　　　　　　　　　　　　　　　　　　　　　　　　　　　　(　　)
4. 供应商信息的收集只需要了解供应商的价格是不是全行业最低就行了。(　　)
5. 当谈判双方各持己见、争执不下时，处于主动地位的谈判者就可利用这一心理，提出解决问题的最后期限和解决条件。　　　　　　　　　　　　　　　　(　　)
6. 协商解决合同纠纷必须遵循自愿、合法、协作、平等诸原则。　　　　(　　)
7. 签订合同的程序一般是协商、调解、仲裁、诉讼并签署书面协议。　　(　　)
8. 实践中签订合同的双方当事人，就合同的内容反复协商的过程，就是要约——新的要约——再要约——承诺的过程。　　　　　　　　　　　　　　　　(　　)
9. 采购合同的履行，其目的是促进合同正常执行、满足企业的物料需求、保证合理的库存水平。　　　　　　　　　　　　　　　　　　　　　　　　　　(　　)
10. 订约提议是指当事人一方向对方提出订立合同的要求和建议，也称要约。(　　)

四、简答题

1. 什么是采购谈判？其包括哪些要素？
2. 采购谈判都有哪些主要内容？
3. 采购谈判的流程是怎么样的？
4. 采购谈判都有哪些策略？

5. 采购价格谈判的技巧有哪些？
6. 采购合同有哪些主要特征？
7. 采购合同的主要内容包括哪些部分？
8. 采购合同纠纷有哪些解决办法？

五、案例分析题

案例一：

A公司最近由于供应商表现不佳，如不能按时交货，或者即使按时交货，但是交货规格不符合要求等，经常和这部分供应商发生合同纠纷。甚至有时供应商的不良表现影响了A公司生产稳定性和对客户的正常的产品质量水平。

假设你在A公司采购部工作。对表现不佳的供应商，你的上司认为直接起诉是最好的解决方法，但你对此持有保留意见，认为应该探讨解决合同纠纷的其他途径。

根据上述案例资料，回答下列问题：
1. 解释采购商与供应商解决合同纠纷的各种途径。
2. 从时间效率方面考虑，合同纠纷应优先考虑哪一种途径？

案例二：

欧洲A公司代理B工程公司，到中国与中国C公司谈判出口工程设备的交易。中方根据其报价提出了异议，建议对方考虑中国市场的竞争性和该公司第一次进入市场，应该认真考虑改善价格。该代理商做了一番解释后仍不降价并说其委托人的价格是如何合理。中方对其条件又做了分析，代理人又做解释，一上午下来，毫无结果。中方认为其过于傲慢固执，代理人认为中方毫无购买诚意且没有理解力。双方相互埋怨之后，谈判不欢而散。

根据上述案例资料，回答下列问题：
1. 欧洲代理人进行的是哪类谈判？
2. 构成其谈判的因素有哪些？
3. 谈判是否有可能继续？若可能欧洲代理人应如何谈判？

项目七

采购过程管理

 案例导入

SD广东子公司生产的山地自行车推向市场后,因其质量好、造型潮,而受到了广大年轻朋友和山地车爱好者的青睐,在市场上得到了很好的反响。

鉴于广东子公司在山地车项目上的成功,SD总公司决定在广东子公司高层来上海汇报工作的时候,一并对广东子公司进行表扬和嘉奖,并希望子公司在之后的产品推出方面再接再厉,取得更好的成绩。同时总公司也提醒广东子公司高层,既要看到成功,也要看到问题。据反映,近期有个别子公司采购部频频发生供应商延迟交货的现象,这不仅仅会影响公司产品的生产进度,更会破坏公司在客户眼中的信誉和形象。还有部分业务采购结算流程不清,采购员汇总物资验收单入库核对工作不到位,这些失误都会给公司带来或多或少的损失。所以,广东子公司在山地车进入了稳定的生产流程之后,更要积极地对供应商进行采购的跟催,特别是要加强采购的交期管理。一方面是为了避免出现有些供应商在获得了供应的资格并形成稳定关系后有恃无恐地延迟交货;另一方面是避免有些同事在取得一点成绩后就沉迷现状,不思进取,在生产和采购工作上松懈怠慢。

广东子公司高层从上海回来之后,为了更好地落实总公司提出的期望,也结合之前山地车项目在生产采购过程中出现的问题,决定进一步加强公司的制度管理,健全企业采购交期管理制度,健全采购结算管理,从而减少不必要开支,保证采购工作的正常化、规范化、透明化,提高公司采购效率、规范采购流程,最终降低采购成本。

1. 为什么SD公司会这么重视采购跟催与交期管理?
2. 你觉得广东子公司建立健全采购交期管理制度对于公司之后的采购工作有什么益处?
3. SD广东子公司采购过程中的结算管理可以从哪些方面入手?

任务一　采购交货管理

🔍 教学目标

知识目标	1. 了解采购跟催的工作内容 2. 理解采购跟催管理的流程 3. 了解采购交货期延迟的原因 4. 掌握采购交货期控制方法
技能目标	1. 能正确填写采购进度控制表 2. 能根据采购交货期延迟的原因，提出针对性的解决方法
素养目标	培养学生在实践工作中的沟通表达能力与解决问题的能力

🔍 教学建议

建议课时	2课时
教学重点	采购跟催管理的流程
教学难点	采购交货期控制方法
教学方法	任务驱动教学法；案例教学法；情境教学法
教学手段	小组讨论、实际模拟训练
组织形式	全班每4~6人为一组，每组设组长一名，组员合理分工
教学过程	任务引入→任务训练→任务分析→小组讨论→总结与点评
学生活动	1. 课前查阅采购跟催及交期管理的相关知识 2. 以小组讨论的形式完成任务训练
教师活动	学生在完成任务训练的过程中教师巡回指导、个别交流，教师检查与评定

📝 任务引入

确保采购交货期是维持企业正常生产，不致停产停工的重要保障，但是最近SD广东子公司却频频出现自行车生产零部件缺货现象。究其原因，原来是新来的采购员跟催不积极所导致。

采购部为了充分锻炼新人，将几批货物交给了在新员工培训过程中表现出色的采购员小李来负责。但是没想到小李在实际采购过程中，对产品订货工作责任心不强、意识不到位，完全忽略了供应商跟催工作，使得产品交货期一再延误，等到要生产组装时却发现零部件还没有到位。

这一事件使得采购经理宋杰十分生气，在SD广东子公司采购管理高层会议上，他针对这一现象提出了自己的一些看法。他表示，供应商的交期延误问题一直是让采购部很头疼的事情，但是如果采购交期发生了延误，就意味着这不仅仅是供应商出了问题，也是子公司采购部出了问题。目前采购部所做的产品跟进与供应商催交工作是远远不够的，必须要更加积极主动地去做这些事情，提高自身的业务水平，加强与供应商的沟通，减少甚至是避免每一次交期延误，这样才能保证企业持续的运作和生产。

任务训练

1. 采购跟催管理都有哪些流程？在整个过程中我们要注意哪些事项？
2. 采购交货期是什么意思？如何实施采购交货期控制？
3. 为什么会出现采购交期延误？

任务分析

采购的跟催与交期管理，是维持企业正常生产的重要保证，特别是在采购交期的执行过程中，做好供应商交期管控对确保交期准时很关键。因此采购人员不仅需要掌握供应商的原材料采购周期、产能情况、生产制造时间和人员技术状况；更需要了解交期延误的处理流程。这样，才能在供应商环节出现问题时，做出及时应对。本任务以小组为单位，通过上网或者去图书馆查阅获得采购跟催与交期管理的相关知识，小组内成员相互讨论，完成任务训练的操作。

实施步骤

1. 课堂内分组讨论完成任务训练。
2. 各组展示讨论结果并陈述主要观点。
3. 教师总结与点评。

 知识准备

一、交货管理

物料采购的交货控制至关重要。如果交货太早，就会增加仓租管理费用及损耗，积压资金而负担利息；交货迟误，会造成停工待料、机器及工人闲置，更会影响企业信誉，甚至因签订合同导致逾期罚款或赔偿损失。

（一）供应商延迟交货原因分析

采购人员若要有效控制交货，必须先了解不能如期履约的主要原因，如表 7-1 所示。

表 7-1 供应商延迟交货的主要原因

供应商责任与原因	买方责任与原因	其他原因
1. 超过生产能力或制造能力不足 2. 转包不成功 3. 制造过程失误或品质不良 4. 生产用原材料短缺 5. 报价错误 6. 缺乏责任感 7. 供应商对物流外包业务监管不严	1. 供应商选择错误 2. 紧急订购 3. 低价订购 4. 购运时间不足 5. 规格临时变更 6. 生产计划不正确 7. 未能及时供应材料或模具 8. 催货不积极	1. 供需单位缺乏协调配合 2. 采购方法运用欠妥 3. 不可抗力等偶发因素

供应商延迟交货损失认定原则

(1) 订单延期交货造成实际损失时，按实际损失的 10%～100%为标准认定处理责任部门。

(2) 订单延期交货造成预期损失时，统一按 1 000 元标准认定处理责任部门。

(3) 订单延期交货几乎未造成实际/预期损失，但交期延期在 4～15 天内时，每个订单按 30 元/次处理责任部门。

(4) 订单延期交货几乎未造成实际/预期损失，但交期超 15 天或者对公司内部正常运作造成恶劣影响时，按 50 元/次处理责任部门。

(5) 由于公司内部非部门的客观原因而导致订单延期、交货延期时，可酌情处理。

(6) 当订单延期交货而导致同时出现实际损失和预期损失时以上情况作分解认定处理。

(7) 当订单延期的因素存在而由于其他部门积极配合最终未导致延期时，每个订单按 50 元/次处罚主要责任部门。

(二) 交货管理规划

由上面的分析可知，供应商不能如期交货的原因很多，因此采购人员要有效控制交货期，必须要做好交货管理的事前规划、事中执行与事后考核，其中的作业要点如表 7-2 所示。

表 7-2 交货管理作业要点

事前规划	事中执行	事后考核
1. 确定交货日及数量 2. 了解供应商生产设备利用率 3. 卖方提供生产计划表或交货日程表 4. 给予供应商合理的交货时间 5. 了解供应商物资管理及生产管理能力 6. 准备替代来源	1. 了解供应商备料情形 2. 买方提供必要的材料、模具或技术支援 3. 了解供应商的生产效率 4. 买方加强交货前的催交工作 5. 交货期及数量变更的通知 6. 买方尽量减少规格变更	1. 对交货延迟的原因分析 2. 检讨是否必须移转订单 3. 完成交易后剩料、模具等的收回 4. 选择优良供应商签订长期合约

采购交货延误申请

当发生交货延误的情况，应填写采购交货延误申请表(见表 7-3)。

表 7-3 采购交货延误申请表

填表日期： 年 月 日

采购交货延误申请表									
采购订单号	物料编号	物料名称	数量	交货期	供应商	采购员	延误交期原因	对应订单编号	装配上线日期	预定交货日期

申请单位：	申请人：	批准：
		年 月 日

相关说明		
编制人员	审核人员	批准人员
编制日期	审核日期	批准日期

(三) 采购跟催

采购订单跟踪和催货由采购跟单员负责,从订单下达后,跟单员就要紧密跟踪供应商对订单的处理和执行情况,及时了解采购物料的生产进度、质量和运输过程,全面把握订单状况。

采购订单跟踪和催货的常用方法包括:

1. 订单跟催法

按订单预定的进料日期提前一定时间进行跟催。这种方法有助于采购人员监督单个供应商的供货进程和供货能力,便于对供应商进行有效的管理和评估。

2. 定期跟催法

在每周固定的时间将要跟催的订单整理好,打印成报表统一定期跟催。这种方法将催货操作制度化、系统化,便于采购部门对所有即将到期的采购订单进行强化管理,确保货物按期交付。

3. 物料跟催表法

物料跟催表(见表 7-4)可根据采购物料的种类进行划分,从而掌握同一种物料单个或多个供应商的供货进程,既能横向比较多个供应商的供货能力,实施有效的绩效管理,又能全面了解各种物料的供需情况,保证既不因物料缺乏导致停产,也不因原料积存过多导致额外的库存支出。

表 7-4 物料跟催表

物料名称	规格	库存数量	订购数量	交货日期	已交货数量	供应商	备注

4. 采购跟催 ABC 法

并非所有的订单都需要催货,为了便于催货,通常将订单进行分类,具体方法如下:

(1) A 类订单——非常重要,值得进行供应商访问以保证订单履行。

(2) B 类订单——需要通过电话或电子邮件提醒供应商的订单。

(3) C 类订单——只有当不能按合同要求及时发运时才需要跟催。

采购人员需要根据实际情况实时跟进,及时调整订单类型及级别,采用相应有效的跟催措施。

跟催任务注意事项

(1) 确保清晰地规定了交货截止日期和规格,如有改变需及时与供应商沟通并协商一致。

(2) 坚持项目和生产进度计划符合按时间划分的材料需求,项目跟催人员可绘制关键路径网络图或甘特图,反映项目各阶段需要供应品的最优时间和最晚时间,对于常规供应,一个简单的日记系统足以"标示"哪些订单需要在某天或某周催交。

(3) 监督并询问在关键阶段供应商的进度，或开发一个"例外报告"系统，据此供应商可以告诉跟催者阶段截止期限或发现的潜在问题。

(4) 与供应商合作解决发现的任何问题。跟催人员须说服供应商优先考虑本订单或本公司，帮助供应商获取需要的材料和信息等。

(5) 要求得到发货通知，并考虑利用跟踪设备监控运输进展。

(6) 必要时对不尽责的供应商施加压力，增加处罚(清偿损害条款)，或者在问题解决或实施讨论中邀请高级经理参加。

(7) 必要时，利用应急计划寻找替代供应商、现有库存替代货物，以应对由于延迟交货造成的紧急缺货情况。

(四) 采购跟催管理流程

采购跟催管理的具体流程如图 7-1 所示。

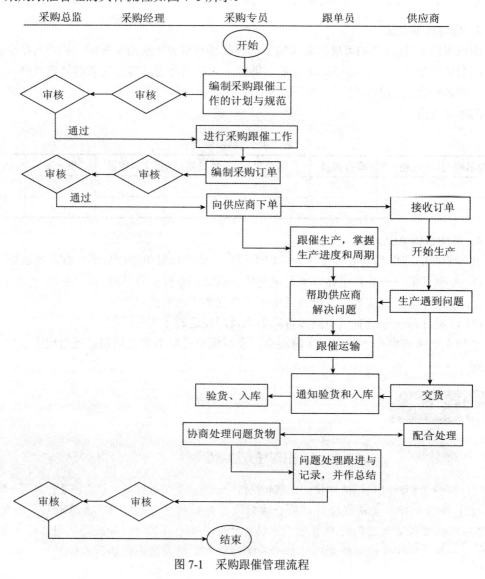

图 7-1　采购跟催管理流程

请扫描右侧二维码，阅读《采购交期管理制度》材料并讨论以下问题：

(1) 什么是采购交期管理制度？

(2) 采购交期管理制度包含哪些内容？

（资料来源：杨杨. 采购交期管理制度[EB/OL]. [2016-07-05]. https://wenku.baidu.com/view/5b9fe13dd15abe23492f4d01?pcf=2#1.）

二、收货管理

（一）采购验收

所有到库货物必须在入库前进行验收，只有检验合格后方能正式入库。采购验收主要是对商品数量、质量和包装的验收，即检查入库商品数量是否与订单资料或其他凭证相符，规格、牌号等有无差错，商品质量是否符合规定要求，物流包装是否保证货物在运输和储存过程中的安全，销售包装是否符合要求。

采购验收常见的问题有：

(1) 单证不全。采购部门订单不到仓库，导致仓库验收无依据；供应商到货单证不齐，进而影响验收进度。

(2) 问题物料处理不及时。因单证不全、单货不符、送货差错或质量问题，采购或质保部门处理物料退换业务不及时，导致到货不能及时投入生产。

(3) 到货信息沟通不及时。因采购人员不向仓库提供供应商到货时间、数量等信息，导致仓储部门处于被动状态，加班加点，增加成本，同时给仓储部门准备仓位和验收作业增加难度。

(4) 验收要求不明确。采购人员未向仓储人员提供不同物料验收条件、标准和方法等要求，导致仓储部门难以行使把关职责。

（二）收货作业流程

(1) 采购人员通知收料部门。采购部门在确定采购内容和交货日期后应通知仓库。仓库在收到经核准的订购单或请购/验收单时，应按照采购类别、数量及日期等预作储位、器具、设备、人员、文件等方面的准备。

(2) 核对凭证。供应商于交货日备妥货源及发货资料，包括发票到指定地点交货。仓库收货人员负责核对相应的凭证，如入库通知单、订货合同副本、材质证明书、装箱单、磅码单、发货明细表、商品承运单位提供的运单等。如果发现有证件不齐或不符等情况，要与存货、供货单位及承运单位和有关业务部门及时联系解决。

(3) 点数(核对数量)。供应商卸料完毕后，仓库管理人员应依请(订)购单据上的计数核对数量。点收无误后，仓库人员应即开进料验收单并通知质量检验人员进行检验作业。

(4) 质量检验。质量部收到仓库转来的进料验收单后，应派人员到物料暂存区进行质量检验。物料检验规范应包括：①取样规定及方法；②质量标准及检验方法；③抽检和理化检验方法；④质量部门应依照合同要求评定物料是否异常，并出具检验结果作为最后收用与否的参考。

(5) 入库记账。检验合格时，质检部应将检验结果通知仓库办理入库手续，及时更新物料入库明细账卡，如表 7-5 所示。物料入库明细账是根据商品入库验收单和有关凭证建立的商品保管明细台账，并按照入库商品的类别、品名、规格、批次等分别立账。

(6) 请款。仓库管理人员将发票及有关收发货凭证等转送采购部门以办理请款手续。

(7) 索赔。若检验不合格时，则依照质量部的判定结果办理退料、扣款或索赔的手续。

表 7-5　物料入库明细账卡

物料入库明细账卡				卡　号	
				货主名称	货物验收情况
				货　位	
品　　名		规格型号			
计量单位		供应商名称			
应收数量		送货单位名称			
实收数量		包装情况			
年			入库	出库	结存	备注
月　日	收发凭证号	摘　　要	件数	数量	件数	数量	件数	数量	

(三) 收货作业实施要点

(1) 确认供应商。物料来自于何处，是否发错或存在错漏，尤其是两家以上的供应商同时供货时，物料应采取分别计算的方式。

(2) 确定送到日期与验收日期。前者用以确定供应商是否如期交料，以作为延迟罚款的依据；后者用以督促验收时效，避免借故推托，并作为将来付款期限的依据。

(3) 确定物料的名称与品质。确定物料的名称与品质是否与合约或订单的要求相符，以免偷工减料、鱼目混珠，必要时可以通过检验方法来确定。

(4) 清点数量。实际交货数量是否与运送凭单或订单相符，如数量太多时，可采用抽查方式来清点。特别要注意有固定包装的物料，检查其内部数量是否一致。

(5) 通过验收结果。验收结果是使用部门安排生产进度，采购部门结案，会计部门登账、付款或扣款、罚款的依据。

(6) 处理短损。根据验收结果，若发生短损应立即向供应商要求赔偿，向运输单位索赔，或是办理内部报损手续等。发现商品数量或质量不符合规定，要会同有关人员当场作出详细记录，交接双方在记录上签字。

(7) 退还不合格物料。对不合格物料或表示拒收，或等修补后再行验收。通常供应商对不合格的物料都延迟处置，仓库应配合采购部门催促供应商前来收回，否则逾越时限，即不负保管责任或进行抛弃。

(8) 处理包装材料。对于包装材料，或准备加以利用，或积存到一定数量后对外出售。对于无法再用或出售的，最好能由供应商收回。

(9) 标识。对于已验收存储的物料须加以标识，以便查明验收经过及时间，并易于与未验收的同类物料有所区别。

某公司进料验收管理办法

本公司对物料的验收以及入库均依本办法作业。

第一条　待收料

物料管理收料人员于接到采购部门转来已核准的"采购单"时，按供应商、物料及交货日期分别依序排列存档，并于交货前安排存放的库位以便收料作业。

第二条　收料

1. 内购收料

(1) 材料进厂后，收料人员必须依"采购单"的内容，并核对供应商送来的物料名称、规格、数量和送货单及发票并清查数量无误后，将到货日期及实收数量填记于"请购单"，办理收料。

(2) 如发觉所送来的材料与"采购单"上所核准的内容不符时，应即时通知采购处理，并通知主管，原则上非"采购单"上所核准的材料不予接受，如采购部门要求收下该材料时，收料人员应告知主管，并于单据上注明实际收料状况，并会签采购部门。

2. 外购收料

(1) 材料进厂后，物料管理收料人员即会同检验单位依"装箱单"及"采购单"开柜(箱)核对材料名称、规格并清点数量，并将到货日期及实收数量填于"采购单"。

(2) 开柜(箱)后，如发觉所载的材料与"装箱单"或"采购单"所记载的内容不同时，通知办理进口人员及采购部门处理。

(3) 发觉所装载的物料有倾覆、破损、变质、受潮等异常时，经初步计算损失，如超过5 000元以上(含)，收料人员即时通知采购人员联络公证处前来公证或通知代理商前来处理，并尽可能维持异常状态以利公证作业；如未超过5 000元，则依实际的数量办理收料，并于"采购单"上注明损失数量及情况。

(4) 对于由公证或代理商确认，物料管理收料人员开立"索赔处理单"，呈主管核实后，送会计部门及采购部门督促办理。

第三条　材料待验

进厂待验的材料，必须于物品的外包装上贴材料标签并详细注明料号、品名规格、数量及入厂日期，且与已检验者分开储存，并规划"待验区"以为区分，收料后，收料人员应将每日所收料品汇总填入"进货日报表"以为入账清单的依据。

第四条 超交处理

交货数量超过"订购量"部分应予退回,但属买卖惯例,以重量或长度计算的材料,其超交量的3%(含)以下,由物料管理部门于收料时,在备栏注明超交数量,经请购部门主管(含科长)同意后,始得收料,并通知采购人员。

第五条 短交处理

交货数量未达订购数量时,以补足为原则,但经请购部门主管(科长)同意,可免补交,短交如需补足时,物料管理部门应通知采购部门联络供应商处理。

第六条 急用品收料

紧急材料于厂商交货时,若物料管理部门尚未收到"请购单"时,收料人员应先洽询采购部门,确认无误后,始得依收料作业办理。

第七条 材料验收规范

为利于材料检验收料的作业,质量管理部门就材料重要性及特性等,适时召集使用部门及其他有关部门,依所需的材料质量研订"材料验收规范",呈总经理核准后公布实施,以为采购及验收的依据。

第八条 材料检验结果的处理

(1) 检验合格的材料,检验人员于外包装上贴合格标签,以示区别,物料管理人员再将合格品入库定位。

(2) 不符合验收标准的材料,检验人员于物品包装上贴不合格的标签,并于"材料检验报告表"上注明不良原因,经主管核实处理对策并转采购部门处理及通知请购单位,再送回物料管理部门凭此以办理退货,如特采时则办理收料。

第九条 退货作业

对于检验不合格的材料退货时,应开立"材料交运单",并附有关的"材料检验报告表"呈主管签认后,凭此异常材料出厂。

第十条 实施修正

本办法呈总经理核准后实施,修订时亦同。

(资料来源:郭元萍. 仓储管理与实务[M]. 北京:中国轻工业出版社,2006.)

案例分析

交货延期,谁之过

2012年10月初,大华包装公司承接了宏图公司的一笔包装箱订单,要求用一种特种纸做材料。由于这种纸比较特殊,供应商没有现货,宏图公司订购的数量又比较少,因此需要定做,而且定做周期比较长。

A供应商之前曾经与大华公司合作,为其提供过几次这一类的货物,采购员小李就找到了A供应商,而且A也给小李寄了样品确认,颜色、质量都可以放心,并且承诺会在15号交货,于是小李就给A下了订单。

可是当承接这笔订单的业务员小王听说之后,说绝对不可以与A合作,还推荐了

供应商B，小王说B已经给其送过样品，也确认过颜色，并且交货期会提前到13号或者14号。于是小李就通知供应商A取消了订单，转而把订单下给供应商B。由于没有与B合作的经验，小李很不放心，就一再要求B确认颜色和交货期，B的业务员保证一定不会有问题。

可是，当10月14日B终于把货交到大华公司的时候，小李发现货的颜色与样品的颜色差别很大，所以尽管最后双方弄得很不愉快，小李还是把B供应商的货退掉了。

没有办法，小李只好再找A供应商订货，虽然质量有了保障，可是交货期却要改到20号，这样一来，大华公司给宏图的交货期就得由18号改到22号了，而大华公司给宏图公司承诺的交货期是20号，也就是说大华公司必须延期交货了。

1. 在选择供应商的过程中，应该如何评估，来确定他们能如期交货？
2. 下采购订单后，采购人员还能采用哪些手段来确保交期的实现？
3. 针对上述案例的情况，交期延误，谁之过？

技能训练

采购交货期控制方法

一、训练目的

1. 了解采购交货期延迟的原因。
2. 掌握采购交货期控制方法。

二、训练准备

教师推荐当地几家紧密合作的企业或实训基地作为调研对象。

三、训练步骤与要求

1. 全班分组。每组4～6人，每组设组长一名。
2. 制定调研计划，确定调研对象、地点、时间，调研提纲以及调研方法等。
3. 联系企业进行实地或网络调研，主要调查企业目前供应商延迟的原因、采购交货期的控制方法等。
4. 整理调研相关资料，分析汇总供应商延迟交货的原因，企业如何进行采购交货期控制并提出改进措施。
5. 制作PPT，以小组形式进行课堂汇报，全班交流，教师点评。

四、注意事项

1. 调研过程中要注意文明礼貌以及安全事项。
2. 应注意资料收集的全面性、真实性。

五、训练成果

形成采购交货期控制方法报告或汇报PPT。

六、拓展任务

教师给出某企业背景，要求学生根据企业实际情况制定采购交货期控制方法。

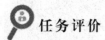 任务评价

班级		姓名		小组			
任务名称	采购跟催与交期管理						
考核内容	评价标准	参考分值(100分)	学生自评	小组互评	教师评价	考核得分	
知识掌握情况	1. 了解采购跟催的工作内容	10					
	2. 理解采购跟催管理的流程	10					
	3. 了解采购交货期延迟的原因	10					
	4. 掌握采购交货期控制方法	15					
技能提升情况	1. 能正确填写采购进度控制表	15					
	2. 能根据采购交货期延迟的原因，提出针对性的解决方法	15					
职业素养情况	1. 具有自主学习能力	5					
	2. 具有合作精神和协调能力，善于交流	5					
	3. 具有一定的分析能力	5					
参与活动情况	1. 积极参与小组讨论	5					
	2. 积极回答老师提问	5					
小计							
合计=自评×20% + 互评×40% +教师评×40%							

任务二　采购结算管理

教学目标

知识目标	1. 了解采购结算的方式和支付方式 2. 熟悉采购结算业务流程
技能目标	1. 能根据采购情况完成采购结算工作 2. 能根据采购结算过程中可能遇到的问题提出解决对策
素养目标	培养学生良好的职业道德与沟通合作能力

教学建议

建议课时	2课时
教学重点	采购结算的方式
教学难点	采购结算业务流程
教学方法	任务驱动教学法；案例教学法；情境教学法

(续表)

教学手段	小组讨论、实际模拟训练
组织形式	全班每4~6人为一组,每组设组长一名,组员合理分工
教学过程	任务引入→任务训练→任务分析→小组讨论→总结与点评
学生活动	1. 课前查阅采购结算的相关知识 2. 以小组讨论的形式完成任务训练
教师活动	学生在完成任务训练的过程中教师巡回指导、个别交流,教师检查与评定

任务引入

近期,SD广东子公司采购部接到不少合作供应商的电话,大部分都是关于子公司财务部没有按时付清尾款的问题。供应商表示,他们已经按要求供完货了,采购货品也已经验收了,但是财务部却说没有收到采购部的"应付款账单",所以不能进行付款。这让他们很着急,没有收到钱,他们就无法投入资金进行下一批货物的生产,所以希望采购部能够给个说法,为什么钱迟迟不能到位。

采购部经过了解之后发现,原来在这批货物的采购过程中,部分货物存在与采购订单不符的情况,使得采购人员汇总不齐各项数据,没有及时填写"应付账款单"。财务部的会计人员没有收到"应付账款单"就没有办法根据采购订单、采购合同、验收单等进行审核,更没有办法安排付款,才导致后续问题发生。了解原因后,采购部快速派人解决问题,避免因此影响公司与供应商信誉,导致供应商中断供货,耽误生产。

任务训练

1. 材料中为什么会出现供应商讨尾款的问题?
2. 采购结算的业务流程是怎么样的?
3. 从材料中看,采购结算业务的完成需要多个部门共同协作,他们应该如何配合、共同完成呢?

任务分析

采购结算是采购合同执行中的一个重要环节,采购结算管理是建立良好供应商关系的基本工作,采购部门需要协同财务部、质量管理部门等做好采购结算发票审核、单据汇总、贷款支付等工作。本任务以小组为单位,通过上网或者去图书馆查阅获得采购结算的相关知识,小组内成员相互讨论,完成任务训练的操作。

实施步骤

1. 课堂内分组讨论完成任务训练。
2. 各组展示讨论结果并陈述主要观点。
3. 教师总结与点评。

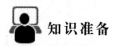 知识准备

一、采购结算

采购结算是整个采购业务全过程中至关重要的一个环节,能否按时支付货款是供应商最关心的问题,也是采购方的信誉所在。采购结算的过程,是对采购业务的最后把关和规避风险的关键业务环节。

采购结算的主要工作任务是采购部负责订购、结算方式确定及结算单证传递等相关工作。财务部负责按照合同相关规定查验结算单证,并与供应商办理结算。

二、采购结算业务流程

采购结算业务流程如图 7-2 所示。

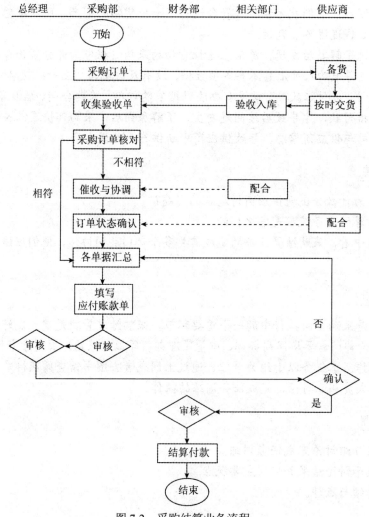

图 7-2 采购结算业务流程

1. 采购员汇总物资验收单

供应商交货时,采购部应会同仓储部、质检部根据采购订单要求进行验货和入库,并填写"物资验收单"等相关单据。采购专员会定期汇总物资验收单,作为采购结算的重要依据。

2. 采购入库核对

采购专员必须将物资验收单与采购合同、订单等进行对照与核对,确认单证所列内容都一致后,将各项数据进行整理和汇总。若物资验收单中存在栏目缺失,或与订单、采购合同中所列内容不符,采购专员应及时与仓储部、质检部、供应商联系协商,追究原因,积极解决问题。

3. 采购员填写应付账款单

采购专员对各项数据进行汇总无误后,填写应付账款单,示例如表 7-6 所示,列明应付款项明细。

表 7-6 应付账款单

日期	项目	往来单位	应付金额	应付明细备注	核对情况
备注	核对内容包括:原始单据是否齐全、原始凭证内容是否完整、是否经授权批准,以及是否带有现金折扣。如果核对无误,则在核对情况下相应的栏目内打勾。				

主管:　　　　　审核:　　　　　制单:　　　　　对方确认:

4. 供应商确认应付款单

采购专员将应付账款单送采购主管并签署意见,经审核无误后,转给供应商进行确认。如果供应商对应付账款单存在异议,采购专员应重新审核已经发生的订单情况,并再次进行确认。

5. 财务部复核

采购部将供应商确认过的应付账款单提交财务部,由会计人员根据采购订单、采购合同和物资验收单等进行审核,编制记账凭证,审核无误后交出纳人员查验。出纳人员在确认各类单据均符合规定、数据均一致后,办理结算。

6. 付款

根据合同规定的结算方式进行结算后,出纳人员付款,编写付款记账凭证,并要求供应商在几日内尽快提供发票等有关票据和证明文件。

三、采购结算方式

采购人员在与供应商签订"采购合同"时,应明确规定货款的结算方式。一般的结算方式包括:银行汇票、商业汇票、银行本票、支票、汇兑、委托收款、异地托收承付结算和信用卡结算 8 种。

(一) 国内采购结算常用的支付方式

国内采购通常的结算和支付票据包括汇票、支票和本票,以使用汇票为主。

1. 汇票

汇票是最常见的票据类型之一,汇票是出票人签发的,委托付款人在见票时,或者在指定日期无条件支付确定的金额给收款人或者持票人的票据。

汇票是一种委付证券,基本的法律关系至少有三个人物:出票人、受票人和收款人。

出票人:是开立票据并将其交付给他人的法人、其他组织或者个人。出票人对持票人及正当持票人承担票据在提示付款或承兑时必须付款或者承兑的保证责任。在采购业务中,出票人一般是供应商,对收款人而言是债务人,对付款人而言是债权人。

受票人:又叫"付款人",是指受出票人委托支付票据金额的人、接受支付命令的人。在采购业务中一般是订货方或者是指定银行。

收款人:是凭汇票向付款人请求支付票据金额的人。是汇票的债权人,一般是卖方,是收钱的人。在采购业务中通常为供应商或者是指定银行。

汇票按照不同的角度可以分为以下几种:

(1) 按出票人的不同,汇票分为银行汇票、商业汇票。银行汇票是签发人为银行,付款人为其他银行的汇票。商业汇票是签发人为商号或者个人,付款人为其他商号、个人或银行的汇票。

(2) 按有无附属单据,汇票分为光票汇票、跟单汇票。光票汇票本身不附带货运单据,银行汇票多为光票。跟单汇票又称信用汇票、押汇汇票,是需要附带提单、仓单、保险单、装箱单、商业发票等单据,才能进行付款的汇票。商业汇票多为跟单汇票。

(3) 按付款时间,汇票分为即期汇票、远期汇票。即期汇票指持票人向付款人提示后对方立即付款的汇票,又称见票或即付汇票。远期汇票是在出票一定期限后或特定日期付款的汇票。在远期汇票中,记载一定的日期为到期日,于到期日付款的,为定期汇票;记载于出票日后一定期间付款的,为计期汇票;记载于见票后一定期间付款的,为注期汇票;将票面金额划分为几份,并分别指定到期日的,为分期付款汇票。远期汇票按承兑人又可分为商业承兑汇票、银行承兑汇票。商业承兑汇票是以银行以外的任何商号或个人为承兑人的远期汇票。银行承兑汇票承兑人是银行的远期汇票。

(4) 按流通地域,分为国内汇票、国际汇票。

2. 支票

支票是以银行为付款人的即期汇票,可以看作汇票的特例。支票出票人签发的支票金额,不得超出其在付款人处的存款金额。如果存款低于支票金额,银行将拒付给持票人。这种支票称为空头支票,出票人要负法律上的责任。

开立支票存款账户和领用支票,必须有可靠的资信,并存入一定的资金。支票可分为现金支票、转账支票。支票一经背书即可流通转让,具有通货作用,成为替代货币发挥流通手段和支付手段职能的信用流通工具。运用支票进行货币结算,可以减少现金的流通量,节约货币流通费用。

3. 本票

本票是一项书面的无条件的支付承诺,由一个人作成,并交给另一人,经制票人签名承诺,即期或定期或在可以确定的将来时间,支付一定数目的金钱给一个特定的人或其指定人。我国《票据法》对本票的定义,指的是银行本票,指出票人签发的,承诺自己在见票时无条件支付确定金额给收款人或者持票人的票据。

本票分为商业本票和银行本票。商业本票的出票人是企业或个人,票据可以是即期的,也可以是远期的。商业本票一般不具备再贴现条件,特别是中小企业或个人开出的远期本票,因可信度不高,一般很难流通。银行本票的出票人是银行,只能是即期本票。

支付方式

企业向供应商的付款时间通常有预付、货到付款、月结30天(60天或90天)等几种方式。由于市场竞争的激烈,对本地供应商的付款绝大多数都采用月结方式,并且付款期限也越来越长,但一般不超过90天。如果选择海外企业或国际知名跨国公司作为供应商,因双方对对方的信誉状况不了解,故供应商往往要求预付款。经过一段时间的贸易往来后,双方对对方的情况有了更多的了解,经企业向供应商申请,通常可以改成月结30天。而对于市场紧缺或供应商垄断的商品,供应商通常要求货到付款,如果在企业有足够的流动资金的情况下,采用货到付款这种方式常能得到更优惠的价格。

(二) 国际采购中常用的结算方式

在国际采购中常用的支付方式有汇付、托收和信用证。

1. 汇付

汇付,也称汇款,是付款方通过银行将应付款项汇交收款方的支付方式。汇付的优点在于手续简便、费用低廉。汇款根据汇出行向汇入行转移资金发出指示的方式可分为以下3种:

(1) 电汇。电汇是汇出行应汇款人的申请,拍发加押电报或电传给在另一国家的分行或代理行(即汇入行)解付一定金额给收款人的一种汇款方式。电汇方式的优点在于速度快,收款人可以迅速收到货款。随着现代通信技术的发展,银行与银行之间使用电传直接通信,快速准确。电汇是目前使用较多的一种方式,但其费用较高。

(2) 信汇。信汇是汇出行应汇款人的申请,用航空信函的形式,指示出口国汇入行解付一定金额的款项给收款人的汇款方式。信汇的优点是费用较低廉,但收款人收到汇款的时间较迟。

(3) 票汇。票汇是指汇出行应汇款人的申请,代汇款人开立以其分行或代理行为解付行的银行即期汇票,支付一定金额给收款人的汇款方式。

票汇与电汇、信汇的不同之处在于,票汇的汇入行无须通知收款人取款,而由收款人持票登门取款,这种汇票除有限制流通的规定外,经收款人背书,可以转让流通,而电汇、信汇的收款人则不能将收款权转让。

2. 托收

托收是指债权人(出口人)出具债权凭证(汇票等)委托银行向债务人(进口人)收取货款的一种支付方式。

托收属于商业信用,银行办理托收业务时,既没有检查货运单据正确与否或是否完整的义务,也没有承担付款人必须付款的责任。托收虽然是通过银行办理,但银行只是作为出口人的受托人行事,并没有承担付款的责任,进口人不付款与银行无关。出口人向进口人收取货款靠的仍是进口人的商业信用。

根据托收时是否向银行提交货运单据,可分为光票托收和跟单托收两种。

(1) 光票托收。托收时如果汇票不附任何货运单据,而只附有"非货运单据"(发票、垫付清单等),叫光票托收。这种结算方式多用于贸易的从属费用、货款尾数、佣金、样品费的结算和非贸易结算等。

(2) 跟单托收。跟单托收有两种情形:附有金融单据的商业单据的托收和不附有金融单据的商业单据的托收。在国际贸易中所讲的托收多指前一种。

跟单托收根据交单条件的不同,又可分为付款交单和承兑交单两种。

采用托收方式进行货款结算,供应商需对采购方的资信情况有充分的了解,一般适用于有长期良好合作关系的贸易伙伴或供应商在进口国有办事处的情况,以便有效地降低风险。

3. 信用证

信用证,是指开证银行应申请人(买方)的要求并按其指示向受益人开立的载有一定金额的、在一定的期限内凭符合规定的单据付款的书面保证文件。信用证是国际贸易中最主要、最常用的支付方式。

在国际贸易活动中,买卖双方可能互不信任,买方担心预付款后,卖方不按合同要求发货;卖方也担心在发货或提交货运单据后买方不付款。因此需要两家银行作为买卖双方的保证人,代为收款交单,以银行信用代替商业信用。银行在这一活动中所使用的工具就是信用证。

根据不同标准,可将信用证分为不同类型。

(1) 以是否附有货运单据为标准,信用证可以分为跟单信用证及光票信用证。①跟单信用证是凭跟单汇票或仅凭单据付款的信用证。此处的单据指代表货物所有权的单据(如海运提单等),或证明货物已交运的单据(如铁路运单、航空运单、邮包收据)。②光票信用证是凭不随附货运单据的光票付款的信用证。银行凭光票信用证付款也可要求受益人附交一些非货运单据,如发票、垫款清单等。

在国际贸易的货款结算中,绝大部分使用跟单信用证。

(2) 以开证行所负的责任为标准,信用证可以分为不可撤销信用证和可撤销信用证。①不可撤销信用证是指信用证一经开出,在有效期内,未经受益人及有关当事人的同意,开证行不能片面修改和撤销,只要受益人提供的单据符合信用证规定,开证行必须履行付款义务。②可撤销信用证是指开证行不必征得受益人或有关当事人同意,有权随时撤销的信用证,应在信用证上注明"可撤销"字样。

在国际采购中,为保障进口商的利益,一般采用不可撤销信用证作为支付方式。

(3) 根据付款时间不同,信用证可分为即期信用证和远期信用证。①即期信用证是指开证行或付款行收到符合信用证条款的跟单汇票或装运单据后，立即履行付款义务的信用证。②远期信用证是指开证行或付款行收到信用证的单据时，在规定期限内履行付款义务的信用证。

(4)以有无另一银行加以保证兑付为依据，信用证可分为保兑信用证和不保兑信用证。①保兑信用证是指开证行开出的信用证，由另一银行保证对符合信用证条款规定的单据履行付款义务。对信用证加以保兑的银行，称为保兑行。②不保兑信用证是指开证行开出的信用证没有经另一家银行保兑。

(5) 根据受益人对信用证的权利可否转让，信用证可分为可转让信用证和不可转让信用证。①可转让信用证是指信用证的受益人(第一受益人)可以要求授权付款、承担延期付款责任，承兑或议付的银行(统称"转让行")，或当信用证是自由议付时，可以要求信用证中特别授权的转让行，将信用证全部或部分转让给一个或数个受益人(第二受益人)使用的信用证。开证行在信用证中要明确注明"可转让"，且只能转让一次。②不可转让信用证是指受益人不能将信用证的权利转让给他人的信用证。凡信用证中未注明"可转让"，即是不可转让信用证。

案例分析

大华集团采购物资的结算审计

大华集团内部控制部紧紧围绕集团"抓管理，增效益"这个中心任务，积极进行比价采购审计，为企业节约资金1 500多万元，审计不合理工程费用约2 800万元。其基本思路是：大华集团为了加强物资采购管理，对全集团所属各单位物资实行集中统一采购和供应。为了对物资采购进行监督，综合评价，择优确定供应商，审计部参与了物资采购的全过程，并实施全程审计。其基本内容包括：

1. 物资采购招标

大华集团所需物资基本上全部实行招标，大宗物资或金额较大的物资招标工作必须要求分管领导参与，审计部、采购部、财务部等有关部门必须全体参与这项工作。最终签订的采购合同及单据各部门各一份，分别保管，以便互相监督。

2. 计划审批

大华集团公司各部门依据本部门实际需要制定物资需求计划，并经部门领导同意，分管公司领导签字后，于每月30日前报采购部，采购部分别汇总全公司各部门的计划，形成采购订单，寻找3个以上供应商并填报价格后报审计部。审计部根据网上信息、价格信息、市场行情等情况，确定供应商及价格，前提是审计部确定的价格不能高于采购部提交的价格；最后由公司经理批准，于每月15日返回采购部等部门。

3. 计划执行

总经理批准的计划一式四份，采购部门一份，按计划采购；仓管部门一份，按计划入库；财务部门一份，按计划付款；审计部门一份，便于单据审核及各项采购制度的考核。

为了便于执行计划，审计部制定了严格的审计制度，仓管部门有材料库存定额，采购部如果超计划采购,仓管部可以不予办理入库手续。仓管部门有专门的把关员,对质量不合格产品坚决不允许入库并退货,并将不合格品信息在月底报审计部门,由审计部门对采购人员进行考核。若把关员使不合格品入库,使用部门在 3 个月内使用的材料不合格,应写明具体原因,经使用人员签字后交审计部,由审计部对把关员进行考核。由此在采购部和仓管部之间形成相互制约、相互监督的机制,保证了采购计划的执行质量。

针对物资采购不及时、不能满足生产需要的情况,审计部制定了正常计划采购落实制定。同时对物资入库手续、财务付款等作了详细具体的规定。

4. 票据审计

公司所需物资采购入库时,把关员必须在检验单上签字,等对方开具增值税发票后,采购部采购员根据采购物料的品名、价格、数量、金额等填写入库单,把关员、采购员、报关员全部在入库单上签字后可连同发票一并交审计部。审计部根据计划,审核价格是否超过计划价格,是不是计划的供应商。如果要更换供应商,采购部要上报并写明理由,并由部门负责人签字报告。经审计部审核符合规定的票据并签发审计合格通知单后,财务部方凭以付款。

5. 信息管理

凡是公司采购的物资,不管数量大小,价格高低,审计部都按供应商、品种、数量、价格等分门别类登记台账,以考核采购部门的计划执行情况,同时核销计划。所登记台账长期留存,以备核查。

为使采购物资符合生产需要,对仓管部把关人员所报的不合格品逐一登记,建立质量台账。凡 3 次供货不符合招标规定的供应商,列为不合格供方;对于不能及时供货的供应商,做好详细记录,因供货不及时而耽误生产的,依据合同约定进行处理。

(资料来源:刘伟. 采购供应实务指南[M]. 北京:中国劳动社会保障出版社,2017.)

为什么大华集团要让审计部参与物资的采购全过程并实施全程审计,对企业有什么益处?

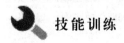

采购结算业务调研

一、训练目的

1. 加深对采购结算业务流程的理解。
2. 了解采购结算的方式。

二、训练准备

教师推荐当地几家紧密合作的企业作为调研对象。

三、训练步骤与要求

1. 全班分组。每组 4~6 人,每组设组长一名。
2. 制定调研计划,确定调研对象、地点、时间、调研提纲以及调研方法等。
3. 联系企业进行实地或网络调研,主要调查企业常用的采购结算方式及采购结算的业务流程及在结算过程中需要注意的问题等。

4. 整理调研的相关资料，分析汇总企业常用的结算方式及在结算过程中常遇到的问题。

5. 制作 PPT，以小组形式进行课堂汇报，全班交流，教师点评。

四、注意事项

1. 调研过程中要注意文明礼貌以及安全事项。

2. 应注意资料收集的全面性、真实性。

五、训练成果

实训报告(包括常用的采购结算方式、采购结算业务流程及改进措施、体会与感想等)。

六、拓展任务

以上述调研结果为基础，根据企业实际情况，分析企业采用其他结算方式的利弊。

 任务评价

班级		姓名		小组			
任务名称	采购结算管理						
考核内容	评价标准		参考分值 (100分)	学生 自评	小组 互评	教师 评价	考核 得分
知识掌 握情况	1. 了解采购结算的方式和支付方式		20				
	2. 熟悉采购结算业务流程		20				
技能提 升情况	1. 能根据采购情况完成采购结算工作		20				
	2. 能根据采购结算过程中可能遇到的问题提出解决对策		15				
职业素 养情况	1. 具有自主学习能力		5				
	2. 具有合作精神和协调能力，善于交流		5				
	3. 具有一定的分析能力		5				
参与活 动情况	1. 积极参与小组讨论		5				
	2. 积极回答老师提问		5				
小计							
合计=自评×20% + 互评×40% + 教师评×40%							

 拓展提升

1. 请根据本项目所学内容，分小组进行主题模拟训练，根据主题要求积极展开讨论。

2. 在讨论过程中学生可以自行上网搜集信息或头脑风暴。

3. 各小组积极展开讨论，同小组之间互相评价；学生讨论过程中，老师观察学生表现，对学生的表现及提交成果进行评分。

案例背景：2017 年 5 月 12 日，广东乐润百货计划向广东欧富荣货架有限公司采购一批流利式货架。双方已于 2017 年 6 月 5 日签订了采购合同，采购商品为 200 组二档三层重

型货架和300组三档四层钢板式货架,总成交金额为18万元人民币,对交货期的具体要求为:

在2017年7月15日前完成200组二档三层重型货架的生产和安装,一个月内不出现质量问题,就支付款项7万元人民币;在2017年7月30日前完成300组三档四层钢板式货架的生产与安装,一个月不出现质量问题,就支付剩余款项。

广东乐润百货采购部经理王阳为保证广东欧富荣货架有限公司能够按照合同要求,按时完成仓储货架的生产和安装,特意安排采购部主管王敏对这个采购项目进行重点跟踪,需要对整个采购过程进行控制。

请根据以上信息,以小组为单位进行角色模拟,涉及角色包括:广东乐润百货采购部主管,广东欧富荣货架有限公司的销售部市场专员、采购员、质检员。

请根据上述案例背景模拟采购主管对这个采购项目过程的控制。对采购所采取的组织方法,可以由小组成员合理自由发挥。

主题1:交货期控制

要求:提交采购交货期过程控制方案,具体评分见表7-7所示的采购交货期过程控制评分表。

表7-7 采购交货期过程控制评分表

序号	项目名称	分值	评分
1	分析供应商交货延迟原因及影响	0~10	
2	针对延期交货情况做出详细说明	0~10	
3	对供应商延期交货采取处罚措施	0~10	
4	对延迟货物进行跟催过程控制	0~10	
		总分:40	得分:
基本概念	技能掌握		语言描述
□优□良□中□合格□不合格	□优□良□中□合格□不合格		□优□良□中□合格□不合格
综合评分等级			

主题2:进货检验

要求:提交进货检验过程控制方案(含进货检验记录表和货物验收单),具体评分见表7-8所示的采购进货检验过程评分表。

表7-8 采购进货检验过程评分表

序号	项目名称	分值	评分
1	分析进货验收各环节工作内容	0~10	
2	组织采购员填制进货检验记录表	0~10	
3	组织采购员填制货物验收单	0~10	
		总分:30	得分:
基本概念	技能掌握		语言描述
□优□良□中□合格□不合格	□优□良□中□合格□不合格		□优□良□中□合格□不合格
综合评分等级			

同步测验

一、单选题

1. (　　)是整个跟踪环节的结束点,订单人员可以向供应商了解物料最终完成的包装入库信息。
   A. 跟踪加工过程进展状态　　　　B. 原料备料
   C. 确认包装入库　　　　　　　　D. 供应商工艺文件的准备

2. 如果采购材料为非重要材料,通常采取的采购交货期控制的方法是(　　)。
   A. 买卖双方信息的沟通　　　　　B. 工厂实地查证
   C. 采购进度控制表　　　　　　　D. 一般的监督

3. 下列不属于实施采购交期控制关键点的是(　　)。
   A. 跟踪组装调试检测过程进展状态　B. 制定合理的交期
   C. 明确双方在交期上的违约责任　　D. 对交期的管理控制

4. 按出票人不同,汇票可分为(　　)。
   A. 银行汇票　　　　　　　　　　B. 商业汇票
   C. 银行汇票和商业汇票　　　　　D. 企业汇票和商业汇票

5. 开立支票存款账户和领用支票,应当有可靠的(　　),并存入一定的资金。
   A. 信誉　　　B. 资信　　　C. 诚信　　　D. 人品

6. (　　)是进口方委托银行通过加押电报或电传的方式将款项支付给收款人。
   A. 信用证　　B. 托收　　　C. 电汇　　　D. 信用卡

7. (　　)是指汇票不附带货运单据的一种托收方式。
   A. 付款交单　B. 承兑交单　C. 跟单托收　D. 光票托收

8. 信用证是一种由开证银行根据信用证相关法律规范应申请人要求并按其指示向受益人开立的载有一定金额、在一定期限内凭符合规定的单据付款的(　　)。
   A. 信贷承诺　B. 担保承诺　C. 书面文件　D. 支持文件

9. 下列关于本票的表述错误的是(　　)。
   A. 我国票据法中的本票包括银行本票和商业本票
   B. 本票的基本当事人只有出票人和收款人
   C. 本票无须承兑
   D. 本票是由出票人本人对持票人付款的票据

10. 采购结算单是由采购发票与(　　)单据结算产生的。
    A. 请购单　　B. 采购订单　C. 采购到货单　D. 采购入库单

二、多选题

1. 一般对于供应商不能交货的原因可以分为三方面因素(　　)。
   A. 供应商原因　B. 客户原因　C. 其他原因　D. 主观原因

2. 采购交货期控制的内容主要包括(　　)。
   A. 对时间的控制　　　　　　　　B. 对成本的控制

C. 对流程的控制 　　　　　　　D. 对交货地点的控制

3. 采购交货期控制的方法主要有(　　)。
   A. 一般的监督 　　　　　　　B. 采购进度控制表
   C. 工厂实地查证 　　　　　　D. 买卖双方信息的沟通

4. 从时间角度看,交货期管理是对时间的控制和管理,主要包括(　　)。
   A. 外发加工时间、来料检验与入库时间
   B. 生产准备时间、生产作业时间
   C. 产品检验与入库时间
   D. 运送与物流时间、其他预留时间

5. 因采购部而导致的供应商交货延期的原因主要有(　　)。
   A. 供应商选择错误、下单量超过供应商的产能
   B. 业务手续烦琐或审批不及时、更换供应商
   C. 付款条件过于严苛或未能及时付款、紧急订购
   D. 订货错误、跟催不积极

6. 国际采购货款结算中托收方式可分为(　　)三种。
   A. 付款交单 　　　　　B. 承兑交单 　　　　　C. 光票托收
   D. 信用证 　　　　　　E. 汇付

7. 汇付的方式有(　　)。
   A. 信汇 　　　　B. 票汇 　　　　C. 电汇 　　　　D. 信用卡

8. 汇票关系中的基本当事人主要有(　　)。
   A. 出票人 　　　B. 付款人 　　　C. 收款人 　　　D. 银行

9. 以开证行所负的责任为标志可以将信用证分为(　　)。
   A. 保兑信用证 　　　　　　　B. 不保兑信用证
   C. 不可撤销信用证 　　　　　D. 可撤销信用证

10. 下列关于汇付的说法正确的是(　　)。
    A. 汇付属于商业信用
    B. 汇付包括电汇、信汇和票汇三种
    C. 汇付一般用于国际货物买卖合同价款的支付
    D. 在汇付中,银行只提供服务而不提供信用

三、判断题

1. 跟催就是时时刻刻跟踪监督供应商,只需考虑供应商的发货时间,无须考虑货物质量。　　　　　　　　　　　　　　　　　　　　　　　　　　　　(　　)
2. 在延期付款的情况下,货物的所有权一般在签订合同时发生转移。　　(　　)
3. 如果降低库存水平引起的延期交货成本高于节约的库存成本,那么这种方案是可取的,它可以实现企业总成本最低的目标。　　　　　　　　　　　　　　(　　)
4. 本票的出票人就是付款人,根据出票人身份的不同,可分为由企业签发的商业本票和由银行签发的银行本票。　　　　　　　　　　　　　　　　　　　　(　　)
5. 信用证是指以银行信用为基础,付款由银行担保。　　　　　　　　　(　　)
6. 信用证根据付款人提供的单据不同分为跟单信用证与光票信用证。　(　　)

7. 汇付是指由出口商(卖方)开出以进口商(买方)为抬头的汇票，委托托收行通过代收行，代为买方收款。( )
8. 支票是以银行为付款人的即期汇票。( )
9. 信汇是汇出行应汇款人的申请，拍发加押电报或电传给在另一国家的分行或代理行(即汇入行)解付一定金额给收款人的一种汇款方式。( )
10. 预付通常发生在市场供应紧张或者生产周期较长的情况下。( )

四、简答题

1. 采购交期延误的原因有哪些？
2. 简述采购跟催的管理流程？
3. 简要阐述采购交货期控制的内容？
4. 采购结算的主要方式有哪些？
5. 采购具体的支付方式有几种？
6. 如何处理采购结算业务？

五、案例分析题

案例一：

以下是某公司交期延误常见原因的分析表(见表7-9)。

表7-9 交期延误原因分析表

原因	具体内容	原因	具体内容
供应商的责任	(1) 接单量超过供应商的产能	采购人员的责任	(1) 供应商选定错误
	(2) 供应商技术、工艺能力不足		(2) 业务手续不完整或耽误
	(3) 供应商对时间估计错误		(3) 进度掌握与督促不力
	(4) 供应商生产管理不当		(4) 经验不足
	(5) 供应商的生产材料出现货源危机		(5) 下单超过供应商的产能
	(6) 供应商品质管理不当		(6) 更换供应商所致
	(7) 供应商经营者的顾客服务意识不强		(7) 付款条件过于严苛

根据上述表格资料，回答下列问题：

1. 除了以上表格所示，供应商延期交货原因还有哪些方面？
2. 实施采购交期控制的关键点有哪些？

案例二：

美国A公司向我国B公司采购了一批汽车零部件，付款方式为付款交单90天。货物出运后，汇票及货运单据通过出口地的托收银行寄抵美国A公司指定的代收行，A公司进行了汇票承兑。汽车零部件抵达目的港后，由于用货心切，A公司于是出具了信托收据向本地代收的银行借得货运单据，先行提货转售。当汇票到期时，A公司因经营不善，失去偿付能力。其代收行以汇票付款人拒付为由通知托收行，并建议由B公司直接向A公司索取。此时离汇票到期日还有30天。

根据上述案例资料，回答下列问题：

1. 不同的采购结算方式有什么差异？
2. 不同的采购结算方式存在什么样的风险？

项目八

供应商管理

 案例导入

在山地自行车面市大获成功后,SD 广东子公司决定趁势推出其他系列的山地车,从而使得公司在山地车市场站稳脚跟。为了使其他系列的山地车尽快上市,SD 公司决定扩大生产,抓紧一切时间"闭门造车"。

没想到采购任务刚刚下发下去没有多久,就有不少供应商反映做不了,他们表示这次 SD 公司采购的零部件量实在是太大了而且时间催得紧,根本就没有给他们留下足够的时间,在保证质量的情况下,他们绝对是无法按时交货的。

但是 SD 公司负责对接的采购部员工却为此大为恼火,她认为之前公司对厂家进行了预付款,厂家就有义务按时交货。更重要的是,如果这一批零部件没有按时交货,那就会影响到整个山地车的生产进度,给公司带来无法估量的损失。她觉得供应商就这样不负责任的说做不了,完全是没有任何道理的。一些供应商则表示,他们不仅仅只为 SD 一家公司供货,他们不可能把其他公司的项目都暂停专门为 SD 公司服务,那是不现实的。如果 SD 公司不愿意宽限时间,他们就只能降低产品的质量要求,而质量不过关返工造成的损失也将由 SD 公司自己承担。

采购负责人觉得供应商没有道理,供应商觉得自己有苦难言,没有解决方案就不进行生产。采购负责人只能向采购主管刘鹏请示如何解决。刘鹏首先对采购负责人为公司利益着想的态度表示肯定,同时他也指出在自行车行业竞争日益激烈的今天,与供应商撕破脸皮是最不明智的做法,我们不仅要看到我们给供应商支付的金钱,更要看到供应商在整个过程中的作用。企业和供应商之间的关系,并不是简单的谁有求于谁,更是一种合作和盟友关系,聪明的企业会将他的供应商看的与客户一样重要,处处表现得很有修养与礼貌,因为只有以同样的态度去对待供应商,供应商才会竭尽全力为他们做出最好的产品,整个市场才会有潜力。所以,我们要做好供应商关系管理,加强和供应商的合作与理解,进而增强整条供应链的优势,达到双赢的效果。

1. SD 公司与供应商之间出现了什么问题？
2. 供应商关系管理主要包括哪些方面的内容？
3. SD 公司应该如何更好地与供应商达成合作的盟友关系？
4. SD 公司如果要对供应商进行绩效考核，可以从哪几个方面实施？

任务一　供应商关系管理

教学目标

知识目标	1. 了解供应商关系管理的概念及优势 2. 掌握供应商的分类与管理 3. 理解战略合作伙伴关系管理的内涵
技能目标	1. 能制定供应商管理的制度 2. 能根据实际情况对供应商进行分类管理
素养目标	培养学生在实践工作中的沟通表达能力与调查分析能力

教学建议

建议课时	2 课时
教学重点	供应商分类方法
教学难点	供应商分类管理的策略
教学方法	任务驱动教学法；案例教学法；情境教学法
教学手段	小组讨论、实际模拟训练
组织形式	全班每 4~6 人为一组，每组设组长一名，组员合理分工
教学过程	任务引入→任务训练→任务分析→小组讨论→总结与点评
学生活动	1. 课前查阅供应商关系管理及战略合作伙伴关系管理的相关知识 2. 以小组讨论的形式完成任务训练
教师活动	学生在完成任务训练的过程中教师巡回指导、个别交流，教师检查与评定

任务引入

针对与供应商之间理解沟通不到位而引发的一系列问题，SD 广东子公司决定对供应商进行分类，并希望可以和不同类别的供应商合作建立信息共享机制。一方面，与不同类别的供应商进行合作，可以使得 SD 公司在不同信息层面的挖掘更加完善；另一方面，通过信息共享 SD 公司和供应商之间的资源能够进行有效的调配，增强二者的竞争力和应对市场变化的灵活性；更能提高公司和供应商二者整体信息系统能力，整体利润，有效改进工作流程管理。

但是，许多供应商对于 SD 公司的这个提议并不感兴趣，他们觉得做信息共享就是在浪费时间、精力和金钱，对于企业发展不会有什么实质性的好处；有的供应商甚至怀疑信息共享会把自己公司核心的资料泄露出去，这中间存在很大的安全隐患，不敢贸然尝试。面对供应商的种种疑惑，如何说服他们一起加入信息共享机制建设，成了 SD 公司目前的一大难题。

▌任务训练

1. SD 广东子公司与供应商合作建立信息共享机制对二者各有什么好处？请分点说明。
2. 针对 SD 广东子公司现有的供应商，公司可以使用哪几种方法对供应商进行分类？
3. 建立战略合作伙伴关系除可以进行信息共享之外，还有哪些方法？

▌任务分析

供应商关系管理是一种旨在改善企业与供应商之间关系的新型管理机制，目标是通过与供应商建立长期、紧密的业务关系，并通过对双方资源和竞争优势的整合来共同开拓市场，扩大市场需求和份额，降低产品前期的高额成本，实现双赢的企业管理模式。本任务以小组为单位，通过上网或者去图书馆查阅获得供应商关系管理的相关知识，小组内成员相互讨论，完成任务训练的操作。

▌实施步骤

1. 课堂内分组讨论完成任务训练。
2. 各组展示讨论结果并陈述主要观点。
3. 教师总结与点评。

 知识准备

一、供应商关系演变

传统的采购商与供应商之间是一种"零和"的竞争关系，一方所得即另一方所失，采购方总是试图将价格压到最低，而供应商总是以各种理由要求提价，双方的关系是一种短期的、松散的竞争对手关系。当今市场需求日益多变、市场竞争日益激烈的环境下，与供应商建立长期的合作伙伴关系更有利于企业竞争力的提高，双赢的观念开始在企业中处于上风。但是，采用长期合作模式也要考虑几个可能的不利之处：如果一种物料只有 1~2 个供应商，那么供应中断的风险则增加；保持长期合同关系的供应商缺乏竞争压力，从而有可能缺乏不断创新的动力等。因此，现代企业必须根据具体情况，结合传统与现代供应商管理的特点，确定相应的供应商关系模式。供应商关系的演变对比如表 8-1 所示。

表 8-1 供应商关系演变对比

项目	传统供应商关系	现代供应商关系
供应商数量	多	少
供应商关系	短期，买卖关系	长期，伙伴关系
企业与供应商的沟通	仅限于采购部与供应商销售部之间	双方多个部门沟通
信息交流	仅限于订货收货信息	多项信息共享
价格谈判	尽可能低的价格	互惠的价格，实现双赢
供应商选择	凭采购员经验	完善的评估程序
供应商对企业的支持	无	提出建议
企业对供应商的支持	无	技术支持

二、供应商分类

供应商分类是指在供应市场上，采购企业依据采购物品的金额、采购商品的重要性以及供应商对采购方的重视程度和信赖的因素，将供应商划分成若干个群体。供应商分类是供应商管理的先行环节，只有在供应商细分的基础上，企业才有可能根据细分供应商的不同情况实行不同的供应商关系策略。企业可以按照以下几种方法进行供应商分类。

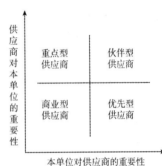

图 8-1 按供应商重要性分类

1. 按供应商的重要性分类

依据供应商对本单位的重要性和本单位对供应商的重要性进行分析，供应商可以分成 4 类，如图 8-1 所示，其关系特点如表 8-2 所示。

表 8-2 供应商关系特点与发展要求

特点 \ 供应商类型	商业型供应商	优先型供应商	伙伴型供应商	
			供应伙伴	设计伙伴
关系特征	运作联系	运作联系	战术考虑	战略考虑
时间跨度	1 年以下	1 年左右	1～3 年	1～5 年
质量	按顾客要求并选择	顾客要求 顾客与供应商共同控制质量	供应商保证 顾客审核	供应商保证 供应商早期介入设计及产品质量标准 顾客审核
供应	订单订货	年度协议+交货订单	顾客定期向供应商提供物料需求计划	电子数据交换系统
合约	按订单变化	年度协议	年度协议(1 年) 质量协议	设计合同 质量协议等
成本价格	市场价格	价格+折扣	价格+降价目标	公开价格与成本构成 不断改进，降低成本

(1) 伙伴型供应商。如果企业和供应商都认为本企业的采购业务对于双方来说非常重要，供应商自身又有很强的产品开发能力，那么这些采购业务对应的供应商就可以发展为伙伴型供应商。

(2) 优先型供应商。如果供应商认为某单位的采购业务对于他们来说非常重要，而该采购业务对某单位却并不是十分重要，这样的供应商无疑更有利于某单位，可以发展为该单位的优先型供应商。

(3) 重点型供应商。如果供应商认为某单位的采购业务对他们来说无关紧要，但该采购业务对该单位却是十分重要，这样的供应商就是重点供应商。

(4) 商业型供应商。采购业务对于供需双方均不是很重要，相应的供应商可以很方便地选择更换，那么这些采购业务对应的供应商就是普通的商业型供应商。

2. 按 80/20 规则分类

供应商 80/20 规则分类法的基础是物品采购的 80/20 规则，其基本思想是针对不同的采购物品应采取不同的策略，同时采购工作精力也应各有侧重，相应地对于不同物品的供应商也应采取不同的策略。

通常数量占 80%的采购物品(普通采购品)占采购物品 20%的价值，而其余数量 20%的物品(重点采购品)，则占有采购物品 80%的价值。相应地，可以将供应商依据 80/20 规则进行分类，划分为重点供应商和普通供应商，即占 80%价值的 20%的供应商为重点供应商，而其余只占 20%采购金额的 80%的供应商为普通供应商，对于重点供应商应投入 80%的时间和精力进行管理与改进。这些供应商提供的物品为企业的战略物品或需集中采购的物品，如汽车厂需要采购的发动机和变速器、电视机厂需要采购的彩色显像管等。而对于普通供应商则只需要投入 20%的时间和精力跟进其交货。因为这类供应商所提供的物品的运作对企业的成本、质量和生产的影响较小，例如办公用品、维修备检、标准件等。

在按 80/20 规则进行供应商分类时，应注意几个问题：80/20 规则分类的供应商并不是一成不变的，是有一定的时间限度的，随着生产结构和产品线调整，需要重新进行分类；对重点供应商和普通供应商应采取不同的策略。

帕累托原理

80/20 定律又称帕累托定律、最省力的法则、不平衡原则等，是 19 世纪末 20 世纪初意大利经济学家帕累托发明的。1879 年，帕累托在研究个人收入的分布状态时，发现少数人的日收入占全部人日收入的大部分，而多数人的日收入却只占一小部分，他将这一关系用图表示出来，就是著名的帕累托圈。他认为，在任何一组事物中，最重要的只占其中一小部分，约 20%，其余 80%的尽管是多数，却是次要的，因此又称"二八法则"。该分析方法的核心思想是在决定一组事物的众多因素中，分清主次、识别出少数的但对事物起决定性作用的关键因素，以及多数的但对事物影响较小的次要因素。

3. 按供应商的规模和经营品种分类

按供应商的规模和经营品种分类，常以供应商的规模作为纵坐标，经营品种数量作为横坐标进行矩阵分析，如图 8-2 所示。

(1) "专家级"型供应商。"专家级"型供应商是指那些生产规模大、经验丰富、技术成熟，但经营品种相对少的供应商。这类供应商的目标是通过竞争来占领广大市场。

(2) "低产小规模"型供应商。"低产小规模"型供应商是指那些经营规模小、经营品种少的供应商。这类供应商生产经营比较灵活，但增长潜力比较有限，其目标仅是定位于本地市场。

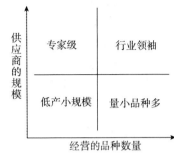

图 8-2 按供应商的规模和经营品种分类

(3) "行业领袖"型供应商。"行业领袖"型供应商是指那些生产规模大、经营品种多的供应商。这类供应商财务状况比较好，其目标为立足本地市场，并且积极拓展外地市场。

(4) "量小品种多"型供应商。"量小品种多"型供应商是指生产规模小、经营品种较多的供应商。这类供应商的财务状况不是很好，但是其潜力可以培养。

4. 按企业与供应商之间的关系分类

按企业与供应商之间的关系进行划分，供应商大致可以分为 5 类：短期目标型、长期目标型、渗透型、联盟型、纵向集成型。

(1) 短期目标型。这种类型的供应商主要特征是双方之间的关系是交易关系，即一般的买卖关系。双方的交易仅停留在短期的交易合同上，各自关注的是如何谈判，如何提高自己的谈判技巧不使自己吃亏，而不是如何改善自己的工作，使双方都获利。供应商根据交易的要求提供标准化的产品或服务，以保证每一笔交易的信誉。当交易完成后，双方关系也中止了。对于双方而言，只与业务人员和采购人员有关系，其他部门人员一般不参与双方之间的业务活动。

(2) 长期目标型。与供应商保持长期的关系是十分重要的，双方有可能为了共同利益对改进各自的工作感兴趣，并在此基础之上建立起超越买卖关系的合作。长期目标型的特征是从长远利益出发，相互配合，不断改进产品质量与服务水平，共同降低成本，提高供应链的竞争力。合作的范围遍及各公司内部的多个部门。例如，由于是长期合作，也可对供应商提出新的技术要求，而如果供应商目前没有这种能力，采购方可以对供应商提供技术资金等方面的支持。同时，供应商的技术创新和发展也会促进企业产品改进，有利于企业的长远利益。

(3) 渗透型。这种关系形式是在长期目标型基础上发展起来的。其指导思想是把对方公司看成自己公司的延伸，为了能够参与对方的业务活动，有时会在产权关系上采取适当的措施，如相互投资、参股等，以保证双方利益的一致性。同时，在组织上也采取相应的措施，保证双方派人员参与对方的有关业务活动。这样做的优点是可以更好地了解对方的情况，供应商可以了解自己的产品在对方是如何起作用的，容易发现改进方向，而采购方也可以知道供应商是如何制造的，对此可以提出相应的改进要求。

(4) 联盟型。联盟型是从供应链角度提出的，其特点是从更长的纵向链条上管理成员之间的关系，双方维持关系的难度提高了，要求也更高。另外，由于成员增加，往往需要一个处于供应链核心地位的企业出面协调成员之间的关系，它常常被称为"盟主企业"。

(5) 纵向集成型。这种形式被认为是最复杂的关系类型，即把供应链上的成员整合起来，像一个企业一样，但各成员是完全独立的企业，决策权仍属于自己。在这种关系中，要求每个企业充分了解供应链的目标、要求，以及在充分掌握信息的条件下，自觉做出有利于供应链整体利益的决策。

丰田供应商关系管理

从20世纪30年代起，丰田汽车外购零部件的比例不断增加。与此同时，国内零部件供应商也迅速发展起来。为把有紧密资本关系的供应商集中起来，丰田对供应商群体实行战略细分，将供应商分为协力会成员和独立供应商。对于协力会成员，丰田公司拥有大部分股权和实际控制权。通过细分，丰田形成了独特的供应网络，为有效的供应商管理奠定了基础。

对于如何有效管理供应商，在20世纪汽车业发展的基础上，有人提出了传统模式、紧张模式和合作伙伴模式。前两种管理模式的优点是，企业具有较高的讨价还价的能力，能够获得价格优势，但是这两种模式使得供应商的管理费用或交易成本很高。

丰田供应商关系战略，沿袭了丰田创始人丰田喜一郎在20世纪30年代末提出的管理模式，即根据零部件的重要性对零部件进行分类，对于不同的零部件供应商，实行不同的管理模式。

对于非战略性零部件，丰田主要考虑价格、质量和送货时间等因素能否满足自己的要求，使用传统的竞标方式压低价格，以刺激供应商之间的竞争，由此降低物品的采购价。对于战略性零部件的供应，丰田将这类制造业务专门分包给和丰田有紧密资本和财务联系的工厂，并将其视为丰田的特殊供应商。丰田与这类供应商发展战略合作伙伴关系，企业与供应商有较高程度的合作。企业开发与供应商之间的多功能界面，建立企业间的知识分享界面，把专有知识与技能传递给供应商，例如通过丰田汽车的设计工程师与供应商的设计工程师的协作，以确保产品无缺陷和产品的定制化。同时丰田也推进了对供应商进行特定性关系的投资，使组织之间的界限趋于模糊，通过紧密的合作团队的形式确保企业关键技术和长期竞争优势的获得。

通过对传统的竞价采购和建立合作伙伴关系这两种模式的结合，丰田有针对性地对供应商进行区别管理，避免了传统模式和合作模式的不足。

(资料来源：朱彤. 赢利锦囊36计[M]. 北京：华中科技大学出版社，2009.)

三、现代供应商关系管理

(一) 供应定位模型

1983年，彼得·卡拉杰克创建了供应定位模型，根据供应市场的复杂性(风险)和采购品的重要性将采购物品分为 4 个类型，并依据采购品隶属的类型，采用不同的采购策略和相应的供应商关系管理方法。供应定位模型如图 8-3 所示。

在图 8-3 所示坐标系中，横轴为利润潜力，用来表示采购对可赢利性所做贡献的潜力或供应物品对利润的影响，主要衡量指标包括采购的数量、采购金额占总金额的比例、该物品对产品质量的影响程度等。纵轴为供应风险，它反映了采购物品获得的难易程度，或如果供应商没能准时供货时客户

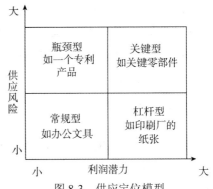

图 8-3　供应定位模型

将遭受的损失程度，主要衡量指标包括供应市场的竞争格局、潜在的供应商数量、自制或外购的机会、替代的可能性等。根据不同采购物品对利润潜力和供应风险的影响程度，可以把采购物品分为以下 4 类采购项目，其具体特征对比如表 8-3 所示。

表 8-3　采购定位模型采购项目特征对比

品项	常规型	杠杆型	瓶颈型	关键型
供应风险	低	低	高	高
是否标准采购品项	标准	标准	非标准	非标准
供应商数量	多	多	少	少
支出水平	低	高	低	高
业务对供应商的价值	低	高	低	高
采购目标	使关注度最低	使利润最大	保证供应	密切供应商关系
买卖双方地位	力量均衡，相互依赖性较低	买方主动，相互依赖性一般	卖方主动，相互依赖性一般	力量均衡，相互依赖性较高
适用的策略	(1) 尽量将常规品项产品或服务集中在一起 (2) 对使用产品的部门采取"授权"或非"集权"式采购 (3) 采用长期合同 (4) 使用能满足所有需求的单一供应商（一站式采购） (5) 电子采购和采购卡	(1) 为了进一步建立杠杆作用，要使规格标准化，以便容易更换供应商 (2) 产品集中采购，以便进一步增加采购支出，以帮助建立谈判的优势 (3) 订短、中期合同以从供应商那里取得竞争优势 (4) 采用招标采购	(1) 与供应商签订长期合同 (2) 寻求替代品 (3) 增加缓冲库存 (4) 通过使规格标准化以减少对特殊产品或服务的依赖，或通过供应商搜寻来寻找新的供应商	(1) 仔细评估和监控供应商的绩效 (2) 基于相互信任，寻求长期合同 (3) 发展长期伙伴关系 (4) 关注采购总成本而不是价格

1. 关键型项目

关键型项目指对买方的产品或流程至关重要的采购项目。这类采购项目的数量很大，通常只有一个可利用的供应源。这类产品在最终产品的成本中占有很大份额，并且不能在

短期内加以改变，以避免重大损失，例如为汽车制造商生产的变速箱、化学工业用的汽轮机等。这类产品的采购方式最好采用基于合作伙伴的采购模式，在这种情况下也要考虑采购与供应双方谁居于支配地位还是处于势均力敌的均衡状态。

2. 杠杆型项目

杠杆型项目指可选供应商较多、能够为买方带来较高利润的采购项目。通常这类物品可以按标准的质量等级从不同的供应商那里购得。它们在最终产品的成本构成中占有相对较大的份额，价格的微小变化对最终产品的成本造成相对较强的影响。具体的例子有散装化学品、钢、铝、包装物、钢板、原材料和标准半成品等。这种情况下，采购方有选择供应商的自由。供应商数量众多，而且转换成本较低。

3. 瓶颈型项目

瓶颈型项目是指只存在某一个供应商、运输不便、财务影响较低的采购项目。这类物品在金额上只占相对有限的一部分，但是在供应上却极为脆弱。它们只从一个供应商那里获得，例如化学工业使用的催化剂、涂料工业使用的颜料和食品工业使用的天然香料和维生素。通常供应商在合同关系中处于支配地位，这会导致高昂的价格、较长的交货时间和劣质的服务。采购方应尽量寻找替代品或寻找替代的供应商。

4. 常规型项目

常规型项目指供给丰富、采购容易、财务影响较低的采购项目。从采购的观点看，这些产品很少造成技术或商业问题。这类产品的价值通常较低，并存在大量可供选择的供应商，例如清洁材料、办公用品、维护用品和紧固件等。这类产品的采购问题在于处理它们的费用通常高于其本身的价格。

(二) 供应商偏好模型

供应定位模型并没有考虑供应商对特定情况的看法。供应商偏好模型是从供应商角度考虑对采购组织的看法，该模型有助于采购组织理解供应商是如何看待他们及他们的需求。供应商偏好模型如图 8-4 所示。该模型重点关注两个方面：①同供应商的营业额相比，企业采购业务的价值；②企业业务对供应商的吸引力水平，吸引力影响因素主要包括企业的付款记录、与企业进行业务往来是否轻松、企业文化上的亲和力、私人关系、信任程度、业务发展潜力以及与企业进行业务往来对供应商声誉的影响等。

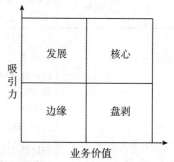

图 8-4　供应商偏好模型

1. 边缘象限

如果企业的采购金额不大且其他方面也没有什么要素吸引供应商，那么供应商将把企业的采购业务当成边缘业务。

2. 盘剥象限

因采购企业的采购量大,使供应商愿意保持与企业的业务来往,但又不希望花费过多的精力。如果供应商感觉到这笔业务是安全的,可能会通过抬高价格等从该业务中获得更多好处。

3. 发展象限

这种情况发生在企业采购业务对供应商具有很大吸引力,但是采购企业现在的采购量仍相对较低。采购企业吸引力来自供应商对将来业务潜力的感觉。为了增加未来的销售量,供应商愿意投入时间和精力来发展与企业的长期关系。

4. 核心象限

供应商把企业采购业务当作它的核心业务,采购企业可以期望它投入大量的精力来维持这种业务往来关系。这时,就适合于寻求一种高度合作的、共同发展的相互关系,如伙伴关系。另一方面,如果供应商依赖于企业的订单,那么采购企业将在这种双边关系中占主导地位,但出于长期业务的考虑,采购企业应该始终保持一个公平的合作伙伴形象。

(三) 供应商偏好模型同供应定位模型的结合

企业采购的不同种类品项的方式和供应方对这些品项的看法之间存在着紧密的联系。为了得到最佳结果,买卖双方的战略必须是一致的,具体如下:

(1) 采购企业应该保证所有关键品项的供应商都把它当作核心客户。如果不是这样,那么它的供应风险将急剧增加,而且同供应商发展伙伴关系的机会几乎为零。

(2) 企业在为瓶颈品项选择供应商时,应该选择那些至少把采购企业当作发展型客户的供应商。这样,即使目前业务量还很有限,但随着时间的推移,双方也将致力于建立一种更为牢固的业务关系。

(3) 企业应尽量避免被供应商看作边缘或者可供盘剥的客户,因此企业应想尽一切办法来改变供应商的偏好,使之转变到发展象限或更理想些,到核心象限。但是,企业可能只从位于盘剥象限、只把企业的业务看作是一次发财机会的供应商处采购杠杆品项。这也并非不正常,毕竟,双方对这类交易只会采取短期交易方式。

(4) 企业可能不得不经常从那些把它当作边缘客户的供应商处采购常规品项。企业在常规品项的采购过程中,与供应商保持一种表面的业务关系,所带来的负面影响相对于瓶颈品项和关键品项要小一些。但是,因为企业的目标是降低采购的管理成本,因此还是应该寻找那些响应迅速并愿意长期供货的供应商作为常规品项的供应商。因此,从一个准备将企业发展为长期客户的供应商处采购常规品项将是十分有意义的。供应定位模型和供应商偏好模型结合如图8-5所示。

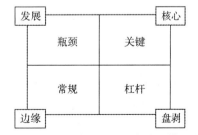

图 8-5 供应定位模型与供应商偏好模型结合

西门子的分类采购策略

西门子在世界范围内大约有 2 500 名采购人员,而且在 256 个采购部门中拥有 1 500 名一线的采购人员。同时,西门子拥有 12 万家供应商,其中的 2 万家供应商被指定为第一选择,他们的数据被存储到西门子内部的电子信息系统中。为了确定采购活动的重心,西门子对这些供应商进行了科学的分类管理。

1. 分类依据

西门子依据以下两个方面对这些供应商进行了分类。

(1) 供应风险。这是按照供应商提供部件的技术复杂性和实用性来衡量西门子对该供应商依赖程度的标准。它要求询问:如果这家供应商不能够达到性能标准,那对西门子意味着什么?衡量一个特定供应商的供应风险标准的因素包括:①供应商有多大程度的非标准性;②如果更换供应商,需要花费哪些成本;③如果自行生产该部件,困难程度有多大;④该部件的供应源的缺乏程度有多大。

(2) 获利能力影响。影响西门子与供应商关系底线的衡量标准是与该项目相关的采购支出。

2. 分类的采购策略

西门子将供应商的产品分为高科技含量的高价值产品、用量大的标准化产品、高技术含量的低价值产品和低价值的标准化产品,与相应供应商关系的性质和密切程度由这 4 种分类来决定。

(1) 高科技含量的高价值产品。这类产品包括电力供应、中央处理器的冷却器、定制的用户门阵列。采购策略是技术合作型,其特点如下:①与供应商保持紧密联系,包括技术支持和共同负担研发经费;②签订长期合同;③共同努力以实现标准化和技术诀窍的转让;④集中于制造过程和质量保证程序,如内部检验;⑤通过 EDI 与电子邮件实现通信和最优化的信息交流;⑥在处理获取基础材料的瓶颈方面给予可能的支持。

(2) 用量大的标准化产品。这类产品包括印制电路板、集成电路存储器、稀有金属、镀锌的锡片。采购策略是储蓄潜能的最优化,其特点如下:①在全世界寻找供应源;②开发一套采购的国际信息系统;③在全世界寻求相应的合格供应商;④列入第二位的资源政策;⑤安排接受过国际化培训的最有经验且最称职的采购人员。

(3) 高技术含量的低价值产品。这类产品包括需要加工的零件、继电器、变压器。采购策略是保证有效率,其特点如下:①需要进行定期质量审查,并提供专用的仓储设施;②需要保有库存并编制安全库存计划;③保持战略性存货(安全存货),以保障供应的安全性;④在供应商处寄售存货;⑤特别强调与供应商保持良好的关系。

(4) 低价值的标准化产品。这类产品包括金属、化学制品、塑料制品、电容器。采购策略是有效的加工处理,其特点如下:①通过电子系统减少采购成本;②向那些接管部分日常物流工作(如仓储,编制必备需求量的计划、报告等工作)的经销商或供应商外购产品;③增加对数据处理和自动订单设置系统的运用;④采用准时制(JIT)模式,直接将采购原材料送到生产线,这样可以减少运送到仓库再转运到生产线的手续;⑤努力减少供应商和条款的数目。

对于低价值的标准化产品,西门子把首选供应商的地位授予了从80家经销商中选出的3家。这一安排规定了经销商将负责提供仓库、预测和保管存货,以及向西门子报告存货和用货量。

 案例分析

宝洁与沃尔玛的合作关系

为了构筑新型的生产商和零售商之间的产销关系,宝洁和沃尔玛建立了一个协作的团队,通过联盟的形式,借助于计算机开始实现信息的共有。宝洁公司可以调用沃尔玛的销售和库存数据,并以此为依据制定出有效率的生产和出货计划。不仅仅是单纯的财务管理,而是通过利用新型的信息技术对整个业务活动实行全方位的管理。

作为实施合作的主要组织机构,宝洁公司和沃尔玛双方组成由财务、流通、生产和其他各职能部门组成的约70人的专门合作团队,派往沃尔玛实行协作管理。根据合作团队策划,沃尔玛于1989年开始对宝洁公司的纸尿裤产品实行供应链管理,即构筑JIT(准时制)自动订发货系统。借助于这种信息系统,宝洁公司除能迅速知晓沃尔玛物流中心内的纸尿裤库存情况外,还能及时了解纸尿裤在沃尔玛各店铺的销售量、库存量、价格等数据。这样不仅使宝洁公司能及时制定出符合市场需求的生产和研发计划,同时也能对沃尔玛的库存实行单品管理,做到连续补货,防止出现商品结构性的机会成本(即滞销品库存过多,畅销品断货)。而沃尔玛则从原来繁重的物流作业中解放出来,专心于经营活动,同时在宝洁公司的信息基础上,及时决策商品的货架和进货数量,并由MMI系统实行自动进货。

宝洁公司与沃尔玛的产销联盟引进了单环节的直接交易形式,使产销双方紧密联系在一起,同时借助以信息共享为特征的经营和物流管理系统,使产销都能对应市场的变化做出及时响应,结果使库存下降、有效遏制了滞销品的产生。

1. 沃尔玛与宝洁的合作给双方各带来了哪些好处?
2. 双方合作中应注意哪些问题?

 技能训练

供应商管理制度的编制

一、训练目的
1. 加深对供应商管理内容的理解。
2. 能根据企业实际编制供应商管理制度。
3. 能熟练应用供应商分类方法。

二、训练准备

1. 教师推荐部分当地工商企业作为训练对象。
2. 供应商管理制度的范本。

三、训练步骤与要求

1. 全班分组。每组4~6人,每组设组长一名。
2. 组内讨论供应商管理制度的框架。
3. 制定调研计划。确定调研对象、地点、时间,调研提纲以及调研方法等。
4. 收集调研相关资料,联系企业进行实地或网络调研。
5. 编制详细的供应商管理制度或管理办法。
6. 制作PPT,以小组形式进行课堂汇报,全班交流,教师点评。

四、注意事项

1. 调研过程中要注意文明礼貌以及安全事项。
2. 注意团队的合作意识和沟通交流技巧。
3. 供应商管理制度应详细具体,具有可操作性。

五、训练成果

供应商管理制度。

六、拓展任务

根据企业实际情况,尝试采用多种供应商分类方法对供应商进行分类,并针对不同类型供应商给出不同的管理策略,同时,尝试提出新的供应商分类方法。

 任务评价

班级		姓名		小组			
任务名称	供应商关系管理						
考核内容	评价标准	参考分值(100分)	学生自评	小组互评	教师评价	考核得分
知识掌握情况	1. 了解供应商关系管理的概念及优势	10				
	2. 掌握供应商的分类与管理	15				
	3. 理解战略合作伙伴关系管理的内涵	15				
技能提升情况	1. 能制定供应商管理的制度	15				
	2. 能根据实际情况对供应商进行分类管理	20				
职业素养情况	1. 具有自主学习能力	5				
	2. 具有合作精神和协调能力,善于交流	5				
	3. 具有一定的分析能力	5				
参与活动情况	1. 积极参与小组讨论	5				
	2. 积极回答老师提问	5				
小计						
合计=自评×20% + 互评×40% + 教师评×40%						

任务二　供应商绩效考核

🔍 教学目标

知识目标	1. 了解供应商绩效考核的内涵与步骤 2. 掌握供应商绩效考核的指标
技能目标	1. 能根据企业实际情况制定供应商绩效考核方案 2. 能根据具体指标对供应商进行绩效考核
素养目标	培养学生在实践工作中的数据收集能力与决策分析能力

🔍 教学建议

建议课时	2 课时
教学重点	供应商绩效考核的实施
教学难点	供应商绩效考核的指标体系
教学方法	任务驱动教学法；案例教学法；情境教学法
教学手段	小组讨论、实际模拟训练
组织形式	全班每 4～6 人为一组，每组设组长一名，组员合理分工
教学过程	任务引入→任务训练→任务分析→小组讨论→总结与点评
学生活动	1. 课前查阅供应商绩效考核的相关知识 2. 以小组讨论的形式完成任务训练
教师活动	学生在完成任务训练的过程中教师巡回指导、个别交流，教师检查与评定

📝 任务引入

因为在进行供应商关系管理的同时，也要对供应商绩效进行考核。为此 SD 广东子公司还专门成立了由不同部门工作人员组成的供应商绩效考核小组，方便全方位、多角度地对供应商进行考核。但是在考核的过程中考核小组也发现了许多问题，比如，与子公司合作多年的优秀供应商只取得了 D 级或 E 级，而一些让子公司不满意的供应商却能够达到 B 级甚至是 A 级，这让他们很疑惑。

调查后发现，原来供应商绩效考核小组在制定绩效考核准则和方法时，参考的是总公司的要求和数据，而总公司的情况又和广东子公司有所不同，所以最后的结果也是失真的。为了更真实地反映供应商的基本情况，也为了更加公平公正地对子公司供应商进行考核，考核小组最后决定重新制定相关的准则和方法。

任务训练

1. 供应商绩效考核有哪些步骤？请简要说明。
2. 供应商的考核指标可以分为哪几类？
3. 企业对供应商进行考核之后，如何划分供应商等级？

任务分析

确保供应商供应的质量是供应商绩效管理的主要目的，同时要选择比较优秀的供应商继续进行合作，同时要淘汰绩效差的供应商。供应商的绩效评估也是为了了解供应商存在的不足之处，并且把不足之处反馈给供应商，促进供应商改善其业绩，以便日后更好地完成供应活动。供应商绩效考核的指标至少包括质量、交期、价格、服务四个方面，任务完成需要注意物流服务类供应商绩效考核要素与制造企业类供应商绩效考核要素的不同。本任务以小组为单位，通过上网或者去图书馆查阅获得供应商绩效考核的相关知识，小组内成员相互讨论，完成任务训练的操作。

实施步骤

1. 课堂内分组讨论完成任务训练。
2. 各组展示讨论结果并陈述主要观点。
3. 教师总结与点评。

 知识准备

一、供应商绩效考核

供应商绩效考核是对现有供应商的日常表现进行定期监控和考核。传统上，对于供应商的考核工作只局限于重要供应商的来货质量的定期检查，没有一整套的规范和程序。而随着采购管理在企业中的地位越来越重要，供应商管理水平也在不断上升，对于供应商的绩效考评方法也在不断完善中。

供应商考评必须尽量公正、完备，如果考评做不到公正就会引发供应商的不满，结果适得其反。因此，要实施供应商考评，就必须制定供应商考评的一整套严格完整的工作程序，由有关部门或人员严格依照文件实施。并且，需要将考评的做法、标准及要求同相应的供应商进行充分沟通。

供应商绩效考评的目的是了解供应商的表现、促进供应商提升供应水平，并为供应商奖惩提供依据。供应商绩效考评可以每月进行一次，并将考评结果及时通知该供应商以督促他们加以改进。通过供应商绩效考核，企业可以实现以下目标：

(1) 获得持续的绩效改进，包括成本、质量、交货期、服务及技术合作等各方面的改善。
(2) 鼓励供应商检查内部运作，并不断改善企业本身的流程。
(3) 不断与供应商进行信息交流，建立共享机制，实现双赢的供应关系。

请扫描右侧二维码，阅读《供应商绩效考核案例》并讨论以下问题：

(1) 供应商绩效考核指标都有哪些？

(2) 供应商绩效等级可以如何划分？

(资料来源：佚名. 供应商绩效考核案例[EB/OL]. [2010-09-17]. https://wenku.baidu.com/view/e4588175f46527d3240ce0b0?pcf=2.)

二、供应商绩效考核步骤

为提高供应商绩效考核的科学性，供应商绩效考核应在企业相关部门的组织下有计划、分步骤地进行。通常情况下，企业供应商绩效考核包括以下4个步骤：

(1) 成立供应商绩效考核小组。在与供应商建立合作关系的过程中，与供应商打交道的部门包括采购部门、制造部门、研发部门和财务部门等。供应商的供应行为涉及的面比较广，供应商绩效好坏会对企业多个部门的工作产生影响，供应商的绩效考核不仅仅是企业某个部门的事。因此，企业在对供应商绩效考核的过程中，要成立专门的供应商绩效考核小组，小组成员可以来自企业的不同部门，由不同部门工作人员组成。

(2) 建立供应商绩效考核的准则与方法。与供应商评价相类似，供应商绩效考核也应当建立一套准则和方法。供应商绩效考核的准则与方法与供应商评价的准则和方法相比较，既可以有相同的地方，也可以有不同的地方。企业应根据自身的供应商管理策略，选择合适的供应商绩效考核的准则与方法。

(3) 收集有关供应商绩效考核的信息。在建立好供应商考核的准则与方法后，就要根据供应商考核的准则，收集有关供应商绩效考核的信息。收集有关供应商绩效考核的信息是供应商绩效考核的基础，信息收集的质量直接关系到供应商绩效考核的结果。有关供应商绩效考核的信息分散在企业的不同部门，甚至有可能存在于企业的外部。企业应全面、系统地收集有关供应商绩效考核的信息。

(4) 供应商绩效考核的实施与结果反馈。在这一阶段，供应商绩效考核小组采用选择的供应商绩效考核方法，对收集到有关供应商绩效考核的信息进行分析、加工和处理，形成能反映供应商绩效的结果。

在形成供应商绩效考核的结果之后，要把绩效考核的结果反馈给企业的相关部门，以指导企业的供应商管理。必要的时候，还应把绩效考核的结果反馈给供应商，为供应商以后的供应提供可供参考的依据。这种考核结果的反馈，对企业和供应商来说都是有利的。例如，企业与供应商建立了长期的合作关系，在绩效考核中发现问题的反馈，有利于双方更持久合作关系的建立。

某公司供应商绩效管理制度

某公司根据供应商分类模型,将供应商分为伙伴型、优先型、重点型及普通型4类。该公司"供应商考评工作指导"规定,所有供应商都必须进行月度考评,其中对伙伴型、优先型、重点型供应商要提出月度评估报告,发送相关部门并反馈给供应商进行改善。对于普通型供应商则只需统计考评分数,对供应商的供应表现进行监测,一旦不符合资格可以直接考虑淘汰。考评细则细分为3部分:①质量部由品质管理部门负责,每月进行一次考评;②价格及合作部分则由采购部负责,每季进行一次;③综合结果与报告由采购部负责,每月记录一次。每年初,采购部门合同品质管理部门与生产计划部门共同制定各供应商的年度考核目标,并与供应商讨论征得其同意。每月考核结果由采购部通知供应商,对于不符合年度目标要求者,供应商需要提出相应的改进措施并将改进措施及改善结果按要求定期反馈给采购部。针对供应商的实际表现,公司实施以下奖惩措施。

(1) 表现正常的供应商——连续6个月考评分大于80分,其中质量部分大于30分,交货部分大于20分。这些供应商可考虑作为年终优秀供应评选的候选单位。

(2) 警告状态的供应商——包括连续6个月考评分数小于80分的供应商以及新批准交货期不到一年的供应商。对于连续6个月考评分小于80分的供应商应限期6个月改进,否则该供应商就应该降为"开除状态"。

(3) 开除状态的供应商——连续12个月考评分小于80分的供应商。原则上,这些供应商必须予以开除。

若因客观条件所限不能开除,则需经采购经理同意,责令其限期整改,整改完毕对其重新进行全面审核,审核结果符合要求而且供应商愿意根据审核结果持续进行改进,才能回到警告状态。

三、供应商绩效考核的实施

1. 划分绩效考核层次

一般绩效考核分为月度考核、季度考核和年度考核三种:

(1) 月度考核。月度考核一般针对核心供应商及重要供应商,每月进行一次,考核的要素以质量和交货期为主。

(2) 季度考核。季度考核针对大部分供应商,每季度进行一次,考核的要素主要是质量、交货期和成本。

(3) 年度考核。年度考核(或半年考核)则一般针对所有供应商,每半年或每年进行一次考核,考核的要素包括质量、交货期、成本、服务和技术合作等。

2. 确定绩效考核指标

虽然供应商的考核指标很多,但是归纳起来主要是四大类:供应商质量考核指标、供应商供应考核指标、供应商经济考核指标以及供应商支持与服务考核指标。

(1) 质量考核指标。供应商质量考核指标是供应商考核的最基本指标，包括来料批次合格率、来料抽检缺陷率、来料在线报废率、供应商来料免检率等，其中，来料批次合格率是最为常用的质量考核指标之一。这些指标的计算方法如下：

$$来料批次合格率 = (合格来料批次/来料总批次) \times 100\%$$

$$来料抽检缺陷率 = (抽检缺陷总数/抽检样品总数) \times 100\%$$

$$来料在线报废率 = [来料总报废数(含在线生产时发现的)/来料总数] \times 100\%$$

$$来料免检率 = (来料免检的各类数/该供应商供应的产品总种类数) \times 100\%$$

此外，有些公司将供应商质量体系、质量信息等也纳入考核，比如供应商是否通过了ISO9000 认证或供应商的质量体系审核是否达到一定的水平。还有些公司要求供应商在提供产品的同时提供相应的质量文件，如过程质量检验报告、出货质量检验报告、产品成分性能测试报告等。

(2) 供应考核指标。供应商供应考核指标是与供应商的交货表现以及供应商企划管理水平相关的考核因素，其中最主要的是准时交货率、交货周期及订单变化接受率。其公式为：

$$准时交货率 = (按时按量交货的实际批次/订单确认的交货总批次) \times 100\%$$

交货周期是指自订单开出之日到收货之时的时间长度，一般以天为单位来计算。

$$订单变化接受率 = (订单增加或减少的交货数量/订单原定的交货数量) \times 100\%$$

值得注意的是，供应商能够接受的订单增加接受率与订单减少接受率往往并不相同。其原因在于前者取决于供应商生产能力的弹性、生产计划安排与反应快慢、库存大小与状态(原材料、半成品或成品等)，而后者则主要取决于供应商的反应、库存(包括原材料与在制品)大小以及因减少订单带来可能损失的承受力。

(3) 经济考核指标。供应商考核的经济指标总是与采购价格、成本相联系。质量与供应考核通常每月进行一次，而经济指标则相对稳定，多数企业是每季度考核一次，此外经济指标往往都是定性的，难以量化。经济指标的具体考核点为：①价格水平。往往将本公司所掌握的市场行情与供应价格进行比较或根据供应商的实际成本结构及利润率进行判断。②报价是否及时，报价单是否客观、具体、透明(分解成原材料费用、加工费用、包装费用、运输费用、税金、利润等，说明相对应的交货与付款条件)。③降低成本的态度及行动。是否真诚地配合本公司或主动地开展降低成本的活动，是否制定改进计划、实施改进行动，是否定期与本公司检讨价格。④分享降价成果。是否将降低成本的好处也让利给本公司。⑤付款。是否积极配合，响应本公司提出的付款条件要求与办法，开出的发票是否准确、及时，符合有关财税要求。

有些单位还将供应商的财务管理水平与手段、财务状况以及对整体成本的认识也纳入考核。

(4) 支持与服务考核指标。同经济类指标一样，考核供应商在支持、配合与服务方面的表现通常也是定性的考核，每季度一次。相关的指标有：①反应表现。对订单、交货、质量投诉等反应是否及时、迅速，答复是否完整，对退货、挑选等是否及时处理。②沟通手段。是否有合适的人员与本公司沟通，沟通手段是否符合本公司的要求(电话、传真、电子邮件以及文字处理所用软件与本公司的匹配程度等)。③合作态度。是否将本公司看成是重要客户，供应商高层领导或关键人物是否重视本公司的要求，供应商内部沟通协作(如市场、生产、计划、工程、质量等部门)是否能整体理解并满足本公司的要求。④共同改进。是否积极参与或主动参与本公司相关的质量、供应、成本等改进项目或活动，或推行新的管理做法等，是否积极组织参与本公司共同召开的供应商改进会议、配合本公司开展的质量体系审核等。⑤售后服务。是否主动征询本公司的意见、主动访问本公司、主动解决或预防问题。⑥参与开发。是否参与本公司的各种相关开发项目，如何参与本公司的产品或业务开发过程。⑦其他支持。是否积极接纳本公司提出的有关参观、访问事宜，是否积极提供本公司要求的新产品报价与送样，是否妥善保存与本公司相关的文件等并不予泄露，是否保证不与影响到本公司切身利益的相关公司或单位进行合作等。

3. 划分供应商等级并分析

对供应商的每一项指标进行具体考核后，接下来要对供应商的绩效表现进行等级划分(比如将供应商绩效分为5个等级)，依据等级划分，可以非常清楚地衡量每家供应商的表现。具体来说，绩效分析可以分为3个层次进行：

(1) 根据本次考核期的评分和总体排名进行分析。
(2) 与类似供应商在本次考核期的表现进行对比分析。
(3) 根据该供应商的历史绩效进行分析。

通过这些不同层次的分析，就可以看出每家供应商在单次考核期的绩效状况、该供应商在该类供应商中所处的水平、该供应商的稳定性和绩效改善状况等，从而对供应商的表现有一个清晰、全面的了解。

某企业供应商绩效评级

1. 绩效评级标准

(1) A 级供应商：＞85。
(2) B 级供应商：70～84 分。
(3) C 级供应商：55～69 分。
(4) D 级供应商：42～54 分。
(5) E 级供应商：＜42 分。

2. 评鉴结果处理

(1) A 级供应商为优秀，予以付款、订单、检验的优惠奖励。
(2) B 级供应商为良好，由采购部提请厂商改善不足。
(3) C 级供应商为合格，由品管、采购等部门予以必要的辅导。
(4) D 级供应商为辅导厂商，由品管、采购等部门予以辅导，3 个月内未能达到 C 级以上予以淘汰。

(5) E级供应商为不合格厂商，予以淘汰。

被淘汰供应商如欲再向本公司供货，需再经过供应商调查评估。在掌握了每家供应商的表现之后，要对评估结果进行有针对性的分类，如表 8-4 所示，并对供应商进行绩效分析。

表8-4　供应商绩效等级

综合分数	评价	级别	措施
>85	优秀	A	可靠的供应商，建立长期伙伴关系，必要时可在价格、付款等方面采取优惠政策
70~84	良好	B	
55~69	合格	C	督导改善，限量采购
42~54	辅导	D	督导改善，改善前仅紧急采购时采用，须择后备供应商
<42	不合格	E	取消供应商资格，选择新的供应商

沃尔玛的供应商绩效考核体系

沃尔玛对供应商的绩效管理体系是一个完整的体系，如图 8-6 所示为沃尔玛绩效考核流程。

图 8-6　沃尔玛绩效考核流程

首先，设计对供应商的考核指标。

第一个指标：陈列单位销售。每一直线陈列数，销售一天的钱数。这需要非常精细的测量：每一米的货架，一天的销售量是多少、能够给零售商带来的毛利是多少；一年的销售总额能够有多少等。

第二个指标：资金回报比率。零售商把某个位置给到供应商来做陈列，它的资金回报比率是多少。这个指标的权重最大。

第三个指标：营业外收入。

第四个指标：财务收益。账期天数(零售商和供应商之间结算的天数)和库存天数的差异，在银行当中产生的利息称之为财政收益。

第五个指标：促进支持频率。一般来说，每个超市每个月都会有至少两次的海报活动。那么，供应商愿意支持多少个促销单品，就是促进支持频率所要考核的内容。

第六个指标：促销力度。在零售商进行促销活动中，供应商愿意就产品价格进行多大幅度的降价。

第七个指标：产品的质量投诉。这是对供应商产品质量的考核。

第八个指标：送货的少缺次数。对于零售业来说，资源就是竞争的砝码，特别是对畅销产品来说，缺货是面临的关键问题。

第九个指标：退货期限。很多时候，供应商给零售商送货很积极，退货时却不太重视。沃尔玛会开出退货通知单，希望供应商能够在14天内给予一个积极的配合。

另外，沃尔玛还制定了"供应商守则"，对合格供应商资格进行界定。只要在工厂发现雇佣童工、使用强制劳动力、体罚殴打员工等六大问题的任何一个，该工厂的供应商资格就会被一票否决。

其次，汇总分数，对供应商进行等级划分。

事实上零售商对于供应商的管理并不是一刀切的，根据不同的分数，也会将供应商划分为不同的等级。比如，考核分数在80分以上的，可以划为A类的供应商，表示其业绩优秀；得分在60~80分之间的，可以划分为B类供应商，表示其业绩合格；得分在50~60分之间的，可以划分为C类供应商，表示这部分供应商的业绩还需要改进；得分在50分以下的，就要归为D类供应商了，这部分供应商的业绩基本不合格。

最后，根据考核结果，对供应商进行绩效管理。

对于A类的供应商，也就是所谓优秀供应商，沃尔玛提供一系列优惠的政策，以此激励更多的供应商更加努力，争取得到这些优惠。比如优先考虑优秀供应商产品摆放的位置；对优秀供应商产品放置通道的费用进行减免；适当的开放数据，增加订单数量；收退换货优先考虑。

对于B类供应商，也就是所谓的合格供应商，按照原先的正常程序进行。

对于C类供应商，通道费用可能是加收的；订单也可能比较少，位置也不会特别好。但是，为了提高他们的业绩，沃尔玛还为他们组织专门的培训。

对于D类供应商，就有被替代的危险，很有可能被淘汰。

(资料来源：佚名. 沃尔玛供应商绩效考核[EB/OL]. [2009-03-30]. http://info.10000link.com/newsdetail.aspx?doc=2009033000023.)

4. 反馈考核结果并督促其改善

对供应商的绩效进行分析之后，要将评估结果反馈给供应商，让供应商了解其哪里做得好，哪些地方表现不足。对于希望继续合作但表现不够好的供应商，要尽快设定供应商改善目标。改善的目标一定要明确，要让供应商将精力聚焦在需要改善的主要方面。比如，进行完绩效考核之后，可能该供应商有5个指标做得不好，但是你希望该供应商在其中的两个指标上能够尽快加以改善，那就将这两个指标及自己所希望达到的水平反馈给供应商，让供应商充分了解到，他们在下一个周期里需要重点改善的是这两个指标，而不是其他另外三个指标，从而让供应商的努力同企业的期望达成一致，一起向同一个目标发展。供应商绩效考核表样本如表8-5所示。

表 8-5　供应商绩效考评表

供应商名称：							主要产品：					
考评期：							报告期：					
供应商表现												
组别	总分	20××年各月考评表现得分										
		1月	2月	3月	4月	5月	6月	7月	8月	9月	10月	11月	12月
质量	35	23	24	24	28	30	33						
交货	25	24	24	23	22	24	24						
价格	20	14	14	14	15	15	15						
支持	20	12	12	12	12	12	12						
总分	100	73	74	73	77	81	84						

改进要求：		跟进行动：	
采购员：	日期：	供应商：	日期：
改进检查结果：		跟进行动检查：	
采购员：	日期：	供应商：	日期：

 拓展知识

供应商绩效考核的雷达图法

"雷达图"分析法是从事先选定的几个方面(如企业的生产性、安全性、收益性、成长性和流动性等)对供应商进行多维度对比，对供应商综合能力进行直观、形象的综合分析与评价的图形。因其形状如雷达(图)的放射波，而且具有指引经营"航向"的作用，故而得名，当前很多专业的管理咨询公司很流行用此方法对企业进行评估诊断。

雷达图(见图 8-7)的基本画法是：先画出 3 个同心圆，并将其按一级考核指标等分成几个扇形区，例如图中将同心圆等分为 5 个扇区分别表示生产性、安全性、收益性、流动性和成长性。通常，最小圆圈代表同行业平均水平的 1/2 或最低水平；中间圆圈代表同行业平均水平，又称标准线；最大圆圈代表同行业先进水平或平均水平的

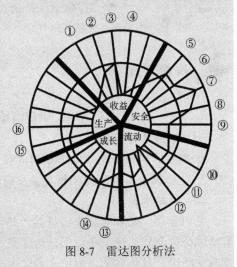

图 8-7　雷达图分析法

1.5 倍。在五个扇形区中，从圆心开始，分别以放射线形式画出 5~6 条主要经营指标线，并标明指标名次及标度。然后，将企业同期的相应指标值标在图上，以线段依次连接相邻点，形成折线闭环；构成雷达图。就各经营指标来看，当指标值处于标准线以内时，说明该指标低于同行业平均水平，需要加以改进；若接近最小圆圈或处于其内，说明该指标处于极差状态，即说明是危险标志，很多情况下，即便其他方面都很高，采购商也应慎重选择这类供应商；若处于标准线外侧，说明该指标处于理想状态，是供应商的优势，采购商可以研究如何充分利用这种优势。

注：
收益性：①资产报酬率；②所有者权益报酬率；③销售利税率；④成本费用率。
安全性：⑤流动比率；⑥速动比率；⑦资产负债率；⑧所有者权益比率；⑨利息保障倍数。
流动性：⑩总资产周转率；⑪应收账款周转率；⑫存货周转率。
成长性：⑬销售收入增长率；⑭产值增长率。
生产性：⑮人均工资；⑯人均销售收入。

 案例分析

物流业务外包绩效评估

某家电企业已将其产品运输业务外包给当地的四家物流公司，而且与这四家物流公司合作已经半年时间，为了进一步降低运输成本，整合运输业务，公司打算进一步减少物流公司的数量，由原来的 4 家减少为 2 家，这样不仅可保持物流公司之间的适度竞争，同时可以提高两家物流公司的业务份额。现在假设你是这个家电企业的采购主管，负责运输服务的采购，要求从这 4 家物流公司中选取表现最好的 2 家公司。

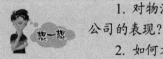
1. 对物流服务供应商评价的要素有哪些？你将如何评估这 4 家物流公司的表现？
2. 如何才能使供应商绩效评价更科学、公平、有效？

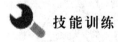 技能训练

供应商绩效考核方案的编制

一、训练目的
1. 熟练掌握供应商绩效考核的流程。
2. 能根据企业实际情况制定供应商绩效考核方案。

二、训练准备
案例背景：某家电企业已将其产品运输业务外包给当地的 4 家物流公司，而且与这 4 家物流公司合作已经半年时间，为了进一步降低运输成本，整合运输业务，公司打算进一步减少物流公司的数量，由原来的 4 家减少为 2 家，这样不仅可保持物流公司之间的适度

竞争，同时可以提高 2 家物流公司的业务份额。现在假设你是这个家电企业的采购主管，负责运输服务的采购，要求从这 4 家物流公司中选取表现最好的 2 家公司。

三、训练步骤与要求

1. 全班分组。每组 4~6 人，每组设组长一名。
2. 通过网络、图书馆等途径收集相关资料，讨论确定绩效考核方案的框架。
3. 制定绩效考核方案，主要包括绩效考核指标 KPI、权重、考核标准、供应商评级方案等。
4. 设计供应商绩效考核所需各种表格。
5. 制作 PPT，以小组形式进行课堂汇报，全班交流，教师点评。

四、注意事项

1. 考核指标要适合考核对象即物流公司。
2. 考核指标与考核标准要符合实际，全面且合理。
3. 考核方案应能促进供应商绩效的改善。

五、训练成果

供应商绩效考核方案。

六、拓展任务

选取当地某制造企业为对象，通过调研为其设计供应商绩效考核方案，并比较物流服务类供应商与制造类供应商绩效考核指标 KPI 的区别。

任务评价

班级		姓名		小组			
任务名称	供应商绩效考核						
考核内容	评价标准	参考分值 (100分)	学生自评	小组互评	教师评价	考核得分	
知识掌握情况	1. 了解供应商绩效考核的内涵与步骤	15					
	2. 掌握供应商绩效考核的指标	20					
技能提升情况	1. 根据企业实际情况制定供应商绩效考核方案	20					
	2. 能根据具体指标对供应商进行绩效考核	20					
职业素养情况	1. 具有自主学习能力	5					
	2. 具有合作精神和协调能力，善于交流	5					
	3. 具有一定的分析能力	5					
参与活动情况	1. 积极参与小组讨论	5					
	2. 积极回答老师提问	5					
小计							
合计=自评×20% + 互评×40% + 教师评×40%							

 **拓展提升**

1. 请根据本项目所学内容，分小组进行主题讨论，每小组进行抽签选择讨论主题，根据主题要求积极展开讨论。

2. 在讨论过程中学生可以自行上网搜集信息或头脑风暴。

3. 各小组展示讨论成果，同时小组之间互相评价、获取建议、完善讨论成果；学生将完善后的讨论成果提交给老师，老师进行评分。

主题1：如何进行供应商分类

要求：以 PPT 形式进行汇报并提交分析讨论结果，具体评分如表 8-6 所示的供应商分类评分表。

表 8-6　供应商分类评分表

序号	项目名称	分值	评分
1	能够确定供应商分类方法	0～25	
2	能够确定供应商分类的模型	0～25	
3	能够对考核项目分配权重	0～25	
4	能够通过一定方法计算得到供应商分类	0～25	
		总分：100	得分：
基本概念 □优□良□中□合格□不合格		技能掌握 □优□良□中□合格□不合格	语言描述 □优□良□中□合格□不合格
综合评分等级			

主题2：如何进行供应商绩效考核

要求：以 PPT 形式进行汇报并提交分析讨论结果，具体评分如表 8-7 所示的供应商绩效考核评分表。

表 8-7　供应商绩效考核评分表

序号	项目名称	分值	评分
1	能够明确供应商绩效考核指标	0～25	
2	能够确定考核指标运用公式	0～25	
3	能够确定供应商绩效考核的方法	0～25	
4	能根据具体指标对供应商进行绩效考核	0～25	
		总分：100	得分：
基本概念 □优□良□中□合格□不合格		技能掌握 □优□良□中□合格□不合格	语言描述 □优□良□中□合格□不合格
综合评分等级			

同步测验

一、单选题

1. 对于长期合作需求而言，采购商与供应商应选择(　　)。
   A. 普通合作伙伴　　　　　　　　　B. 战略性合作伙伴
   C. 竞争性合作伙伴　　　　　　　　D. 技术性合作伙伴
2. 下列选项中对供应商合作伙伴关系理解错误的是(　　)。
   A. 发展长期的、相互的依赖关系　　B. 双方有共同的目标
   C. 双方相互信任、共享信息　　　　D. 双方共同开发、共担风险
3. 下列关于传统关系模式与伙伴关系模式说法错误的是(　　)。
   A. 前者强调最低采购价格，后者强调采购总成本
   B. 前者强调短期关系，后者强调长期合作
   C. 前者供需双方竞争多于合作，后者供需双方互相信任
   D. 前者供需双方信息共享，后者供需双方信息封闭
4. "企业供应链上的一个基本环节，它建立在对企业的供方以及与供应相关信息完整有效的管理与运用的基础上，对供应商的现状、历史、提供的产品或服务，沟通、信息交流、合同、资金、合作关系、合作项目以及相关的业务决策等进行全面的管理与支持。"以上定义是对(　　)的描述。
   A. 需求管理　　　B. 供应链管理　　　C. 供应管理　　　D. 供应商关系管理
5. 按80/20规则分类，重点供应商是指(　　)。
   A. 数量20%的占价值20%　　　　　B. 数量20%的占价值80%
   C. 数量80%的占价值20%　　　　　D. 数量80%的占价值80%
6. 按供应商对采购商的重要性以及采购商对供应商的重要性，供应商可分为(　　)。
   A. 短期目标型、长期目标型、联盟型、渗透型和纵向集成型
   B. 伙伴型、重点商业型、优先型和商业型
   C. 供应商按80/20规则分类
   D. 专家级型、行业领袖型、低产小规模型和量小品种多型
7. 评价供应商业绩最主要的指标是(　　)。
   A. 价格　　　　　　　　　　　　　B. 产品质量及服务质量
   C. 交付能力　　　　　　　　　　　D. 产品质量
8. 在供应商按矩阵分类法分类的模块中，如果供应商认为本企业的采购业务对于他们来说非常重要，但该采购业务对本企业却并不是十分重要，这样的供应商无疑有利于本企业，是本企业的(　　)。
   A. 伙伴型供应商　　　　　　　　　B. 优先型供应商
   C. 重点商业型供应商　　　　　　　D. 商业型供应商
9. 合格率、缺陷率、物料在线报废率属于采购绩效评估标准中的(　　)。
   A. 价格和成本绩效指标　　　　　　B. 质量绩效指标

C. 时间绩效指标　　　　　　　　D. 效率绩效指标
10. 当确定供应商评估标准的权重时，(　　)是设定权重的基础。
 A. 公司的供应目标　　　　　　B. 采购品项的支出水平
 C. 采购品项的类型　　　　　　D. 对供应商信息调查的情况

二、多选题
1. 建立供应商合作伙伴关系的意义在于(　　)。
 A. 可以共享供应商的技术与革新成果，加快产品开发速度，缩短产品开发周期
 B. 可以降低企业的原材料、零部件的库存水平，降低管理费用、加快资金周转
 C. 可以加强与供应商的沟通，改善订单的处理过程，提高材料需求准确度
 D. 通过与供应商建立长期合作伙伴关系，可以缩短供应商的供应周期，提高供应的灵活性
 E. 提高原材料、零部件的质量
2. 企业的供应商分类，按供应商规模品种可分为(　　)。
 A. 短期目标型　　　　B. 长期目标型　　　　C. 渗透型
 D. 联盟型　　　　　　E. 纵向继承型
3. 按80/20规则分类，供应商可以分成(　　)。
 A. 伙伴型供应商　　　B. 专家级供应商　　　C. 普通供应商
 D. 行业领袖供应商　　E. 量小品种多的供应商
4. 对供应商选择的考核分为短期和长期两种，其中短期选择标准包括(　　)。
 A. 产品质量高低　　　B. 交货及时与否
 C. 连续供货的稳定性　D. 内部组织与管理
5. 供应商管理应抓好的几个基本环节是(　　)。
 A. 供应商初选　　　　B. 供应商审核
 C. 供应商考评　　　　D. 供应商关系管理
6. 供应商质量指标主要包括(　　)。
 A. 来料批次合格率　　B. 来料抽检缺陷率
 C. 来料在线报废率　　D. 供应商来料免检率
7. 供应商的供应指标又称企业指标，最主要的是(　　)。
 A. 准时交货率　　　　B. 产品质量
 C. 交货周期　　　　　D. 订单变化接受率
8. 供应商绩效评价指标体系中的经济指标包括(　　)。
 A. 价格水平　　　　　B. 报价及时　　　　　C. 降低成本
 D. 分析降价成果　　　E. 付款
9. 虽然供应商的考评指标很多，但是归纳起来有(　　)几大类。
 A. 供应商质量考评指标　　B. 供应商供应考评指标
 C. 供应商经济指标　　　　D. 供应商支持与服务考评指标
10. 供应商的绩效包括很多内容，笼统地说，就是企业对于供应商的(　　)要求。
 A. 服务　　　　　　　B. 价格
 C. 质量　　　　　　　D. 交货

三、判断题

1. 供应商关系管理的简称是 CRM。( )
2. 企业可以建立起不同层次的供应商网络，通过增加供应商的数量，致力于与关键供应商建立合作伙伴关系。( )
3. 供应商关系管理的建立，涉及广泛的基础信息。( )
4. "行业领袖"供应商是指那些生产规模大、经验丰富、技术成熟，但经营品种相对较少的供应商。( )
5. "量小品种多"的供应商虽然生产规模小，但是其经营品种多，这类供应商的财务状况不是很好，但是其潜力可培养。( )
6. 质量与供应考核按年进行。( )
7. 供应商的选择和管理是整个采购体系的核心，其表现也关系到整个采购部门的业绩。( )
8. 短期目标的供应商关系的主要特征是双方之间的关系为交易关系，当买卖完成时，双方关系也终止了。( )
9. 对供应商绩效的管理必须间断地进行，以便随时提醒供应商提高供货质量。( )
10. 供应商评选的操作步骤的第一步是建立供应商评选小组。( )

四、简答题

1. 供应商关系管理的优势主要包括哪些内容？
2. 供应商分类的方法有哪些，如何分类？
3. 为什么要创建合作伙伴或战略联盟？
4. 供应商的绩效评估要点有哪些？
5. 供应商绩效考核的步骤有哪些？
6. 供应商绩效考核的指标主要包括哪些？

五、案例分析题

案例一：

嘉士伯瑞典股份有限公司是瑞典领先的酿酒企业。他们建立了一套非常严格的选项程序。"因为我们希望找到一个长期合作伙伴，不仅仅查看我们的技术要求，而且非常了解我们的商务流程需要，并能提出解决方案。"

根据上述案例资料，回答以下问题：

你认为该公司应该怎样建立长期合作伙伴关系？

案例二：

A 公司每季度制作关键指标评分卡对供应商打分，如表 8-8 所列，根据打分结果对供应商进行评级、更新数据并确定下一季度的订单分配，评级分 4 个等级，A 级得分在 85～100 分，B 级在 70～84 分，C 级在 55～69 分，D 级在 42～54 分，最后根据评价结果对供应商进行奖惩，其中前 10 名的供应商给予物质或精神奖励，对于表现下滑的供应商发出警告，对于 D 级供应商给予减少分配订单量或取消供应商资格，低于 D 级的直接取消供应商资格，并将具体评级结果告知供应商，督促其改善。

表 8-8　供应商关键指标评分卡

二级指标	三级指标	权重	评分标准/分
成本(30)	价格降低情况=(本期价格－前期价格)/前期价格	15	>5%=15，4%=12，3%=9，2%=6，1%=3，<1%=0
	付款期	10	60天=10，45天=7，<30天=5
	供应商材料成本降低情况	5	>5%=5，2%～4%=3，1%～2%=1，<1%=0
质量(30)	质量体系证书	10	通过认证=10，没通过认证=0
	产品质量证书	5	有=5，无=0
	交货质量=无质量问题的接收次数/总接收次数	15	90%～100%=15，<90%=0
交货(30)	准时性=准时交货的批次/总交货批次	15	100%=15，90%～99%=10，80%～89%=5，<80%=0
	交货期偏差=1－实际交货期与合同交货期偏差总计/合同交货期总计	10	1=10，0.9～0.99=5，<0.9=0
	库存准备	5	是=5，否=0
服务(10)	对客户投诉的反应速度	2	快=2，慢=0
	各种票据是否完备	2	是=2，否=0
	物料、质量改进项目的完成情况	2	良好=2，一般=1，差=0
	在审计、评估方面的支持程度	2	非常支持=2，一般=1，不配合=0
	供应商是否早期参与新品开发	2	是=2，否=0

根据上述案例资料，回答下列问题：

1. 供应商评价中指标制定的原则和依据是什么？
2. 请说说指标中是否有可改进的地方？

项目九

采购风险管理与绩效评估

 案例导入

在 SD 公司的一次定期采购绩效评估过程中,一些总公司采购部员工提出公司现在的采购绩效评估体系已和实际情况严重脱节,所评估的数据也是不真实、不公平的,他们希望公司能够重新制定新的绩效评估指标。但这一次问题的提出并没有激起多大水花,公司依然按照此体系对旗下子公司采购绩效进行评估,却没想到在评估过程中,越来越多的采购人员反映要求重新制定新的评估体系。SD 公司高层了解情况后十分重视,要求评估小组立即对现行的体系展开调查,SD 广东子公司也按要求在所负责的区域内进行自查。

调查结果显示,为适应发展要求,公司的采购计划和采购战略进行过几次修改,但是采购绩效评估体系仍然沿用的是 4 年前的模式,没有与时俱进。落后的体系既不能如实地反映公司的采购绩效水平,更不能如实地对员工的努力进行认可,挫伤了许多采购人员的工作积极性和团队士气,已无法作为公司评估采购人员业绩的基本准则。在调查中还发现现有体系存在一些其他的缺点:

第一,考核过程中侧重于看台账、看笔记、听汇报,考核的被动性较大;

第二,在考核的结果上,公司现行体系反映表象的成分较多,考核的真实性受到影响;

第三,业绩考核与奖惩挂钩不够密切,出现走过场、形式主义现象,而且容易使得很多工作浮于表面,职能分离;

……

本以为事情查清楚之后就可以着手解决了,谁知道一波未平一波又起,采购绩效评估调查的问题还没有解决,采购质量风险又出现问题。在山地自行车最近的一批原材料采购过程中因为有供应商在原材料质量上鱼龙混杂、以次充好,导致加工产品未能达到质量标准,直接影响到公司山地车的整体质量和交货期,同时也降低了公司的信誉及产品竞争力。SD 广东子公司领导为避免采购风险带来的坏作用持续扩大,决定双管齐下,采购风险管理和绩效评估两手齐抓,将公司的损害降到最低。

1. SD公司采购绩效评估需要经历哪些流程？
2. 新制定的采购绩效评估指标可以如何进行设定？
3. 采购业务过程中会遇到许多的风险，如何进行风险的归类？
4. 采购风险的防范还可以采取哪些对策？

任务一 采购风险管理

教学目标

知识目标	1. 了解采购风险的概念 2. 理解采购风险的分类 3. 了解采购风险管理的流程 4. 掌握回避与防范采购风险的措施
技能目标	1. 能帮助企业建立起采购风险管理机制 2. 能制定回避与防范采购风险的具体措施
素养目标	培养学生在实践工作中的风险防范意识与创造性地解决问题的能力

教学建议

建议课时	2课时
教学重点	采购风险的分类
教学难点	采购风险防范措施
教学方法	任务驱动教学法；案例教学法；情境教学法
教学手段	小组讨论、实际模拟训练
组织形式	全班每4～6人为一组，每组设组长一名，组员合理分工
教学过程	任务引入→任务训练→任务分析→小组讨论→总结与点评
学生活动	1. 课前查阅采购风险的相关知识 2. 以小组讨论的形式完成任务训练
教师活动	学生在完成任务训练的过程中教师巡回指导、个别交流，教师检查与评定

任务引入

随着全球经济一体化程度越来越深，SD公司采购所面对的供应市场范围也进一步扩大。在一个高度全球化和高度竞争的环境下，企业面临的不确定因素越来越多，采购风险也进一步增加。

广东子公司采购部在对此前山地自行车劣质原材料问题的调查中发现，这一次采购质量风险仅仅是采购业务过程中众多风险里的一个缩影，小小的冰山一角，隐藏在冰山下面的还有价格风险、技术风险、合同风险……它们像一个个定时炸弹,一个不注意就会引爆,给公司造成巨大损失。意识到采购风险的危害后,广东子公司决定加强采购的风险管理,采取有效措施防范未发生的采购风险,及时处理已发生的采购风险,确保采购全过程的安全。

▌任务训练

1. 采购业务过程中的风险可以分为外因型风险和内因型风险,分别包括哪些内容?
2. SD 公司可以采取哪些措施防范未发生的风险?
3. 对于已经发生的采购风险,SD 公司可以采取哪些措施进行控制?

▌任务分析

采购风险是客观存在的,贯穿于采购的全过程,任何事物都有风险,采购风险归根结底,也是可以通过一定手段和有效措施加以防范和规避的。研究采购风险的目的在于预防、控制和转移采购风险。本任务以小组为单位,通过上网或者去图书馆查阅获得采购风险的相关知识,小组内成员相互讨论,完成任务训练的操作。

▌实施步骤

1. 课堂内分组讨论完成任务训练。
2. 各组展示讨论结果并陈述主要观点。
3. 教师总结与点评。

知识准备

一、采购风险

风险是指未来的不确定性对目标实现的影响,即在特定时间内和一定条件下,特定事件或目标的预期结果与实际结果之间的变动程度。

采购风险是指在采购过程中由于各种意外情况的出现,使采购的实际结果与预期目标相偏离的程度和可能性,包括人为风险、经济风险和自然风险。具体来说,如采购预测不准导致物资难以满足生产要求或超出预算,供应商群体产能下降导致供应不及时、货物不符合要求,呆滞物料增加,采购人员工作失误,供应商之间存在不诚实甚至违法行为,这些情况都会影响采购预期目标的实现。

二、采购风险的分类

根据物资采购活动的特点以及风险产生的原因,采购风险可分为外因型风险和内因型风险。

1. 外因型风险

(1) 意外风险。企业物资采购过程中由于自然灾害、突发事件、国家经济政策、价格变动等所形成的风险。

(2) 价格风险。一是由于供应商操纵投标环境，在投标前相互串通，有意抬高价格，使企业采购蒙受损失；二是当企业采购认为价格合理的情况下，批量采购，但该种物资可能出现跌价而引起采购风险。

(3) 采购质量风险。一方面由于供应商提供的物资质量不符合要求，而导致加工产品未达到质量标准，或给用户造成经济、技术、人身安全、企业声誉等方面的损害；另一方面因采购的原材料的质量有问题，直接影响到企业产品的整体质量、制造加工与交货期，降低企业信誉和产品竞争力。

(4) 技术进步风险。一是企业的制造产品由于社会技术进步引起贬值、无形损耗甚至被淘汰，原有已采购原材料的积压或者因质量不符合要求而造成损失；二是采购物资由于新项目开发周期缩短，如计算机新型机不断出现，更新周期越来越短，刚刚购进了大批计算机设备，但因信息技术发展，所采购的设备已经被淘汰或使用效率低下。

(5) 合同欺诈风险。一是以虚假的合同主体身份与他人订立合同，以伪造、假冒、作废的票据或其他虚假的产权证明作为合同担保；二是接受对方当事人给付的货款、预付款，担保财产后逃之夭夭；三是签订空头合同，而供货方本身是"皮包公司"，将骗来的合同转手倒卖，从中谋利，而所需的物资则无法保证；四是供应商设置的合同陷阱，如供应商无故中止合同，违反合同规定等造成的损失。

2. 内因型风险

(1) 计划风险。采购计划管理不当或不科学造成供应短缺或积压，以及对市场行情掌握不准，盲目进货，形成财产损失的风险。

(2) 合同风险。一是合同条款模糊不清，盲目签约；违约责任约束简化，口头协议，君子协定；鉴证、公证合同比例过低等。二是合同行为不正当。卖方为了改变在市场竞争中的不利地位，往往采取一系列不正当手段，如对采购人员行贿，套取企业采购标底；给予虚假优惠，以某些好处为诱饵公开兜售假冒伪劣产品。而有些采购人员则贪图蝇头小利，牺牲企业利益，不能严格按规定签约。三是合同日常管理混乱。

(3) 责任风险。许多风险归根到底是一种人为风险，主要体现为责任风险。例如合同签约过程中，由于工作人员责任心不强未能把好合同关，造成合同纠纷；采购人员假公济私、收受回扣、谋取私利，造成所购物资质次价高。

(4) 验收风险。验收人员不认真履行验收职责，有可能造成物资在数量上缺斤少两，在质量上鱼目混珠，以次充好，在品种规格上货不对路、不合规定要求等。

(5) 存量风险。一是采购量不能及时供应生产之需要，致使生产中断给企业造成损失的风险；二是物资过多，造成积压，大量资金沉淀于库存中，失去了资金的机会利润，形成存储损耗风险；三是物资采购时对市场行情估计不准，盲目进货，造成价格风险。

三、回避与防范采购风险的措施

1. 应建立与完善企业内控制度

应建立与完善内部控制制度与程序，加强对职工尤其是采购业务人员的培训和教育，不断增强法律观念，重视职业道德建设，做到依法办事，培养企业团队精神，增强企业内部的风险防范能力，从根本上杜绝合同风险。

2. 加强对物资采购过程与签约的监督

(1) 加强采购过程检查。检查物资采购过程是否按照规范的程序进行，是否存在违反规定的行为发生。检查采购经办部门和人员是否对供应商进行调查，选择合格供应商。检查是否每年对供应商进行一次复审评定。

(2) 加强签约监督。检查合同条款是否有悖于政策、法律，避免合同因内容违法、当事人主体不合格或超越经营范围而无效；通过资信调查，切实掌握对方的履约能力；对那些不讲效益、舍近求远等非正常情况严格审定；审查合同条款是否齐全、当事人权利义务是否明确、是否有以单代约、手续是否具备、签章是否齐全。

3. 加强对物资采购全过程、全方位的监督

全过程的监督是指对计划、审批、询价、招标、签约、验收、核算、付款和领用等所有环节的监督。重点是对计划制定、签订合同，质量验收和结账付款4个关键控制点的监督，以保证不弄虚作假。全方位的监督是指内控审计、财务审计、制度考核三管齐下。科学规范的采购机制，不仅可以降低企业的物资采购价格，提高物资采购质量，还可以保护采购人员和避免外部矛盾。

(1) 加强对物料需求计划、物资采购计划的审计。审查企业采购部门物料需求计划、物资采购计划的编制依据是否科学；调查预测是否存在偏离实际的情况；计划目标与实现目标是否一致；采购数量、采购目标、采购时间、运输计划、使用计划、质量计划是否有保证措施。

(2) 做好合同鉴证审计。①审查签订经济合同的当事人是否具有主体资格，是否具有民事权利能力和行为能力。②审查经济合同当事人意思表示是否真实。③审查经济合同主要条款是否符合国家的法律和行政法规的要求。④审查经济合同主要条款是否完备，文字表述是否准确，合同签订是否符合法定程序。通过审计鉴证，可以及时发现和纠正在合同订立过程中出现的不合理、不合法现象；提请当事人对缺少的必备条款予以补充；对显失公平的内容予以修改；对利用经济合同的违法活动予以制止，从而减少和避免经济合同纠纷的发生。

(3) 做好对合同台账、合同汇总及信息反馈的审计。当前，合同纠纷日益增多，如果合同丢失，那么在处理时会失去有利的地位而遭受风险。因此，建立合同台账、做好合同汇总，运用先进管理手段，向相关部门提供及时准确、真实的反馈信息，也是加强合同管理，控制合同风险的一个重要方面。

(4) 加强对物资采购合同执行中的审计。①审查合同的内容和交货期执行情况，是否做好物资到货验收工作和原始记录，是否严格按合同规定付款。②审查物资验收工作执行情况，在物资进货、入库、发放过程中，是否都对物资进行验收控制。③对不合格品控制执行情况审计，发现不合格应及时记录，并采取措施。④重视对合同履行违约纠纷的处理。合同履行过程中违约纠纷客观存在，若不及时处理，不仅企业的合法权益得不到保护，而且有可能使合同风险严重化。

(5) 加强对物资采购绩效考核的审计。建立合同执行管理的各个环节的考核制度，并加强检查与考核，把合同规定的采购任务和各项相关工作转化分解指标和责任，明确规定出工作的数量和质量标准，分解、落实到各有关部门和个人，结合经济效益进行考核，以尽量避免合同风险的发生。

齐齐哈尔第二制药有限公司采购风险

2006年，齐齐哈尔第二制药有限公司假药案曾轰动一时，事件的起因是齐齐哈尔第二药厂采购员为图便宜，未向泰兴化工总厂索取资质证明，也没有到厂查看，购入假冒丙二醇，并最终作为辅料用于生产的"亮菌甲素"注射液在广东省药品招投标中独家中标，中山大学附属三院将原来使用其他厂家的"亮菌甲素"换成齐齐哈尔第二药厂产品，造成了一系列的惨案。

纵观全过程，其材料采购环节控制失败是整个案件发生的源头，齐齐哈尔第二药厂存在的采购风险主要体现在以下几个方面。

(1) 供应商的选择缺乏标准性。采购人员应根据采购计划和询价结果确定供应商。采购人员依据"请购单"准备采购作业：查询请购单上料品基本资料，如单价、往来厂商，了解过去采购及询价记录等。对于新的供应商，企业应要求对方提供样品，进行检测，确认是否符合国家标准，如有必要，相关负责人对生产厂家的资质、生产流程等进行实地考察。在本案中，采购员依据互联网和电话确定了供应商，没有按企业内部管理要求进行确定，为后面的惨案埋下了隐患。

(2) 采购价格的确定缺乏科学性。采购价格的确定必须经过询价比价、议价和定价过程，由采购人员或组织价格调查小组通过各种方式了解相关产品报价，建立材料价格档案，组织价格评价体系，进行价格比较，最后议定价格进行定价。本案中，齐齐哈尔第二药厂的采购员未获取供应商的丙二醇质量好坏的证据，同时也缺乏充分的市场调查，对于偏离公允价值的丙二醇没有进行分析，这种不进行全面衡量而只考虑眼前利益的做法导致了采购环节的失误。

(3) 采购合同的订立缺乏周密性。我国材料采购合同在签订、履行、结算等环节存在着一些漏洞，主要有：签订虚假经济合同，套取资金；价格虚高，合同条款表述不清；合同条款执行不严，违约责任未能有效追究；将自身具有加工能力的业务外委，导致资金外流等。针对以上情况，应事前对签约进行审计；事中对结算进行审计；事后对消耗进行审计，有利于及时发现问题，进行更改，从而确保合同各个环节的严肃性和完整性。

(4) 采购验收环节虚走形式。企业所订立的货物到达时必须由采购部门、领用部门和会计部门相分离的保管部门进行验收保管。所收货物的检验包括质量和数量两个方面。根据订货单和供货方发货单验收合格的货物入库后，仓库保管部门必须及时填制"收货单"一式数联，分别传送给采购部门和会计部门。齐二药在对材料检验过程中，违反质量检验的基本要求，进行无"对照物"的检验，仅形式上完成了检验，关键的质量控制活动未能有效实施，致使检验失败。

由此可知，企业在采购过程中，采购的监控没做好，没有洞察和防范采购过程可能出现的风险，小则给企业带来经济上的损失，大则使企业声誉遭受损失，在一些特定采购领域甚至危害人们的生命财产安全，构成犯罪的严重后果。

(资料来源：陈志霞. 材料采购环节的风险防范——基于齐齐哈尔药厂的案例分析[J]. 新西部, 2008(03).)

案例分析

惠普的采购风险管理

随着计算机和服务器业务不断成熟，其利润已非常微薄。而存储器这类元器件的价格在一两个月内就可能翻 2~3 倍，这使得惠普公司面临传统采购流程难以应付的风险。面对剧烈波动的价格、不稳定的供需以及日趋复杂的产品组合，惠普公司提出了"采购风险管理框架"，旨在建设性地管理定价和可供货水平，降低采购风险和减少利润风险。

1. 一次采购危机

2000 年惠普公司面临了一次采购危机。由于迅猛发展的移动电话制造商大量使用闪存，原来适用于打印机里面的闪存数量已明显不够，惠普公司无法获得充足供应来满足利润颇丰的打印机生产需求。公司无法按计划生产出大约 250 000 台打印机，这意味着高达几千万美元的收入将受到损失。为了确保闪存的供应量，惠普公司被迫和供应商签订了为期 3 年的合同，合同中规定了固定供应数量和恒定价格。而闪存市场又是一个高度动荡的市场，价格差异很大，这使得惠普面临着巨大的风险。

2. 采购风险管理框架

这次危机促使惠普公司建立了评估和管理供应链危机的框架，称之为采购风险管理框架，即 PRM，为此还成立了一个研究小组进行框架的研究。

供应链风险导致了许多厂商收入损失和股东价值下滑。惠普公司是许多电脑零部件的大型购买商，购买量巨大，这意味着本公司的采购实力，也意味着巨大的风险。就成本和可获得性而言，高科技产品一直处于动态变动之中，价格随时间波动的趋势明显；同时，高科技产品的生命周期非常短，特别是计算机市场需求变化迅速，难以捉摸。这两者综合起来产生了巨大的风险。

小组对许多失败的案例进行了仔细研究和归纳，问题主要分成以下三种情况：价格风险、需求风险和可获得性风险。研究小组也正是从以上三种风险着手工作的。

(1) 建立预测模型。在惠普采购的多种元件中，存储器由于在产品中使用广泛而被选为框架的试点。传统上，存储器的采购通过预测和采购订单进行，但到底是在现货市场购买还是签订短期的 3 个月或是 6 个月的合同使这一流程变得复杂。然而实际需求可能会或高或低相差很多，供应商在数量和价格方面没有具备约束力的承诺。

为解决价格不稳定带来的风险问题，研究小组研发了一种全新的软件 HPHorizon 用于评估和分析 3 种不确定性。

(2) 评估、管理。一旦三种风险都经过了精确的评估和计算，就可以建立 PRM，如今的问题就成了如何用 PRM 进行决策。目前惠普公司在采购方面实施的战略是和供应商共担风险。此外，对于那些数量很大的项目，供应商们也能随时调整生产线以降低成本；对于那些不确定性很高的需求量，公司则通过"灵活数量协议"的方式实现了双赢的目的；对于那些高度不确定性的需求，惠普本身和供应商都不做出承诺，而是

通过公开和现货市场来满足需求,如果这些市场无货可供,那么公司就寻求二级采购市场。这些方法同时意味着较高的价格,但公司认为这比保有存货要好,这种方式所带来的供应链风险比预期的要小。

(3) 优化。PRM 小组的一个挑战是如何帮助公司内部使用者决定一个最佳的合同内容,以便能够达到特殊的业务目标。小组专门研发了全新的 HPRisk 软件,它能提供合同价值的分析。不同的业务单元有着不同的目标,一些业务单元最重要的目标是削减成本,而另一些业务单元的目标可能是要确保供应。通过 HPRisk 软件,公司能够将不同的目标合二为一。

1. 惠普存在的采购风险有哪些?
2. 惠普实施 PRM 战略对企业有什么益处?

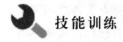

制定采购风险防范措施方案

一、训练目的

1. 熟练掌握回避与防范采购风险的措施。
2. 能制定回避与防范采购风险的具体措施。

二、训练准备

以学校的实训基地为调研对象,调研实训基地日常采购中存在的风险。

三、训练步骤与要求

1. 全班分组。每组 4~6 人,每组设组长一名。
2. 制定调研计划。确定调研对象、地点、时间、调研提纲以及调研方法等。
3. 联系学校实训基地进行实地调研,主要调查实训基地日常采购中存在的风险。
4. 整理调研的相关资料,分析汇总常见的采购风险类型并根据调研情况制定实训基地采购风险防范措施方案。
5. 制作 PPT,以小组形式进行课堂汇报,全班交流,教师点评。

四、注意事项

1. 调研过程中要注意文明礼貌以及安全事项。
2. 应注意资料收集的全面性、真实性。

五、训练成果

采购风险防范措施报告。

六、拓展任务

选取当地几家合作紧密的企业作为调研对象,调研其采购物资过程中的风险,为其制定采购风险规避及防范措施方案。

任务评价

班级		姓名		小组			
任务名称	采购风险管理						
考核内容	评价标准	参考分值(100分)	学生自评	小组互评	教师评价	考核得分	
知识掌握情况	1. 了解采购风险的概念	10					
	2. 理解采购风险的分类	15					
	3. 了解采购风险管理的流程	10					
	4. 掌握回避与防范采购风险的措施	15					
技能提升情况	1. 能帮助企业建立起采购风险管理机制	10					
	2. 能制定回避与防范采购风险的具体措施	15					
职业素养情况	1. 具有自主学习能力	5					
	2. 具有合作精神和协调能力,善于交流	5					
	3. 具有一定的分析能力	5					
参与活动情况	1. 积极参与小组讨论	5					
	2. 积极回答老师提问	5					
小计							
合计 = 自评×20% + 互评×40% + 教师评×40%							

任务二 采购绩效评估及改善

教学目标

知识目标	1. 掌握采购绩效评估实施的流程 2. 掌握采购绩效评价指标体系和评价方法 3. 掌握采购绩效改善的途径及方法
技能目标	1. 能够制定较为系统的采购绩效评价方案并实施 2. 能够根据实际情况制定采购绩效改善与提升方案
素养目标	培养学生在实践工作中的评价意识与解决问题的能力

教学建议

建议课时	2课时
教学重点	采购绩效评估的指标、采购绩效改善的途径
教学难点	采购绩效评估方案的制定、标杆管理

(续表)

教学方法	任务驱动教学法；案例教学法；情境教学法
教学手段	小组讨论、实际模拟训练
组织形式	全班每4~6人为一组，每组设组长一名，组员合理分工
教学过程	任务引入→任务训练→任务分析→小组讨论→总结与点评
学生活动	1. 课前查阅采购绩效评估及改善的相关知识 2. 以小组讨论的形式完成任务训练
教师活动	学生在完成任务训练的过程中教师巡回指导、个别交流，教师检查与评定

任务引入

针对采购绩效评估体系出现的种种问题，SD广东子公司采购部经理宋杰在采购部内部会议上提出了自己的意见。他表示，公司现有的采购绩效评估体系是完全落后于公司发展的，在这种体系下大家兴致不高，有情绪都是可以理解的。但是，公司也绝对不能允许中饱私囊、敷衍了事情况的存在。近些年在子公司有一些采购人员为了拿到供应商的数量折扣，不顾要求拼命进货，从而导致存货过多；价格是下去了，但是原材料却成了废料、呆料。更有一些采购人员订单交接完成之后就成了"甩手掌柜"，对于后面供应商交货的时间、效率完全不作要求，从而使得一些供应商延迟交货，造成缺货现象……

会议过后，SD广东子公司还对现行的采购绩效评估指标进行了重新设定，并希望新的指标能够真正地发挥采购绩效评估的监督、激励和惩罚作用。

任务训练

1. SD公司进行采购绩效评估的目的是什么？
2. 采购绩效评估可以采取哪些方式？
3. SD广东子公司可以通过哪些途径对采购绩效进行改善？

任务分析

采购绩效是指采购产出与相应的投入之间的对比关系，它是对采购效率进行的全面整体的评价。采购绩效评估是指通过建立科学、合理的评估指标体系，全面反映和评估采购政策功能目标和经济有效性目标实现程序的过程。采购绩效的改善可以从两个方面进行，一个是从采购整体活动方面进行改善，如加强内部管理等；另一个是通过KPI指标找出影响采购绩效的关键问题并进行改善，如采购过程的优化等。本任务以小组为单位，通过上网或者去图书馆查阅获得采购绩效评估及改善的相关知识，小组内成员相互讨论，完成任务训练的操作。

实施步骤

1. 课堂内分组讨论完成任务训练。
2. 各组展示讨论结果并陈述主要观点。
3. 教师总结与点评。

 知识准备

一、采购绩效评估的目的

采购绩效是指采购工作质量的好坏，采购绩效考核则是衡量和评估采购工作质量好坏的方法和途径。通过对采购工作的绩效评估，不仅可清楚地了解采购部门的工作效率和相关人员的工作表现，还可以将工作结果和预期目标进行比较，从而发现问题，提高工作效率，防止采购漏洞的出现。

采购绩效的评价可以分为对整个采购部门的评价和对采购人员的评估。对采购部门的评价一般由企业的高层管理者进行，如生产部总经理，也可由外部的顾客评价，如产品最终的使用者；对采购人员的评估常由采购部门的负责人来实施，如采购部经理。

采购绩效评价是对采购工作全面系统地评价，其目的主要是：
(1) 确保采购目标的实现；
(2) 提供改进绩效的依据；
(3) 作为个人或部门奖惩的参考，提高个人和部门的工作积极性；
(4) 协助人员甄选与训练；
(5) 增强业务的透明度；
(6) 促进部门之间的沟通，有利于改善关系；
(7) 产生良好的激励效果，鼓舞士气。

总之，采购绩效的评估有利于采购部门及时发现问题，改进工作，降低采购过程中产生的成本费用，提高采购质量，增强企业的整体优势。

二、采购绩效评估流程

1. 确定需要评估的绩效类型

采购绩效评估首先需要确定公司所需评估的绩效类型。一个企业要根据自身的实际情况选择不同的绩效类型进行组合，所选择的绩效类型必须与公司及采购部门的目标和任务相结合。采购绩效评估通常包括三个方面：采购职能部门绩效、采购人员绩效和供应商绩效。其中每个方面的绩效包括多个绩效类型，例如采购部门的绩效类型包括品质、数量、时间、成本等绩效类型，每个绩效类型可设定不同的指标进行测量。

2. 确定具体绩效评估指标

一旦确定了绩效评估类型，接下来的工作就是确定具体的绩效测量指标。成功的采购绩效评估指标必须清晰、可衡量。所谓清晰就是员工必须正确理解该指标的含义并认同该指标，这样才能引导绩效按期望的结果发展。所谓可衡量是指建立的评估指标必须能够准确地被测量、估计和计算。

3. 建立绩效评估标准

明确采购绩效评估的指标后，还要有一套相应的、合理的、适度的考核与评估标准，只有这样才能真正发挥出采购绩效考核和评估的监督、激励、惩罚的作用。在实践中，常用的评估标准主要有：

(1) 历史绩效。历史绩效就是在过去的合作过程中进行绩效考核的方式，当采购部门无论是组织、职责或人员等均没有重大变动的情况下，可选择企业历史绩效作为评估目前绩效的基础。

(2) 标准绩效。当历史绩效难以取得或采购业务变化比较大的情况下，可以选择标准绩效作为衡量的基础。标准绩效设定要遵循以下三个原则：①标准要固定，标准绩效一旦建立，就不能随便变动，要有持续性和连续性；②标准要富有挑战性，标准的实现具有一定的难度，采购部门和人员必须经过努力才能完成；③标准是可实现的，可实现是指在现有内外环境和条件下，经过努力，确实应该可以达到的水平。一般依据当前的绩效加以衡量设定。

(3) 行业平均绩效。有时候企业可以借鉴与本企业采购组织、职责以及人员等方面相似的同行其他企业的绩效标准，也可以应用整个行业绩效的平均水准。

(4) 目标绩效。标准绩效是代表在现状下"应该"可以达成的工作绩效；而目标绩效则是在现状下，若未经过一番特别的努力，则无法完成的较高境界。目标绩效代表企业管理者对工作人员追求最佳绩效的"期望值"。

4. 确定参与评估的人员

评估人员的选择与评估目标有着密切的联系，要选择最了解采购工作情况的人员，以及与评估目标实现关联最紧密的部门参与评估，主要包括：

(1) 采购部门主管。采购主管非常熟悉采购业务，清楚各职位人员的状况，了解供应商和物料市场行情。因此，由采购主管负责评估，可以根据员工表现给以公平客观的评价。

(2) 会计部门或财务部门。会计部门或财务部门掌握了公司的生产和销售数据，对资金的使用效率比较清楚。

(3) 生产部门或销售部门。采购工作最终是为生产和销售服务的，采购的成效在很大程度上影响着生产部门和销售部门的工作，让这些部门参与评价也是非常必要的。

(4) 供应商。供应商经常与采购部门的人员接触，了解公司的采购工作业绩，对采购人员的素质也比较清楚，因此，供应商的参与有利于采购绩效的有效评估。

(5) 行业专家或咨询公司。可聘请外部专家或咨询顾问公司，针对公司的制度、组织、人员及工作绩效做出客观公正的分析和给出有针对性的建议。

5. 确定绩效评估的时间与频率

采购绩效评估应对不同的绩效类型设定不同的评估时间和频率，这样才能保证评估的结果及时有效，因此管理者必须确定以什么样的频率对相应的绩效类型更有效。例如对供应商绩效的总评价通常按每周或每月一次的频率进行，采购人员的绩效评价一般按每月或每季度来进行评价。

6. 实施评估与结果反馈

实施评估是一个系统性的工作,需要很多部门的良好沟通与配合。实施的结果要及时反馈,结果一方面表明了采购部门所取得的成绩,另一方面也揭示了采购中存在的诸多问题,在肯定成绩的同时也要着力解决发现的问题,制定绩效改进的方案。只有这样,才能达到实施采购绩效评价的目的。

三、采购绩效评估指标的设定

1. 品质指标

品质指标是指供应商的质量水平以及供应商所提供的产品或服务的质量表现,它包括供应商来料质量、质量体系水平等方面。

(1) 来料质量。来料质量包括批次质量合格率、来料抽检缺陷率、来料在线报废率、来料免检率、来料返工率、退货率、对供应投诉率及处理时间等。其中:

$$来料在线报废率 = 在线拒用数量/使用数量$$

(2) 质量体系。质量体系包括通过 ISO 9000 的供应商比例、实行来料质量免检的供应商比例、来料免检的价值比例、围绕本公司的产品或服务开展专项质量改进的供应商数目及比例、参与本公司质量改进小组的供应商人数及供应商比例等。采购的品质绩效可由验收记录及生产记录来判断。

2. 数量指标

当采购人员为争取数量折扣,以达到降低价格的目的时,却可能导致存货过多,甚至发生呆料、废料的情况。

(1) 储存费用指标。现有存货利息及保管费用与正常存货水准利息及保管费用之差额,企业应当将两者进行比较考核。

(2) 呆料、废料处理损失指标。呆料、废料处理损失是指处理呆料、废料的收入与其取得成本的差额。存货积压利息及保管的费用越大,呆料、废料处理的损失越高,显示采购人员的数量绩效越差。不过此项数量绩效,有时受到公司营业状况、物料管理绩效、生产技术变更或投机采购的影响,所以并不一定完全归咎于采购人员。

3. 时间指标

这项指标是用以衡量采购人员处理订单的效率,以及对于供应商交货时间的控制。延迟交货,固然可能形成缺货现象,但是提早交货,也可能导致买方负担不必要的存货成本或提前付款的利息费用。

(1) 紧急采购费用指标。紧急运输方式(如空运)的费用与正常运输方式的差额。

(2) 停工断料损失指标。停工期间作业人员薪资损失。

事实上,除前述指标所显示的直接费用或损失外,尚有许多间接损失。例如,经常停工断料,造成顾客订单流失,作业人员离职,以及恢复正常作业的机器必需做出的各项调整(包括温度、压力等)。紧急采购会使采购品的价格偏高,品质欠佳,也会产生为赶进度而额外支付的费用,这些费用与损失,通常都未加以估算在此项绩效指标内。

4. 价格和成本指标

价格指标是企业最重视及最常见的衡量标准。透过价格绩效，可以衡量采购人员议价能力及供需双方势力的消长情形。

采购价差的指标，通常有下列几种：

(1) 实际价格与标准成本的差额。
(2) 实际价格与过去移动平均价格的差额。
(3) 比较使用时的价格和采购时的价格的差额。
(4) 将当期采购价格与基期采购价格的比率，与当期物价指数与基期物价指数的比率相互比较。

5. 采购效率(活动)指标

下列各项指标可衡量在达成采购目标的过程中各项活动的水准或效率。

(1) 采购金额。
(2) 采购金额占销货收入的百分比。
(3) 订购单的件数。
(4) 采购人员的人数。
(5) 采购部门的费用。
(6) 供应商开发的数量。
(7) 采购计划完成率。
(8) 错误采购次数。
(9) 订单处理时间。

采购绩效评估指标体系

采购绩效评估指标体系如表9-1所示。

表9-1 采购绩效评估指标体系

指标体系	指标内容
综合指标	质量、供应、实力、服务成本、柔性、效率、稳定性
管理指标	人员流动比率、采购专家与员工比率、信息系统配置与效率、流程匹配度、监控力度、服务满意度
计划指标	认证计划准确率、订单计划准确率、紧急订单比率、库存合理度
认证指标	物料质量、物料成本、采购周期、付款周期、独家供应商比例、供应商流动比例、供应饱和度、采购柔性
订单处理指标	及时供应率、紧急订单完成率、库存周转率、组织效率、订单周期
开发指标	采购质量、采购周期、采购成本、项目完成及时率、设计方案更改次数
物流指标	年物流量、物流周期、付款及时率、物流错误比率、投诉件数

运用平衡记分卡设计采购绩效指标体系

平衡计分卡的核心思想是通过财务、客户、内部经营、学习发展4方面指标之间相互驱动的因果关系，体现组织的战略轨迹，实现绩效考核(绩效改进以及战略实施)战略修正的目标。平衡计分卡绩效指标体系的基本框架如图9-1所示。

运用平衡计分卡设计采购绩效指标体系须考虑采购部各部分之间、长短期之间的平衡，同时着重考虑采购部对企业绩效的贡献。根据以上4个方面，采购部平衡记分卡绩效指标体系如表9-2所示。

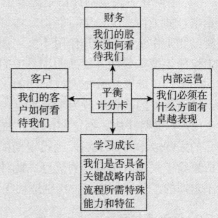

图 9-1 平衡计分卡的基本框架

表 9-2 采购部平衡计分卡绩效指标体系

指标类型	关键绩效考核指标
财务	采购成本
	呆料金额
内部运营	采购计划制定的准确率
	采购计划完成率
	采购物资到货率
	采购物资价格的合理性
	采购物资检验合格率
	物资库存周转天数
	(采购)物资使用的不良率
	物料退货率
	错误采购次数
供应商学习发展	新开发供应商的数量
	优秀供应商的比率
	部门协作满意度
	供应商忠诚度
	培训计划完成率
	关键员工保有率

四、采购绩效评估方式与方法

1. 采购绩效评估方式

采购绩效评估可分为定期评估和不定期评估两种方式。

(1) 定期评估。定期评估是配合公司年度人事考核制度进行的。一般而言，以"人"的表现，如工作态度、学习能力、协调能力、忠诚程度等为考核的主要内容，对采购人员的激励和工作绩效的提升作用不大。如果能以目标管理的方式，也就是从各种工作绩效指标中选择年度重要性比较高的项目中的几个定为绩效目标，年终按实际达到的程度加以考核，那么一定能够提升个人或部门的采购绩效，并且这种方法因为摒除了"人"的抽象因素，以"事"的具体成就为考核重点，也就比较客观、公正。

(2) 不定期评估。不定期绩效评估是以专案的方式进行的。例如，公司要求某项特定产品的采购成本降低10%，当设定期限一到，评估实际的成果是否高于或低于10%，并就此成果给予采购人员适当的奖励。此种评估方法对采购人员的士气有巨大的提升作用。此种不定期的绩效评估方式，特别适用于新产品开发计划、资本支出预算、成本降低的专案。

2. 采购绩效评估方法

采购绩效评估方法直接影响评估计划的成效和评估结果的正确与否。常用的评估方法有：

(1) 直接排序法。在直接排序法中，主管按照绩效表现从好到坏的顺序依次给员工排序，这种绩效表现既可以是整体绩效，也可以是某项特定工作的绩效。

(2) 两两比较法。两两比较法指在某一绩效标准的基础上把一个员工与其他员工相比较来判断谁"更好"，记录每一个员工和任何其他员工比较时认为"更好"的次数，根据次数的多少给员工排序。

(3) 等级分配法。等级分配法能够克服上述两种方法的弊端。这种方法由评估小组或主管先拟定有关的评估项目，按评估项目对员工绩效作出粗略的排序。

亚星公司物资采购绩效考核案例

最近几年来，亚星公司以年度经营为主线，将目标层层分解落实，辐射到企业的方方面面，做到人人肩上有指标，千斤重担有人挑，保证了企业整体经营目标的实现，并保持了企业较强的增长势头。

对主要原材料及辅料价格，亚星公司采用通过分析成本倒推的价格和上年实际采购平均价格以及上年最后一个月的平均价格而定。例如某种物资年平均采购价格为每吨248万元，当年年末平均价格为238万元，而生产该种产品的成本倒推最高限价不能突破250万元，经分析为确保该种产品的销售目标，确定最高采购价为230万元。

对供应部门的承包，亚星公司采取年度承包、分月考核、年终统算的方式，规定完成年度承包目标，负责人年收入为公司职工收入的2~5倍，部门人员的奖金收入为一线生产人员的2倍。年度考核的主要指标是对主要原材料及辅料按每月规定的最高控制价格，以节约额比例提奖金，采购质量作为否决项。公司供应处年采购成本下降了9.5%，大大超过了下降2%的承包目标，但由于在采购质量上出现过三次不合格，而被否决了40%的奖金。对于在备品备件采购和设备招标方面，为公司节约资金，取得明显经济效益的，实行单项奖励，但必须是在经审计确认之后。对承包修理费用目标，按节约额的4%给予提取。对于市场价格信息，及时了解向公司建议后带来明显经济效益的给予单项奖励。对采购环节的验收、检验、入库等，各部门按各自在"购销比价"体系中的职责考核，对非法私自收受回扣损公肥私的、高价采购物品的、泄露采购物品控制价格机密的，给予通报批评、调离岗位、罚款、记过、除名等处分。

1. 责任目标

(1) 采购费用比去年下降2%，采购价格控制在公司下达的最高限价之内。

(2) 无采购原因影响生产事故发生。

(3) 部门全年费用7万元(办公费、通信费、差旅费)。

2. 年度考核

对责任目标实行全年统一考核。采购费用下降2%，负责人年总收入以公司职工平均收入的2~5倍计算。因管理不善，造成在采购质量、价格、供货时间等方面出现重大问题的，除否决奖励外，随时解聘职务。

3. 月度考核

(1) 采购平均价格低于公司定价部分，按节约额的3%比例提取，高出部分同步扣罚。

(2) 原材料及辅料的采购质量不合格，每次每项扣除奖金总额的5%，严重的可否决全部奖金。

(3) 采购物品路耗超出定额部分，承担全部损失。

(4) 费用定额每月0.58万元，节约部分按20%比例提取，超出部分全额扣除。

4. 工作要求

(1) 按计划采购，满足生产需要，确保采购质量。

(2) 必须用比价管理办法进行原材料及辅料采购。

(3) 按ISO 9002质量体系要求，在合格分承包方处采购物品，开辟新供应点要按合格分承包方程序进行。

(资料来源：蔡改成，李虹. 采购管理实务[M]. 北京：人民交通出版社，2008.)

五、采购绩效改善

(一) 采购绩效改善途径

1. 营造良好的工作氛围

如果采购组织内部存在剧烈的矛盾，采购人员与供应商之间互相不信任，缺乏合作诚意，使采购人员无法将全部精力投在工作上，就会降低采购的绩效。因此，任何采购组织，包括供应商，融洽、和谐、流畅的工作气氛是搞好各项工作的基础。

2. 强化内部管理

采购部门对人的依赖性更大，采购工作的大部分内容是人与人的交往。从管理角度去提升商品采购绩效主要有以下几个方面：
(1) 在企业内建立合格的采购队伍，提供必要的资源。
(2) 选聘合格人员担任采购人员，给予必要的培训。
(3) 给采购部门及采购人员设立有挑战性，但又可行的工作目标。
(4) 对表现突出的采购人员给予物质及精神上的奖励。

3. 加强与供应商的合作

供应商的表现对采购绩效有着很大的影响，而供应商与采购商的关系又在很大程度上制约着采购绩效的提升。通过加强与供应商的合作，能够有效地改进采购绩效，与供应商联手实现降低商品采购成本的途径有以下几种：
(1) 与供应商共同制定可行的成本降低计划；
(2) 与供应商签订长期的采购协议；
(3) 让供应商参与产品设计。

4. 更新采购管理理念

采购绩效的提升，需要先进的理念、扎实的态度和勤奋的工作。
(1) 建立全面采购成本的观念。从降低采购价格向降低采购成本目标转化。采购成本包括采购价格和非价格因素成本，非价格因素成本是指因供应商的质量、交货期和售货服务等存在问题而给买方增加的成本。
(2) 强化跨部门协作和前期参与。降低采购成本从产品设计开始。通过采购部门前期参与新产品开发或工程建设，有利于对设计人员施加影响，推进产品标准化，同时可以使采购与工程建设同步化，缩短采购周期，降低采购成本。
(3) 加强供应商管理和资源整合。通过加强供应商管理和优化，充分利用供应商技术、服务及劳务成本等优势，实现部分不增值的业务活动外包，降低供应链中的成本，达到"双赢"。

5. 充分应用科学技术

在企业的采购过程中，要充分运用先进的科学技术，如网络、电子邮件、条形码技术、电子数据交换、电子商务以及 ERP 等，提高采购部门的信息化水平，改善采购管理，增加采购流程的透明性，支持采购人员和其他部门人员的日常工作，并且能够产生与采购活动和绩效有关的管理，提高采购效率和质量。

采购绩效评价基准

越来越多的公司喜欢把它们的采购绩效同它们的竞争对手或那些被认定是一流的公司的采购绩效进行对比，并通过确定一个基准来评价采购组织的效果和效率。例如，飞利浦公司在 20 世纪 90 年代早期对一些一流公司进行了一项基准研究，主要想了解这些公司在下面这些领域的运作情况：①整个采购市场的研究；②供应商管理；③在采购活动中同其他单位之间的协调；④谈判和合同的管理；⑤涉及新产品发展的采购和供应；⑥同销售和服务部门的合作。

通过对上述领域的研究，飞利浦公司对这些公司的采购和供应的管理有了非常细致的了解，继而把所有的部门经理召集起来制定了一个采购行动方案，带领飞利浦公司迈入了一流公司的行列。因此，可以得出这样的结论，采购绩效评价基准的研究可以使我们充分意识到采购和供应管理在公司中的重要地位。

美国高级采购研究中心(CAPS)定期报告关于每一行业的采购绩效的指导性数据。该中心每年都要向大型跨国公司的经理们送去一份包括大量调查表的调查报告，调查报告的内容如下：

(1) 全部的采购额占公司销售额的百分比。
(2) 采购管理费用占全部采购金额的百分比。
(3) 采购人员占全部人员的百分比。
(4) 采购部门中每一个采购人员平均花费的采购金额。
(5) 平均在每一个供应商上的采购支出。
(6) 全部采购支出中活跃供应商占有的百分比。
(7) 公司采购金额花在小型供应商上的百分比。
(8) 通过 EDI 方式花费的采购金额的百分比。
(9) 采购部门采购的全部货物价值的百分比。

通过对这些方面的研究，公司可以了解到采购活动是否在朝着正确的方向发展。仅仅比较公司之间采购活动的某一方面是没有多大用处的，只有通过所有方面的对比，才可以掌握竞争对手的采购活动与各自公司的相对位置。

(二) 采购绩效提升方法——标杆管理

1. 标杆管理的含义

标杆管理也称标杆学习、标杆瞄准或基准化，是企业将自己的产品、服务、生产流程与管理模式等同行业内或外的领袖型企业作比较，借鉴与学习他人的先进经验，改善自身不足，从而提高竞争力、追赶或超越标杆企业的一种良性循环的管理方法。标杆管理最早出现于 20 世纪 80 年代前后的美国施乐公司，目前已被西方国家认为是改善企业经营绩效，提高全球竞争力最有用的管理工具之一。其实质也是一种促进组织绩效改进和提高的工具，是模仿、学习和创新的过程。

2. 标杆管理的类型

(1) 内部标杆管理。内部标杆管理是以企业内部操作为基准的标杆管理，它是最简单且易操作的标杆管理方式之一。辨识内部绩效标杆的标准，即确立内部标杆管理的主要目标，可以做到企业内信息共享，辨识企业内部最佳职能或流程及其实践，然后推广到组织的其他部门，不失为企业绩效提高最便捷的方法之一。

(2) 竞争标杆管理。竞争标杆管理是以竞争对象为基准的标杆管理。竞争标杆管理的目标是与有着相同市场的企业在产品、服务和工作流程等方面的绩效与实践进行比较，直接面对竞争者。这类标杆管理的实施较困难，原因在于除公共领域的信息容易接近外，其他关于竞争企业的信息不易获得。

(3) 职能标杆管理。职能标杆管理是以行业领先者或某些企业的优秀职能作为基准进行的标杆管理。这类标杆管理的合作者常常能相互分享一些技术和市场信息，标杆的基准是外部企业(但非竞争者)及其职能或业务实践。由于没有直接的竞争者，因此合作者往往较愿意提供和分享技术与市场信息。

(4) 流程标杆管理。流程标杆管理是以最佳工作流程为基准进行的标杆管理。标杆管理的对象是类似的工作流程，而不是某项业务与操作职能或实践。这类标杆管理可以跨不同类组织进行，它一般要求对整个工作流程和操作有很详细的了解。

3. 标杆管理的实施

标杆管理的实施一般遵循以下 6 个步骤，如图 9-2 所示。

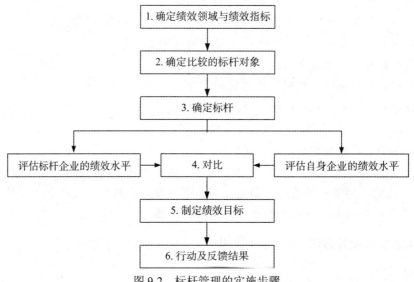

图 9-2　标杆管理的实施步骤

埃森哲公司采购绩效提升观点

"一家公司，如果其采购物料的费用占到其销售产品成本的 55%，那么采购费用每下降 1%，其对利润增长所作出的贡献，相当于销售额增加 12%～18%所带来的利润增长。"

"中国的生产企业，一般情况下采购支出占产品生产成本的 30%～70%，可见采购费用的下降对提高利润率有何等巨大的潜力。"

无论你是准备优化内部管理的企业，还是需要提供更高效解决方案的厂商，埃森哲的经验之谈都值得一读。埃森哲在为客户提供供应链咨询服务的过程中和对《财富》500强企业的调查中，发现采购绩效优异的公司在以下 4 个方面有独到之处。

1. 建立统一的测评机制

在大多数企业中，CEO 和负责采购的副总或其他高层主管，对采购业绩各有自己的评价标准。在某种程度上，这属于正常现象，因为企业的高层管理人员，总有一些与所担任的职位相联系的具体目标,而对不同的事情有不同的优先考虑顺序。很多公司都要应对这种采购评价标准的不连贯状况。在这方面走在前面的公司,CEO和采购主管使用同一个平衡计分卡来评估绩效,以便使每一个人都能够以大致同样的方式理解采购信息。遍及全公司的平衡计分卡帮助各个不同的业务部门调整它们处理业务轻重缓急的顺序,制定目标和期望,鼓励有利于业务开展的行为,明确个人和团队的责任,决定报酬和奖励,以及推动不间断的改进。

2. 积极的领导作用

有眼光的采购领导的第一件任务,也是最重要的一件任务,是确立全局的采购策略。一般而言,这个策略应该围绕企业如何采购物资和服务,如何提高绩效水平来规范业务实践、政策,以及优先考虑的事情和做事情的方法。其中最重要的一点,是要把采购和整个供应链管理结合起来。企业采购供应链管理是以采购产品为基础,通过规范的定点、定价和订货流程,建立企业产品需求方和供应商之间的业务关系,并逐步优化,最终形成一个优秀的供应商群体的方法。

3. 创造性地思考组织架构

采购业务做得好的公司,最常用的组织架构形式是根据同类物品划分组织。这种架构使公司可以在全局范围内集合采购量,并且有利于集中供应基地。按同类物品划分的组织架构也有利于采购人员深入学习行业、产品和供应商方面的知识,并且学会在与供应商的对话中统一口径。但是,这种方式也有不足之处。例如,因为要与公司内跨不同事业部的内部客户打交道,协调和合作可能比较困难。地处一隅的客户可能会觉得自己离供应商的选择和管理流程太遥远,因而可能会禁不住想独自与外界的供应商发展和保持关系。为了应付这种挑战,有些公司尝试集中学习采购知识,如招标、合同、谈判、服务等,使这些知识成为采购优化中心。在公司内部,这些知识能帮助提高地方用户的接受程度,降低发展关键技能所花的时间和资源,并且有助于在分散的采购环境中培养合乎法律和道德规范的行为。

4. 全企业范围内的整合

为了让有效率的、从企业出发的采购理念取得优势地位,绩效优异的公司常常依靠覆盖全企业范围的采购团队。这些团队的成员包括采购、工程和产品开发的代表,有时也会有财务、销售、分销和IT部门的人员参与。这些团队一起决定策略采购优先考虑的事项,设计物料占有成本模式,发展品种策略,并设计供应商选择标准。对于大多数的公司来说,在采购方面要取得好的业绩,需要有改变采购能力的意愿。在这些方面做出改进,其效益是明显的。例如据《市场报》报道,河南正龙食品有限公司的采购部门实施了零配件采购公示制度,每周对零配件供应商的名称、采购数量、价格公布一次,让实际使用这些零配件的管理人员、技术部门和工人对不同供应商的产品进行比较,并将意见反馈到采购部门。仅这一项措施就使设备维修费从每月8 000元降为4 000元。

 案例分析

Y公司绩效考核碰到的问题

Y公司是一家国内知名的黄金生产企业，成立于1974年，注册资本1亿元人民币，现有职工1.3万人。公司2001年转制成为股份制企业。

由于历史的原因，公司在经营管理上存在计划经济体制的痕迹，公司自身的管理理念滞后，管理体制不正规，现代企业制度也没有真正建立起来。特别是体现在人力资源管理问题上，公司并没有一套行之有效的人力资源管理体系，缺少现代的激励、考核措施。

公司的高层领导也意识到这些问题，陆续邀请了几家咨询服务机构来为企业把脉，制定公司的中长期发展战略，用现代企业制度对公司进行组织机构重塑。在人力资源管理方面，下大力气转变以往的"人才上不去，庸才下不来"的状况，在公司内部以岗位责任制为基础，采取记分制绩效考核手段，基于以绩效考核为核心的集团内部人员流动机制，建立了一套人力资源考核与管理体系。然而在具体实践过程中，公司负责人力资源的老总却遇到许多困扰，大致可以归纳为以下几个方面：

(1) 年初的绩效考核工作计划做得很好，可是在实施过程中却"雷声大，雨点小"，各部门的考核者乐于充当好好先生，应付了事，大大有悖于绩效考核的初衷。

(2) 在考核过程中，公司员工缺少参与的积极性，抵触情绪很强，不少员工甚至质疑是否绩效考核就是通过反复地填表、交表来挑员工的毛病。

(3) 人力资源部门的负责人反映，考核的过程烦琐，耽误正常的工作时间，推行过程中往往又因为得不到高层的足够支持而阻力重重。

(4) 另外，考核过程和结果的公正性难以保证，大多数员工对于考核的结果都心怀不满，怨声四起，同事的关系也往往因考核而变得紧张，不利于公司日常工作的开展。

 针对以上现状，请大家积极讨论分析该公司如何完善绩效考核制度？

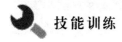 技能训练

编制采购绩效评估方案

一、训练目的

1. 熟练掌握采购绩效评估的流程。
2. 掌握采购绩效评估的标准和方式方法。
3. 学会编制采购绩效评估指标体系。

二、训练准备

提供部分采购绩效考核的指标或绩效评估办法(制度)样本。

三、训练步骤与要求

1. 全班分组。每组4~6人，每组设组长一名。

2. 确定采购绩效评估的范围，如人员的考核、部门的考核、效益与效率的考核等。
3. 通过网络、书本等渠道搜集资料，制定采购绩效评估的指标以及评估标准。
4. 确定采购绩效评估的流程，以及采购绩效评估的方式与方法。
5. 编制采购绩效评估方案。
6. 制作PPT，以小组形式进行课堂汇报，全班交流，教师点评。

四、注意事项

1. 考核标准与指标体系的制定必须要详细明确，可操作性强。
2. 采购绩效考核指标应由参与评估的个人或部门共同制定。

五、训练成果

采购绩效评估方案。

六、拓展任务

选取当地某工商企业，根据其实际情况，为其编制合适的采购绩效评估方案。

 任务评价

班级		姓名		小组		
任务名称	采购绩效评估及改善					
考核内容	评价标准	参考分值(100分)	学生自评	小组互评	教师评价	考核得分
知识掌握情况	1. 掌握采购绩效评估实施的流程	10				
	2. 掌握采购绩效评价指标体系和评价方法	15				
	3. 掌握采购绩效改善的途径及方法	15				
技能提升情况	1. 能够制定较为系统的采购绩效评价方案并实施	20				
	2. 能够根据实际情况制定采购绩效改善与提升方案	15				
职业素养情况	1. 具有自主学习能力	5				
	2. 具有合作精神和协调能力，善于交流	5				
	3. 具有一定的分析能力	5				
参与活动情况	1. 积极参与小组讨论	5				
	2. 积极回答老师提问	5				
	小计					
	合计=自评×20%+互评×40%+教师评×40%					

 拓展提升

1. 请根据本项目所学内容，分小组进行主题讨论，每小组进行抽签选择讨论主题，根据主题要求积极展开讨论。

2. 在讨论过程中学生可以自行上网搜集信息或头脑风暴。

3. 各小组展示讨论成果，同时小组之间互相评价、获取建议、完善讨论成果；学生将完善后的讨论成果提交给老师，老师进行评分。

主题1： 如何进行采购风险管理

要求：以PPT形式进行汇报并提交分析讨论结果，具体评分如表9-3所示的采购风险管理评分表。

表9-3 采购风险管理评分表

序号	项目名称	分值	评分
1	能够确定采购中的风险	0~25	
2	能够确定采购风险的类型	0~25	
3	能够针对各类风险制定防范措施	0~25	
4	能够给企业制定采购风险管理机制	0~25	
		总分：100	得分：
基本概念 □优 □良 □中 □合格 □不合格		技能掌握 □优 □良 □中 □合格 □不合格	语言描述 □优 □良 □中 □合格 □不合格
综合评分等级			

主题2： 如何进行采购人员绩效考核

DX公司决定月底对公司的采购人员进行绩效考核，主要从3个方面对采购人员进行绩效考核(工作业绩、工作能力、工作态度)。

要求：以PPT形式进行汇报并提交分析讨论结果，具体评分如表9-4所示的采购人员绩效考核评分表。

表9-4 采购人员绩效考核评分表

序号	项目名称	分值	评分
1	能够制定采购人员绩效考核指标及权重	0~25	
2	能够确定考核指标的计算方法	0~25	
3	能够明确绩效考核的工作流程	0~25	
4	能根据具体指标对采购人员进行绩效考核	0~25	
		总分：100	得分：
基本概念 □优 □良 □中 □合格 □不合格		技能掌握 □优 □良 □中 □合格 □不合格	语言描述 □优 □良 □中 □合格 □不合格
综合评分等级			

 同步测验

一、单选题

1. (　　)是衡量和评估采购工作质量好坏的方法和途径。
   A. 采购绩效考核　　B. 采购风险　　　　C. 采购验收　　　　D. 采购成本

2. (　　)是企业物资采购过程中由于自然灾害、突发事件、国家经济政策、价格变动等所形成的风险。
    A. 价格风险   B. 采购质量风险   C. 意外风险   D. 责任风险

3. 风险分析运用定性分析方法，进一步确定已识别的风险对企业的影响，并在此基础上确定关键风险项，制定(　　)。
    A. 绩效评估体系   B. 风险评价体系
    C. 采购谈判体系   D. 采购验收体系

4. 当采购部门无论是组织、职责或人员等均没有重大的变动的情况下，可选择企业(　　)作为评估目前绩效的基础。
    A. 标准绩效   B. 目标绩效   C. 行业平均绩效   D. 历史绩效

5. 对采购人员行贿，套取企业采购标底；给予虚假优惠，以某些好处为诱饵公开兜售假冒伪劣产品是(　　)的主要表现。
    A. 合同风险   B. 责任风险   C. 验收风险   D. 存量风险

6. (　　)是指在风险事件发生后，量化评估采购实施过程中风险触发点给企业在需求变化、供应商选择、合同签订和执行等各个环节造成影响和损失的可能性。
    A. 采购评价   B. 供应商评价   C. 风险评价   D. 绩效评价

7. 回避与防范采购风险的措施不包括(　　)。
    A. 建立与完善企业内控制度
    B. 加强对物资采购的过程与签约监督
    C. 加强对物资采购全过程、全方位的监督
    D. 关联图法

8. 有时候企业可以借鉴与本企业采购组织、职责以及人员等方面相似的同行其他企业的绩效标准，也可以应用整个行业绩效的平均水准，是指(　　)。
    A. 历史绩效   B. 行业平均绩效
    C. 标准绩效   D. 目标绩效

9. (　　)可以用以来衡量采购人员处理订单的效率，以及对于供应商交货时间的控制。
    A. 品质指标   B. 价格指标   C. 数量指标   D. 时间指标

10. 因采购的原材料的质量有问题，直接影响到企业产品的整体质量、制造加工与交货期，降低企业信誉和产品竞争力的是(　　)。
    A. 采购质量风险   B. 技术进步风险   C. 计划风险   D. 合同风险

二、多选题

1. 采购风险包括(　　)。
    A. 人为风险   B. 经济风险   C. 自然风险   D. 可预测风险

2. 采购绩效评价是对采购工作全面系统的评价，其目的主要是(　　)。
    A. 确保采购目标的实现
    B. 提供改进绩效的依据
    C. 作为个人或部门奖惩的参考，提高个人和部门的工作积极性
    D. 协助人员甄选与训练

3. 企业物资采购风险的外因型风险包括( )。
   A. 意外风险　　　B. 计划风险　　　C. 价格风险　　　D. 责任风险
4. 常见的外界因素风险有( )。
   A. 恶劣天气
   B. 交通管制等导致的运输阻碍，不能按时运到货物
   C. 供应商发错货物、寄错地址
   D. 货物有瑕疵
5. 从管理角度去提升商品采购绩效的方法主要有( )。
   A. 在企业内建立合格的采购队伍，提供必要的资源
   B. 选聘合格人员担任采购人员，给予必要的培训
   C. 给采购部门及采购人员设立有挑战性，但又可行的工作目标
   D. 对表现突出的采购人员给予物质及精神上的奖励
6. 通过加强与供应商的合作，能够有效地改进采购绩效，与供应商联手实现降低商品采购成本的途径有( )。
   A. 供应商开发的数量
   B. 与供应商签订长期的采购协议
   C. 让供应商参与产品设计
   D. 与供应商共同制定可行的成本降低计划
7. 品质指标是指供应商的质量水平以及供应商所提供的产品或服务的质量表现，它包括( )。
   A. 储存费用指标　　　B. 停工断料损失指标
   C. 供应商来料质量　　D. 质量体系水平
8. 评估人员的选择与评估目标有着密切的联系，要选择最了解采购工作情况的人员，以及与评估目标实现关联最紧密的部门参与评估，主要包括( )。
   A. 采购部门主管　　　B. 会计部门或财务部门
   C. 生产部门或销售部门　D. 供应商
   E. 行业专家或咨询公司
9. 风险评价中常用的评价方法有( )。
   A. 定性预测法　　　B. 层次分析法
   C. 模糊综合评价法　D. 模糊网络分析法
10. 标杆管理的类型包括( )。
    A. 内部标杆管理　　B. 竞争标杆管理
    C. 职能标杆管理　　D. 流程标杆管理

三、判断题

1. 许多风险归根到底是一种人为风险，主要体现为责任风险。( )
2. 采购绩效的评价可以分为对整个采购部门的评价和对财务部的评估。( )
3. 目标绩效代表企业管理者对工作人员追求最佳绩效的"期望值"。( )
4. 品质指标包括供应商来料质量、质量体系水平、呆料、废料处理损失指标等方面。
( )

5. 定期评估以"人"的表现,如工作态度、学习能力、协调能力、忠诚程度等为考核的主要内容,对采购人员的激励和工作绩效的提升作用很大。（　　）
6. 供应商的表现对采购绩效有着很大的影响,而供应商与采购商的关系又在很大程度上制约着采购绩效的提升。（　　）
7. 采购部门对人的依赖性更大,采购工作的大部分内容是人与人的交往。（　　）
8. 价格风险包括当企业采购认为价格合理的情况下,批量采购,但该种物资可能出现跌价而引起采购风险。（　　）
9. 科学规范的采购机制,不仅可以降低企业的物资采购价格,提高物资采购质量,还可以保护采购人员和避免外部矛盾。（　　）
10. 采购成本不包括采购价格和非价格因素成本。（　　）

四、简答题

1. 企业物资采购风险的外因型风险和内因型风险都包括什么?
2. 采购风险管理可以分为哪几个阶段?
3. 回避与防范采购风险的措施有哪些?
4. 采购绩效评价的目的是什么?
5. 采购绩效评价的流程包括什么?
6. 有哪些采购绩效评估方式与方法?
7. 如何进行采购绩效的改善?

五、案例分析题

案例一：

近两年来,飞达自行车有限公司看好电动自行车的市场前景,积极开发了飞跃牌电动自行车产品并推向了市场。最近一段时间以来,公司客服部经常接到各商场及卖点的投诉记录。例如,河南的消费者王先生是做建筑工程设计的,每天都要奔波于各个工地之间,为了节约时间,他购买了该品牌充满电能跑80千米的电动自行车。但很快他就发现,自己的电动自行车充满电顶多只能跑40千米,经常是早上骑着车出门,晚上推着车回家。更让王先生气愤的是,朋友的电动车电池容量和自己的是一样的,充满电却能跑70千米。公司客服人员通过技术人员做出的回复和解释是车型不同,损耗量也不同。但消费者对此解释并不满意。

据客服部门统计,目前,对该品牌电动自行车的投诉主要集中在电池不足,用不了多久就无法充电等问题上,电池的寿命长短已经成为消费者衡量电动车质量优劣的主要因素。但在最容易出现故障的其他零件(如发电机、电机线、控制器等方面)方面的投诉较少。

对此,公司产品研发和技术部门组织力量进行专项调查。一般来说,电动自行车的电池必须由专业的电池生产厂生产。但是不同品牌、不同厂家生产的电池质量参差不齐,价格也有高低之分。一些厂家打起了价格战,在生产环节中偷工减料,采用低价购进的劣质原材料生产电池,这种劣质电池若被用来组装电动自行车,将使得消费者购车之后麻烦不断。

根据上述案例资料,回答下列问题:
1. 什么是采购风险?飞达自行车有限公司是否遇到了采购风险?
2. 采购风险有哪些类型?飞达自行车有限公司遇到了哪种采购风险?

3. 如何防范采购风险？飞达自行车有限公司如何规避遇到的风险？

案例二：

某公司颁布了采购管理绩效考核实施办法：

为适应本公司重组改制后的新体制、新机制的要求，进一步深化采购管理绩效改革，转换运行机制，加强采购管理，大力推进物资采购电子商务工作，实现采购供应效益最佳化，制定本考核实施办法。

1. 考核内容

1.1 保证生产建设物资供应

采购部门是为生产与工程部门服务的，因此要千方百计从质量、进度服务等方面保证生产建设需要，杜绝发生物资采购重大质量事故，不能因供应不及时而影响生产建设进度。

……

2. 绩效评估指标及评估标准表(略)

3. 考核办法

3.1 股份公司物资装备部负责对集团公司、股份公司各单位物资采购管理工作绩效进行考核，对各部门不定期进行抽查，对各单位物资采购管理绩效考核达标情况进行通报。

……

4. 考核工作要求(略)

5. 考核奖惩(略)

6. 本考核实施办法于 2007 年 1 月 1 日起试行

7. 本考核实施办法由股份有限公司物资装备部负责解释

根据上述案例资料，回答下列问题：

1. 什么是采购绩效评估？
2. 案例中采购绩效评估的流程是怎么样的？

附 录

"互联网+"招标采购行动方案(2017—2019年)

为贯彻落实《国务院关于积极推进"互联网+"行动的指导意见》(国发[2015]40号)和《国务院关于加快推进"互联网+政务服务"工作的指导意见》(国发[2016]55号)部署，大力发展电子招标投标，促进招标采购与互联网深度融合，现制定本行动方案。

一、总体要求

(一) 指导思想

全面贯彻党的十八大和十八届三中、四中、五中、六中全会精神，深入贯彻习近平总书记系列重要讲话精神，以"创新、协调、绿色、开放、共享"发展理念为指导，着力深化体制机制改革，创新招标采购交易机制、公共服务和监督方式，培育招标采购市场发展新动能，更好发挥招标投标制度在现代市场体系中的作用，降低制度性交易成本，提高资源配置质量效率，推动政府职能转变和党风廉政建设，助力供给侧结构性改革，促进经济社会平稳健康发展。

(二) 基本原则

(1) 坚持政府引导、市场调节。按照"放管服"改革要求，破除影响"互联网+"招标采购发展的思想观念、体制机制障碍，从发展规划、技术标准、交易规则、安全保障、公共服务等方面，引导各类市场主体积极参与电子招标采购平台体系建设运营。充分发挥市场机制作用，培育"互联网+"招标采购内生动力，推动招标采购从线下交易到线上交易的转变，实现招标投标行业与互联网的深度融合。

(2) 坚持互连互通、资源共享。按照统一标准、互利互惠的要求，依托电子招标投标公共服务平台，加快各类交易平台、公共服务平台和行政监督平台协同运行、互联互通、信息共享，实现招标采购全流程透明高效运行。加快电子招标投标系统与公共资源交易平台、投资和信用等平台的对接融合，推动市场大数据充分聚合、深入挖掘和广泛运用。

(3) 坚持创新监管、提高效能。依托电子招标投标系统，充分发挥"互联网+"监管优势，实现平台技术创新与监管体制机制创新同步推进，推动动态监督和大数据监管，强化事中事后监管和信用管理，完善行政监督、行业自律和社会监督相结合的综合监督体系，进一步提高监管效能。

(4) 坚持统筹规划、协同推进。针对"互联网+"招标采购融合发展的长期性、复杂性，强化顶层设计，发挥政府、行业组织和市场主体作用，统筹安排各项政策措施，通过典型地区、行业和平台的创新示范，有计划分步骤实现全地域、全行业、全流程电子化招标采购。

(三) 行动目标

2017年，电子招标采购制度和技术标准体系建立健全，覆盖各地区、各行业的电子招标投标系统基本形成，依法必须招标项目基本实现全流程电子化招标采购，电子招标投标系统建设运营更加规范，招标采购市场竞争更加有序。

2018年，市场化、专业化、集约化的电子招标采购广泛应用，依托电子招标投标公共服务平台全面实现交易平台、监督平台以及其他信息平台的互联互通、资源共享和协同运行。

2019年，覆盖全国、分类清晰、透明规范、互联互通的电子招标采购系统有序运行，以协同共享、动态监督和大数据监管为基础的公共服务体系和综合监督体系全面发挥作用，实现招标投标行业向信息化、智能化转型。

二、主要任务

(一) 加快交易平台市场化发展

(1) 推进交易平台建设。积极引导社会资本按照市场化方向建设运营电子招标投标交易平台，满足不同行业电子招标采购需求，推行依法必须招标项目全流程电子化招标采购。交易平台建设应当符合电子招标投标有关规定，遵守统一技术标准和数据规范，接口应当保持技术中立。鼓励交易平台按照专业化方向，明确专业类别、主要服务领域和服务对象，提供特色服务，并促进交易平台在市场竞争中实现集约化发展。支持和鼓励交易平台通过优质高效服务，吸引非依法必须招标项目自愿运用电子化招标采购。

(2) 发挥交易平台作用。交易平台应当以在线完成招标投标全部交易过程为目标，逐步消除电子采购与纸质采购并存的"双轨制"现象。围绕提高资源配置质量和效率、降低企业生产经营成本进行功能设置，充分发挥信息技术在提高招标采购效率和透明度，节约资源和交易成本，解决招标投标领域突出问题等方面的独特优势，切实为交易主体服务，为行政监督部门提供监管便利。交易平台运营机构应当通过规范经营、科学管理、技术创新、优质服务、合理收费，实现交易平台依法合规运营。鼓励交易平台之间、交易平台与公共服务平台之间相互合作，实现人才、信息、技术等资源的共享共用。

(3) 促进交易平台公平竞争。各级招标投标行政监督部门和公共资源交易监管机构应当打破市场壁垒，简化和规范监管流程，开放接口规范和数据接口，为交易平台实现跨地区、跨行业公平竞争营造良好发展环境。任何单位和个人不得违反法律法规规定，对市场主体建设运营交易平台设置或者变相设置行政许可或备案；不得设置不合理、歧视性准入和退出条件，也不得附加不合理条件或实行差别待遇；不得排斥、限制市场主体建设运营的交易平台，限制对接交易平台数量，为招标人直接指定交易平台；不得排斥或限制外地经营者参加本地招标采购活动。

(4) 有序开展检测认证。完善电子招标投标系统检测认证制度和技术标准，引导各类主体建设的交易平台根据实际分级有序开展检测认证。2017年，交易平台全面开展检测认证，到年底检测认证通过比例达到80%以上。鼓励有专业能力的检测、认证机构申请开展电子招标投标检测认证业务，并依法公平竞争，不得乱收费。任何组织和个人不得为交易平台运营机构指定检测、认证机构。充分发挥认证机构的监督和证明作用，提升社会对电子招标采购的认可度和公信度。加强对检测、认证机构的业务指导和行政监督，确保通过认证的交易平台合法规范、安全可靠，符合互联互通和数据交换要求。

(二) 完善公共服务平台体系

(1) 加快服务平台建设。设区的市以上人民政府发展改革部门或本级政府指定的部门，要根据政府主导、共建共享、公益服务原则，按照电子招标投标有关规定，通过政府投资或政府与社会资本合作方式，加快建设本地区统一的电子招标投标公共服务平台，也可由符合要求的公共资源交易电子服务系统承担电子招标投标公共服务平台功能。鼓励省级行政区域搭建全行政区域统一、终端覆盖各地市的公共服务平台。到2017年底，所有省(区、市)和地市应实现本行政区域内电子招标采购活动有一个可供使用的公共服务平台。国家电子招标投标公共服务平台应当为地方公共服务平台建设提供技术和信息资源支持。

(2) 优化公共服务。公共服务平台应当立足"交易平台枢纽，公共信息载体，身份互认桥梁，行政监管依托"的基本功能定位，依据统一的技术标准和数据规范，免费开放对接交易平台和行政监督平台，提供依法必须公开的市场信息，研发提供CA证书互认、主体注册共享等公共技术保障服务，向行政监督部门动态推送监管数据或提供监督通道。鼓励公共服务平台根据市场主体、社会公众、行政监督部门需要，创新拓展公共服务领域和内容，不断提高公共服务供给质量和效率。

(3) 推进可持续运营。各级人民政府有关主管部门应当研究建立公共服务平台可持续运营保障机制。公共服务平台不得具有交易功能。采用政府投资建设的，有关部门应当保障公共服务平台持续运营所需经费。采用政府与社会资本合作方式建设的，应当免费提供依法必需的公共服务，同时可以通过提供个性化增值服务等方式，建立平台可持续运营机制。

(三) 创新电子化行政监管

(1) 推进监督平台建设。各级招标投标行政监督部门应当结合"互联网+政务服务"建设，在2017年底前抓紧搭建电子招标投标行政监督平台，满足在线监管的需要。行政监督部门可以建立专门的行政监督平台，也可以在公共服务平台上开辟行政监督通道。支持地市以上地方人民政府建立本行政区域统一的行政监督平台。国务院有关招标投标监管部门可探索建立本行业统一规范的行政监督平台。

(2) 规范监督功能。行政监督平台应当公布监督职责和依据、监督对象和事项清单、监督程序和时限，并具备对招标采购全过程进行实时在线监管等功能。行政监督平台不得与交易平台合并建设和运营，也不得具备任何交易功能。已经建成的行政监督平台兼具交易功能的，应当按照电子招标投标有关规定，在2017年底前全部完成改造，并将监督功能和交易功能分别交由不同的主体负责，保证在线监督的独立性和公正性。行政监督平台应当开放数据接口，不得限制或排斥交易平台、公共服务平台与其对接交互信息。各级招标投标行政监督部门应当落实"放管服"改革要求，依托行政监督平台，探索扩大招标人自主决策权并强化相应法律责任约束，加强对招标采购活动的监管和服务。

(3) 转变监管方式。加快互联网与政府公共服务体系的深度融合，实现政府部门之间数据共享，以行政监督的无纸化推动招标采购全流程的电子化。凡是能实现网上办理的事项，不得要求现场办理；凡是能够在线获取的市场主体信息，原则上不再要求市场主体以纸质方式重复提供；凡是能够通过行政监督平台在线下达的行政监督指令，原则上不再出具纸质文件。充分运用电子招标投标系统三大平台整体功能，通过电子招标采购全流程信息的动态记录、留痕追溯、透明公开，推动招标投标行政监督从事前审批、分业监督，向事中事后、动态协同方式转变，进一步提高行政监督的针对性、有效性和规范性。

(四) 实现互联互通和资源共享

(1) 加强系统互联共享。推动各级各类电子招标投标交易平台和行政监督平台以公共服务平台为枢纽，按照《电子招标投标办法》及其技术规范要求，实现互联互通和资源共享。交易平台应当选择任一公共服务平台对接交互信息，并可依法直接与相应的行政监督平台对接交互信息。鼓励中央企业和省属国有企业的交易平台按照规定与国家或省级公共服务平台，以及相应的行政监督平台连接并交互招标信息。公共服务平台应当与相应的行政监督平台实现对接，并负责将交易平台依法交互的交易信息、信用信息推送至相应行政监督平台。下级公共服务平台应当与上级公共服务平台对接交互信息，鼓励同级公共服务平台之间互联对接，逐步形成全国纵横联通的公共服务平台网络体系。

(2) 实现与公共资源交易平台整合共享。电子招标采购是公共资源交易的重要组成部分。各地电子招标投标公共服务平台与本地区公共资源交易电子服务系统分开建设的，应当明确各自功能服务定位，协调统一技术标准和数据规范，并相互对接共享信息，充分发挥各自服务功能优势。合并建设的，应当符合规定的技术标准和数据规范，满足公共服务基本功能要求，并按规定与上级电子招标投标公共服务平台和公共资源交易电子服务系统交互信息。

(3) 推进与投资和信用平台协同共享。鼓励电子招标投标交易平台、公共服务平台、行政监督平台与政府建立的投资项目在线审批监管平台对接，实现投资项目全过程在线运行、闭环监管，建立健全纵横联动协同投资监管体系。推进电子招标投标系统与信用信息共享平台对接共享。电子招标投标公共服务平台应当与信用信息共享平台对接，按要求与信用信息共享平台交互数据信息，并为市场主体查阅有关信用信息提供便利，实现招标采购信用信息与其他领域信用信息的互认共享。

(五) 强化信息拓展应用

(1) 加强信息记录和公开。电子招标投标系统应当如实记录招标采购过程信息、操作时间、网络地址和相关人员等信息。依托电子招标投标系统，对市场主体招标投标行为和信用状况依法实行动态公开。除按照电子招标投标有关规定依法及时公布交易和服务信息外，单位名称及其主要负责人员，检测认证报告、认证标志，专业工具软件技术规范与接口标准，平台对接、运营和数据交互动态，以及免费服务项目、增值服务项目及其收费标准等主要信息，必须在平台实时公布。行政监督平台应当及时公布投诉举报受理情况、调查处理结果等监管信息。

(2) 促进信息全网有序流动。研究建立电子招标投标数据信息分类、所有、使用、交互共享和保密机制，明确电子招标投标交易平台、公共服务平台、行政监督平台及相关主体的权利义务责任。在推动电子招标投标平台之间、电子招标投标系统与其他信息平台系统之间互联互通的同时，积极培育各类平台主动交互信息的内生动力。按照互利互惠原则，提供依法公开数据的交易平台和公共服务平台可以按照交互数据的结构类别和规模比例，分享集合数据使用权利和大数据分析成果运用的增值效益。对于关系国家安全的重要敏感数据，各类电子招标投标平台特别是公共服务平台应当加强安全保障，不得用于商业用途；国务院有关部门对此类数据的交互另有规定的，从其规定。

(3) 强化信息大数据应用。适应"互联网+"趋势，运用大数据理念、技术和资源，依托电子招标投标系统特别是公共服务平台，依法高效采集、有效整合和充分运用招标采购信息数据，为行政监督部门和市场主体提供大数据服务。通过对招标采购信息大数据统计分析，为把握市场动态、预测行业趋势和研判经济形势提供研究支撑，为制定完善相关法规制度和政策措施提供决策支持，为甄别、预警违法违规行为，实行科学、精准、高效的智能化监督提供重要依据。

(4) 发挥信用信息作用。鼓励各类电子招标投标平台建立招标投标信用数据库，按照客观记录、统一标准、公开共享、用户评价的原则，利用电子招标投标交易大数据动态生成招标人、投标人、招标代理机构等市场主体信用基本信息，并通过公共服务平台和信用信息共享平台进行共享，为开展失信联合惩戒和守信联合激励提供支撑，促进招标采购市场主体信用自律，引导诚信体系建设。

(六) 完善制度和技术保障

(1) 健全法规制度。推动修订招标投标法律法规，进一步明确电子招标投标数据电文法律效力，对实行全流程电子化招标采购并按照规定公开相关信息的，合理简化和缩短有关程序和时限要求，为推广应用电子招标采购提供制度支持。制定公共服务平台管理办法，明确公共服务内容、提供方式和信息集成共享要求，以及公共服务平台运营机构权利义务和法律责任。制定行政监督平台管理办法，明确在线监督权限、方式、内容、程序等。编制公共服务平台和行政监督平台技术规范，明确基本功能、数据编码、系统接口、技术支撑和保障要求。研究制定电子开标、投标、评标的具体规定，以及电子招标采购档案管理规范，为推行招标采购全过程电子化提供制度保障。各地区各部门应完善本地区、本行业适应电子招标采购发展的配套制度和政策措施。

(2) 优化制度环境。各地区各部门要按照国务院批准的《关于建立清理和规范招标投标有关规定长效机制的意见》要求，结合本地区本行业实际建立有关长效机制，适时对不适应"互联网+"招标采购发展的规章制度和政策文件进行清理，重点针对违反《招标投标法》《招标投标法实施条例》和《电子招标投标办法》，以及针对电子招标采购增设审批许可、指定交易平台和工具软件、排斥限制市场主体建设运营的交易平台、实行地区封锁和行业保护等内容，增强制度的统一性和适用性，为"互联网+"招标采购发展营造良好的制度环境。

(3) 加强安全保障。电子招标投标系统开发单位应根据电子招标采购业务特点，重点围绕招标投标文件的安全传输技术、防篡改技术、安全存储技术以及开标保障技术等，开发相应信息安全技术和产品。平台运营机构承担系统安全和数据安全主体责任，确保本机构运营电子招标投标平台所有服务器均设在中华人民共和国境内。使用云服务的，云服务提供商必须提供安全承诺。运营机构应当建立健全安全管理制度，以及身份识别和鉴定、访问控制、入侵防范、恶意代码防范、补丁升级、数据存储和传输加密、备份与恢复等工作程序，并通过有关管理措施和技术手段，加强风险管理和防范，及时识别和评估电子招标投标系统安全风险，确保平台运营安全和数据安全。

(4) 培育和规范开发市场。按照规范架构、统一标准、分散开发、组件集成的原则，鼓励研发推广数据交互接口、分析处理、存储发布、安全控制等标准化基础应用软件和专业工具软件，以及技术组件库，满足电子招标投标系统开发、维护和对接交互需求。着力消除技术壁垒，鼓励各类研发机构公平竞争，促进技术创新，不断提升电子招标投标系统技术研究和开发水平。开发运维机构不得以低于成本的形式不正当竞争，不得通过滥用垄断地位、设置技术壁垒等方式等获取额外利益，不得开发违反招标投标法律法规的软件，不得在开发的电子招标投标系统或软件中违法设置后门程序，不得违法采集和利用相关数据。

三、组织实施

(1) 加强组织领导。国家发展改革委将会同工业和信息化部、住房城乡建设部、交通运输部、水利部、商务部等加强对行动方案实施工作的指导协调，依托招标投标部际联席会议，完善"互联网+"招标采购协调推进工作机制，在规划指导、制度建设、技术标准、信息共享体系等方面加大力度，统筹协调解决"互联网+"招标采购发展中的重大问题，切实推动本行动方案的贯彻落实。各省(区、市)应当建立本地区部门协调工作机制，确定牵头落实部门和相关责任部门，制定本地区行动目标和具体工作方案，明确考核指标和相关进度要求，推进"互联网+"招标采购深入发展。各省(区、市)牵头落实部门应当于2017年4月前，将本地区工作方案、责任部门和联系人报国家发展改革委(法规司)。

(2) 落实主体责任。招标投标行业组织应当发挥行业服务、智力支持和桥梁纽带作用，倡导诚信自律，促进公平竞争，组织做好政策宣传、业务培训、行业自律、合作交流、经验推广等工作，及时收集反映本行动方案实施情况、存在问题以及市场主体意见建议。大型国有企业特别是中央企业应当发挥好带头示范作用，抓紧制定发展电子化招标采购的目标、实施计划和保障措施，积极推行集团化电子招标采购，在实现全流程电子化招标采购、与公共服务平台和行政监督平台互联共享、有序通过检测认证、挖掘大数据应用等方面，为交易平台发展做出表率。招标代理机构应当积极适应"互联网+"趋势，依托建设运营第三方交易平台，为委托人提供更加优质高效的电子招标投标代理服务和综合咨询服务，不断提高行业竞争力。

(3) 深化交流合作。发挥国家电子招标投标试点示范和引领带动作用，注重总结、转化、推广试点经验和成果，从试点地区和单位及其他先进地区和单位中选取若干在创新监管体制机制、促进交易平台市场化发展、深化大数据应用、加强平台互联共享等的典型，作为创新示范向全国推广。积极开展"互联网+"招标采购领域国际合作，深入学习借鉴国际经验，与有关国际组织和国家开展电子招标采购多领域、多层次交流与合作，积极参与国际标准和区域标准的制定，促进我国"互联网+"招标采购制度与国际接轨，为我国企业拓展海外市场提供平台、通道和服务。

(4) 严格督促考核。在行动方案实施期限内，各省、自治区、直辖市负责行动方案落实的牵头部门应当于每年 12 月底前，将本年度阶段性工作总结和下一年度重点工作计划报送国家发展改革委和有关部门。国家发展改革委将会同有关部门加强监督和指导，组织对行动方案实施情况进行检查和第三方评估，对推进工作不力的地方和单位予以通报督促。

参考文献

[1] 鞠颂东，徐杰．采购管理[M]．北京：机械工业出版社，2005．
[2] 王为人．采购案例精选[M]．北京：电子工业出版社，2007．
[3] 曹岘．采购员岗位职业技能培训教程[M]．广州：广东经济出版社，2007．
[4] 郝渊晓，张鸿，马健诚．采购物流学[M]．广州：中山大学出版社，2007．
[5] 李田保．采购实战精要[M]．广州：广东经济出版社，2008．
[6] 李述容．采购与供应管理实务[M]．武汉：武汉理工大学出版社，2007．
[7] 陈建华．采购管理的100种方法[M]．北京：中国经济出版社，2006．
[8] [加]米歇尔·R.利恩德斯．采购与供应管理[M]．北京：机械工业出版社，2003．
[9] 郑成武，刘敬严．采购与供应管理[M]．北京：首都经济贸易大学出版社，2009．
[10] 骆建文．采购与供应管理[M]．北京：机械工业出版社，2009．
[11] 唐艳，蔡勇，李卫忠．现代采购管理[M]．武汉：武汉理工大学出版社，2008．
[12] 王炬香．采购管理实务[M]．北京：电子工业出版社，2007．
[13] 赵道致，王振强，等．采购与供应管理[M]．北京：清华大学出版社，2009．
[14] 柳和玲．采购管理[M]．北京：人民交通出版社，2007．
[15] 张瑞夫，张天语，邓勇．现代采购管理实务[M]．上海：上海交通大学出版社，2008．
[16] 赵继新，杨军．采购管理[M]．北京：高等教育出版社，2006．
[17] 任郑杰．供应商的系统选择与管理[M]．北京：企业管理出版社，2006．
[18] 张为民，白士强．采购管理[M]．北京：化学工业出版社，2007．
[19] 王波、刘秋平．采购与供应管理[M]．北京：北京大学出版社，2008．
[20] 罗伯特·蒙茨卡，罗伯特·特伦特，罗伯特·汉德菲尔德．采购与供应链管理[M]．第3版．王晓东，刘旭敏，熊哲，译．北京：中信出版社，2008．
[21] 肯尼斯·莱桑斯，布莱恩·法林顿．采购与供应链管理[M]．第7版．鞠磊，吴立生，张晶，译．北京：电子工业出版社，2009．
[22] 鲁楠．采购管理与库存控制[M]．大连：大连理工大学出版社，2009．
[23] 罗振华，孙金丹．采购实务[M]．北京：北京大学出版社，2011．
[24] 殷永生，曹俊生．采购与供应管理实务[M]．北京：人民邮电出版社，2011．
[25] 刘华．物流采购管理[M]．北京：清华大学出版社，2008．

[26] 陈达强. 采购与供应案例[M]. 北京：中国物资出版社，2009.

[27] 翟光明. 采购与供应商管理[M]. 北京：中国物资出版社，2009.

[28] 吴汪友. 采购管理实务[M]. 北京：电子工业出版社，2010.

[29] 刘志超. 采购与供应管理[M]. 广州：广东高等教育出版社，2011.

[30] 王忠宗. 采购与供应管理[M]. 夏门：厦门大学出版社，2009.

[31] 赵艳俐. 采购与供应管理实务[M]. 北京：人民交通出版社，2009.

[32] 司银霞. 采购与供应管理实务[M]. 北京：人民邮电出版社，2011.

[33] 陈利民. 采购管理实务[M]. 北京：机械工业出版社，2010.

[34] 黄昌华. 采购主管高效工作手册[M]. 北京：机械工业出版社，2008.

[35] 孙强. 胡占友. 采购与供应链规范管理[M]. 北京：机械工业出版社，2006.

[36] 张成海. 供应链管理技术与方法[M]. 北京：清华大学出版社，2007.

[37] 杜红平，刘华. 国际采购实务[M]. 北京：中国物资出版社，2009.

[38] 孙明贵. 采购物流实务[M]. 北京：机械工业出版社，2008.

[39] 章文光. 物流采购管理[M]. 长春：吉林大学出版社，2009.

[40] 种美香. 采购与供应管理实务[M]. 北京：清华大学出版社，2012.

[41] 孙铁玉. 新编采购管理[M]. 南京：南京大学出版社，2011.

[42] 李荷华. 采购管理实务[M]. 上海：上海财经大学出版社，2009.